U0583984

道路桥梁建设与管理探析

朱桂香　衣艳荣　白兴烈 ◎ 著

吉林科学技术出版社

图书在版编目（CIP）数据

道路桥梁建设与管理探析 / 朱桂香，衣艳荣，白兴
烈著 . -- 长春 : 吉林科学技术出版社 , 2024.8
ISBN 978-7-5744-1777-9

Ⅰ . U415.1；U445.1

中国国家版本馆 CIP 数据核字第 2024AW7846 号

道路桥梁建设与管理探析

著　　　朱桂香 衣艳荣 白兴烈
出 版 人　宛　霞
责任编辑　赵海娇
封面设计　金熙腾达
制　　版　金熙腾达
幅面尺寸　170mm×240mm
开　　本　16
字　　数　207 千字
印　　张　13.25
印　　数　1~1500 册
版　　次　2024年8月第1版
印　　次　2024年12月第1次印刷

出　　版　吉林科学技术出版社
发　　行　吉林科学技术出版社
地　　址　长春市福祉大路5788号出版大厦A座
邮　　编　130118
发行部电话/传真　0431-81629529 81629530 81629531
　　　　　　　　　81629532 81629533 81629534
储运部电话　0431-86059116
编辑部电话　0431-81629510
印　　刷　三河市嵩川印刷有限公司

书　　号　ISBN 978-7-5744-1777-9
定　　价　80.00元

前　言

　　道路桥梁作为现代交通基础设施的重要组成部分，在推动社会经济发展、促进区域互联互通、改善人民生活质量等方面具有不可替代的作用。首先，道路桥梁建设对社会经济的发展具有深远的影响。它们不仅构成了国家交通网络的骨架，确保了人员、物资的快速流动，而且通过缩短距离、降低运输成本，极大地促进了区域间的经济交流与合作。在全球化的背景下，道路桥梁的完善与现代化，更是国家竞争力的重要体现。其次，道路桥梁的建设与管理还具有显著的社会效益。它们为人们提供了更安全、便捷的出行方式，提高了人们的生活质量。同时，良好的交通基础设施也是吸引投资、促进旅游业发展的关键因素，对提升地区形象、增强居民的幸福感具有积极作用。在管理方面，随着科技的进步和管理理念的更新，道路桥梁的维护与管理越来越依赖智能化、信息化手段。这不仅提高了管理效率，降低了维护成本，而且通过数据分析，能够更精准地预测和应对各种潜在问题，确保道路桥梁长期稳定运行。

　　本书还全面介绍了道路桥梁工程的基础知识、施工技术、养护管理及风险控制。本书从工程概述出发，深入探讨了路基路面施工、桥梁基础与墩台施工技术，同时涵盖了道路桥梁的日常养护、病害维修、加固及设施维护。此外，书中还特别强调了工程项目管理的重要性，包括进度和质量管理，适合工程技术人员、管理人员及相关专业的学生阅读和参考。通过对本书的学习，读者可以获得宝贵的知识和技能，以更好地应对道路桥梁工程领域中的各种挑战。

　　在本书中，作者尽力汇集了国内外道路桥梁建设与管理的先进理念、技术方法和管理经验，希望能够为同行提供参考与借鉴。然而，由于个人能力和知识范围的限制，书中的论述和观点难免存在不足之处，在此诚挚地希望读者能够提出宝贵的意见和建议，共同推动这一领域的进步与发展。

目　录

第一章 道路桥梁工程概述

第一节 道路与道路工程

一、道路的分类及功能

道路作为一种工程设施，主要用于满足各种车辆（无轨车辆）和行人等通行的需求。目前，我国道路分类由于各种道路管理机构不同，处于多样化的状态，按照用途道路大体上可分为公路、城市道路、专用道路（厂矿道路、林区道路）和乡村道路等。

（一）公路

公路：连接城市、乡村，主要供汽车行驶的具备一定技术条件和设施的道路。根据公路的作用和使用性质，又将公路划分为国家干线公路、省级干线公路、县级公路和乡级公路（简称为国道、省道、县道、乡道），以及专用公路。

1.国道

在国家干线网中，具有全国性的政治、经济、国防意义，并经确定为国家级干线的公路。

2.省道

在省公路网中，具有全省性的政治、经济、国防意义，并经确定为省级干线的公路。

3.县道

具有全县性的政治、经济意义，并经确定为县级的公路。

4.乡道

指修建在乡村、农场，主要供行人及各种农业运输工具通行的道路。

（二）城市道路

城市道路：在城市范围内，供车辆及行人通行的具备一定技术条件和设施的道路。根据城镇道路在道路网中的地位、交通功能及对沿线建筑物的服务功能等，分为四类：快速路、主干路、次干路、支路。

城市道路的功能除了把城市各部分联系起来为城市各种交通服务外，还起到形成城市结构布局的骨架，提供通风、采光，保持城市生活环境空间及为防火、绿化提供场地的作用。

（三）专用道路

由工矿、农林等部门投资修建，主要供该部门使用的道路。

1.厂矿道路

在工厂和矿山区，主要供各种厂矿车辆通行的、具备一定技术条件和设施的道路；分为厂内道路和厂外道路，厂外道路分为一、二、三、四级，厂内道路分为主干道、次干道、支道、车间引道和人行道。

2.林区道路

林区道路是指修建在林区、主要供各种林业运输工具通行的道路。由于林区地形及运输木材的特征，其技术要求应按专门制定的林区道路工程技术标准执行。

二、公路的分类与技术标准

（一）公路（技术）等级的划分

公路按功能分为主要干线公路、干线公路、主要集散公路、次要集散公路和支线公路五类，具有为不同层次的出行提供畅通直达、汇集疏散和接入服务的功能。

公路按使用任务、功能和适应的交通量分为高速公路、一级公路、二级公路、三级公路、四级公路五个技术等级。

高速公路为专供汽车分向、分车道行驶并全部控制出入的多车道公路。高速公路应能适应将各种汽车折合成小客车的年平均日交通量宜在15 000辆以上。

一级公路为供汽车分向、分车道行驶，可根据需要控制出入的多车道公

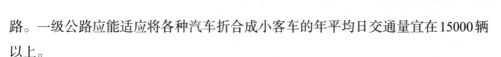

路。一级公路应能适应将各种汽车折合成小客车的年平均日交通量宜在15000辆以上。

一级公路是连接高速公路或是某些大城市的城乡接合部、开发区经济带及人烟稀少地区的干线公路，它实际上有两种不同的任务和功能：一种是具有干线功能，部分控制出入；另一种是可以采用平交的距离不长的连接线等。一级公路强调必须分向、分车道行驶，一级公路一般应设置中央分隔带。当受特殊条件限制时，必须设置分隔设施，不允许用画线代替。

二级公路为供汽车行驶的双车道公路。二级公路应能适应将各种汽车折合成小客车的年平均日交通量为5000 ～ 15 000辆。二级公路为中等以上城市的干线公路或通往大工矿区、港口的公路。

三级公路为主要供汽车、非汽车交通混合行驶的双车道公路。三级公路应能适应将各种车辆折合成小客车的年平均日交通量为2000 ～ 6000辆。主要为沟通县、城镇之间的集散公路。

四级公路为主要供汽车、非汽车交通混合行驶的双车道公路或单车道公路，一般为沟通乡、村等地的地方公路。

高速公路和一级公路的设计交通量预测年限为20年；二级、三级公路的设计交通量预测年限为15年；四级公路可根据实际情况确定。设计交通量预测的起算年应为该项目可行性研究报告中的计划通车年。设计交通量的预测应充分考虑走廊带范围内远期社会、经济的发展和综合运输体系的影响。

（二）公路（技术）等级的选用

应根据路网规划、公路功能，并结合交通量，充分考虑项目所在地区的综合运输体系、远期发展等，经论证后确定。

主要干线公路应选用高速公路，次要干线公路应选用二级及二级以上公路。

主要集散公路宜选用一级、二级公路，次要集散公路宜选用二级、三级公路。支线公路宜选用三级、四级公路。

一条公路可分段选用不同的公路等级或同一公路等级不同的设计车速、路基宽度，但不同的公路等级、设计车速、路基宽度间的衔接应协调、过渡应顺适。

（三）公路工程技术标准

1.技术标准的内涵

公路的技术标准是法定的技术准则，它是指公路线形和构造物的设计、施工在技术性能、几何尺寸、结构组成方面的具体规定和要求。它是在根据汽车行驶性能、数量、荷载等方面的要求和设计、施工及使用的经验基础上，经过调查研究和理论分析制定出来的。

公路技术标准主要指公路等级、路基宽度（车道数）、设计速度三个关键要素，三者既相辅相成，又相互独立。

公路等级（高速、一级等）主要由公路在路网中的功能决定。大多数情况下，公路等级须更多地考虑政治、经济、社会等宏观因素，非单纯由技术因素确定。

路基宽度由交通需求决定。但从根本上讲，交通需求决定的是公路的车道数，而非整个路基宽度，路基宽度则以车道数为基础，即由基本的行车道宽度加安全的路缘带宽度、硬路肩宽度、中央分隔带宽度等组成。

设计速度由公路等级与地形条件决定。设计速度对公路交通容量有一定的影响，但以提高速度去获得有限的交通容量的提高，尤其在地形复杂路段，属舍本求末之举。以此出发，可以这么理解，获取交通容量提高的根本途径是增加车道数，而非采用更高的设计速度。

2.技术标准的应用

确定指标要慎重，在可能的条件下尽量采用较高的指标。

标准指标的选择和运用应有针对性和灵活性。我国地域辽阔，各地条件迥异，不同地区公路乃至同一公路不同路段具有不同的环境特征。为保护个性环境，需要灵活设计；为展现环境个性，需要精心创作。技术标准和设计规范是应用于全国范围的纲领性法规，它必须也只能具有一般性和普遍性的指导意义。在道路设计时，应在全面、系统地理解标准和规范的基础上，根据个性环境，灵活地运用标准规范中的各项指标。

标准规范中的指标有主次之分。主要指标是指对安全、功能有重大影响的指标，如最小圆曲线半径、最大纵坡、视距等；次要指标是指在满足安全的前提下，主要影响美学或舒适性的指标，如曲线间直线长度等。主要指标在设计中原则上应予保证。对于次要指标，当对环境不构成影响时，可采用较高值；当对环

境存在影响时，应采用较低值；当对环境和生态影响巨大时，为了保护环境，可突破使用。

三、城市道路的分类与技术分级

（一）城市道路的分类

1.快速路

为城市中大量、长距离、快速交通服务。快速路上的机动车道两侧不应设置非机动车道。快速路对向行车道之间应设置中间分隔带，其进出口应采用全控制或部分控制。快速路沿线两侧不能设置吸引大量车流、人流的公共建筑物的进出口，对一般建筑物的进出口应加以控制，当进出口较多时宜在两侧另建辅道。

2.主干路

为连接城市各主要分区的干路，以交通功能为主。主干路上的机动车与非机动车应分道行驶，非机动车交通量大时，宜采用机动车与非机动车分隔形式，如三幅路或四幅路。主干路一般不设立体交叉，而是采用扩宽交叉口引道的办法来提高通行能力。主干路两侧不应设置吸引大量车流、人流的公共建筑物出入口。

3.次干路

与主干路结合组成城市道路网，起集散交通的作用，兼有服务功能。次干路是城市中数量较多的一般的交通性道路，配合主干路组成城市干道网，起联系各部分和集散交通的作用。次干路一般不设立体交叉，部分交叉口可以扩大，并加以渠化。次干路兼有服务功能，允许两侧布置吸引人流的公共建筑，但应设停车场。

4.支路

为次干路与街坊的连接线，解决局部地区交通，以服务功能为主。支路是一个地区内（如居住区内）的道路，是地区通向干道的道路。支路可与平行于快速路的道路相接，但不得与快速路直接相接。支路需要与快速路交叉时应采用分离式立体交叉跨过或穿过快速路。

城市道路规划交通量达到饱和状态时的设计年限，快速路、主干路应为20年；次干路应为15年；支路应为10～15年。

（二）城市道路的红线规划

道路红线是指通过城市规划或道路系统专项规划确定的各等级城市道路的路幅边界控制线，以及城市道路用地与其他用地的分界控制线。红线宽度为道路用地的规划范围，包括车行道、人行道、绿化带等在内的规划道路的总宽度，或称规划路幅。

城市道路的红线规划，是依据城市总体规划确定道路网的形式，道路的功能、走向和位置、一次修建还是分期逐步改造，新建道路还是旧路改造等因素而定。

城市道路红线规划的主要工作内容有以下四个方面：

1.确定道路红线宽度

根据道路的功能与性质，考虑适当的横断面型式和定出机动车道、非机动车道、人行道、绿化带等各组成部分的合理宽度，从而确定道路的总宽度，即红线宽度。红线宽度规划太窄不能满足日益发展的城市交通和其他各方面的要求，给以后改建带来困难；太宽，近期沿线建筑要从现在路边后退很多，会给近期建设带来困难。所以，确定红线宽度时应充分考虑"近远结合，以近为主"的原则。

2.确定道路红线位置

在城市总平面图基本方案的基础上，对于新建区道路，选择规划路中心的位置，并按拟定道路横断面宽度画出道路红线；对于旧区改建道路，如计划近期一次拓宽至规划宽度者，规划红线根据少拆迁原则以一侧拓宽为宜；属于长期控制，逐步形成的道路，定位时，可以按照现状中线不动，使两侧建筑平均后退。

3.确定交叉口型式

根据各交叉口的类型及具体条件和近、远期结合的要求，定出交叉口用地范围、具体位置和尺寸，定出路缘石半径及安全视距等，并以红线方式绘于平面图上。

4.确定控制点的半径和标高

规划道路中线的转折点和各条道路的相交点，就是控制点。控制点平面位置可直接实地测量，标高则由竖向规划确定，也可以依据可靠的地形图计算其坐标和标高。

四、道路的基本组成

（一）公路工程的基本组成

公路是一种典型的线形工程结构物，它由线形结构和支撑结构两大部分组成。

1.线形组成

公路线形是指公路中线的空间几何形状和尺寸。这一空间线形投影到平、纵、横三个方面而分别绘制成反映其形状、位置和尺寸的图形，就是公路的平面图、纵断面图和横断面图。公路设计中，平、纵、横三方面是相互影响、相互制约、相互配合的，设计时应综合考虑。

公路路线的线形是指在空间的几何形状和尺寸，为研究方便，将之分解为平面、纵断面、横断面设计三个方面进行研究。平面线形由直线、圆曲线和缓和曲线等基本线形要素组成。纵面线形由直线（直坡段）及竖曲线等基本要素组成。公路线形设计时必须考虑技术经济和美学等的要求。

2.结构组成

公路是交通运输结构物，它不仅承受荷载的作用，而且受自然条件的影响，其结构组成主要包括路基路面工程、排水工程（桥涵、渗水路堤、过水路面等）、防护工程（挡土墙、护坡、护栏等）、特殊构造物及交通服务设施。

（1）路基

行车部分的基础，断面形状一般可有路堤、路堑、半填半挖三种路基形式。路基结构必须稳定、坚实并符合规定的尺寸，以承受汽车和自然因素的作用。

（2）路面

用坚硬材料铺筑于路基上供汽车直接行驶的地带，通常路面由基层及面层两部分组成。路面按其适用品质、材料组成和结构强度可有高级、次高级、中级、低级之分；按其力学性质可分为柔性路面和刚性路面两大类。常用材料有沥青、水泥、碎（砾）石、砂、黏土等。

（3）桥涵

指公路跨越水域、沟谷和其他障碍物时修建的构造物。单孔跨径小于 5 m 或多孔跨径之和小于 8 m 称为"涵洞"，大于这一规定值称为桥梁。

（4）隧道

公路隧道通常是指建造在山岭、江河、海峡和城市地面下，供车辆通过的工程构造物。它是为公路从地层内部或水层通过而修建的结构物。当公路翻越高山或穿过深水层时，为了改善平、纵面线形和缩短路线长度，经过技术、经济比选，可开凿隧道。

（5）公路特殊结构物

在山区地形、地质复杂路段，可修建悬出路台、半山桥及防石廊等以保证道路连续和路基稳定的构造物。

（6）排水系统

为了防止地面水及地下水等自然水侵蚀、冲刷路基，确保路基稳定，须设置排水构造物。除上述桥涵外，还有边沟、截水沟、排水沟、跌水、急流槽、盲沟、渗井及渡槽等。这些排水构造物组成综合排水系统，以减轻或消除各种水对道路的侵害。

（7）防护工程

在陡峻山坡或沿河一侧的路基边坡修建的填石边坡、砌石边坡、挡土墙、护脚及护面墙等可加固路基边坡保证路基稳定的构造物。在易发生雪害的路段可设置防雪栅、防雪棚等；在沙害路段设置控制风蚀过程的发生和改变砂粒搬运及堆积条件的设施；沿河路基可设置导流结构物，如顺水坝、格坝、丁坝及拦水坝等间接防护工程。

（8）交通工程及沿线设施

公路交通工程及沿线设施是保证公路功能、保证安全形势的配套设施，如照明设备、交通标志、护栏、中央分隔带、隔音墙、隔离墙、加油站、汽车停车场、休息设施及绿化和美化设施等。

（二）城市道路工程的基本组成

城市道路将城市的主要组成部分如居民区、市中心、工业区、车站、码头及其他部分之间联系起来，形成完整的道路系统。通常其组成如下：机动车道和非机动车道。人行道，包括地下人行道及人行天桥；交叉口、步行广场、停车场、公共汽车站；交通安全设施，包括人行地道、人行天桥、照明设备、护栏、标志、标线等；排水系统，包括街沟、雨水口、窨井及雨水管等；沿街设施，包括照明灯柱、电杆、邮筒及给水栓等；地下各种管线，包括各种电缆、煤气管及给排水管道等；绿化带。大城市还有地下铁道、高架桥等。

道路工程的主体是路线、路基（包括排水系统及防护工程等）和路面三大部分。在道路设计中它们是相互联系、相互影响的。路线设计中要有经济合理的线形，还应充分考虑通过地区的自然与地貌等因素，以保证路基的稳定性。路基设计要求要有足够的强度和稳定性，以保证路面结构的整体强度和稳定性，保证行车安全和迅速。

五、道路工程基本建设程序

道路工程项目建设全过程分为道路规划、道路勘测设计、道路施工及道路养护四个环节。公路建设是基本建设项目，凡新建公路工程项目和改建的大中型公路工程项目，都必须按我国交通运输部颁布的相关规定的程序办理。程序要点如下：根据长远规划或建设项目建议书，进行可行性研究；根据可行性研究，编制计划任务书（也称设计计划任务书）；根据批准的计划任务书，进行现场勘测，编制初步设计文件和概算；根据批准的初步设计文件，编制施工图和施工图预算；列入年度基本建设计划；进行施工前的各项准备工作；编制实施性施工组织设计及开工报告，报上级主管部门审批；严格执行有关施工的规程和规定，坚持正常施工次序，做好施工记录，建立技术档案；编制竣工图表和工程决算，办理竣工验收。

以上程序在符合审批制度的前提下，可根据具体情况进行合理的交叉，小型项目可根据具体情况适当并免。

（一）道路工程项目建议书与可行性研究

1.道路工程项目建议书

项目建议书是基本建设前期工作的一项重要内容，是基本建设程序的重要组成部分，是进行项目决策和编制计划任务书的科学依据。道路工程项目建议书编制的目的是对待建工程的必要性、技术可行性、经济合理性、实施可能性等进行综合研究，推荐最佳方案，进行投资估算，并做出经济评价，为建设项目的决策和审批提供依据。

2.道路工程项目可行性研究

道路工程项目可行性研究是从"需要"和"可能"两个方面，运用可行性研究这一科学的、完整的工作方法体系，深入地、具体地研究一个道路建设项目建设的必要性、技术的可行性、经济的合理性、实施的可能性，选择项目实施的最佳方案，避免项目实施的盲目性，降低项目投资的风险性。这是建设项目投资决策前进行技术经济论证的一门综合性工作，是基本建设前期工作的重要环节。

道路工程项目可行性研究的作用包括五个方面：一是作为项目建设投资决策和编制设计任务书的依据；二是作为向银行申请贷款的依据；三是作为建设项目初步设计的基础；四是作为新技术、新设备的采用、研制计划的依据；五是作为公路建设项目后评价的参考与依据。

道路工程项目可行性研究分为两个阶段，即预可行性研究阶段和工程可行性研究阶段。预可行性研究阶段要求通过实地踏勘和调查，重点研究必要性和建设时机；初步确定项目通道和走廊带；对项目规模、技术标准、建设资金、经济效益进行必要论证，是项目建议书的依据。

工程可行性研究阶段要求进行充分的调查研究，通过必要的测量和地质勘探，对可能的建议方案从技术、经济、安全、环境等方面综合比选论证；研究确定项目的起终点，提出推荐方案，确定建设规模、技术标准，估算项目投资，分析投资项目，编制报告。批准的工程可行性研究阶段是初步设计的依据。

（二）计划任务书

公路勘测设计工作是根据批准的计划任务书进行的。计划任务书应包括下述内容：建设的依据和意义；路线的建设规模和修建性质；路线的基本走向和主要控制点；工程技术等级和主要技术标准；勘测设计的阶段划分及各阶段完成的时间；建设期限，投资估算，需要钢、木、水泥的数量；施工力量的原则安排。

计划任务书经上级批准后，如对建设规模、期限、技术等级标准及路线走向等重大问题有变更时，应报原批准机关审批同意。

（三）道路勘测设计阶段划分

根据路线的设计和要求，道路勘测设计可分为一阶段勘测设计、二阶段勘测设计和三阶段勘测设计。

1.一阶段勘测设计

直接根据批准的设计任务书的要求，一次性做详细测量并编制施工图设计和工程预算。适用于技术简单、方案明确的小型公路工程。

2.二阶段勘测设计

为公路测设的主要程序，即通常一般公路所采用的测设程序，按初步设计、施工图设计两个阶段进行。

初步设计主要任务：拟定设计原则；选定设计方案；计算主要工程数量；提出施工方案意见，编制设计概算并提供文字说明和图表资料。

施工图设计主要任务：进一步对审定的设计原则、设计方案、技术决定加以具体和深化；最终确定各项工程数量和尺寸；提出文字说明和满足施工需要的图表资料及施工组织计划并编制施工图预算。

3.三阶段勘测设计

对于技术上复杂而又缺乏经验的建设项目或建设项目中的个别路段、特殊大桥、互通式立体交叉、隧道等，必要时，应采用三阶段设计。即分初步设计、技术设计、施工图设计三个阶段进行。

（1）初步设计

初步设计是项目决策后，根据设计任务书要求所做的具体实施方案，应能满足项目投资包干、招标承包、材料、设备订货、土地征用和施工准备等要求。根据批准的设计任务书和收集的勘测设计资料编制初步设计文件，确定设计原则、技术标准、工程规模、工程数量、工程概算、材料数量等。其组成内容为：设计说明书，包括设计依据及概述，设计技术准备，对道路工程设计的各个方案进行技术经济论证和提出推荐方案，存在问题和注意事项等；主要工程数量和主要材料数量表；工程概算，说明编制概算所采用的定额，各项费率标准，材料价格、施工方法及施工费用的依据；设计图纸，包括道路位置示意图、平面地形图（包括征地、拆迁线）、纵断面图、横断面图、道路交叉、广场设计图、绿化、照明布置等。

（2）技术设计

技术设计主要用于技术上相当复杂的道路工程。初步设计经审批后即可进行技术勘测，根据技术勘测资料做技术设计或施工图设计。技术设计是对初步设计中一些复杂的工程内容，如道路和广场的竖向设计，难度较大的道路交叉，交通组织措施，全面性的综合排水设计，有关地上、地下管线平面和立面的综合协调等进行较详细的技术设计。

（3）施工图设计

施工图设计内容包括绘制道路平面、纵断面、横断面、平面交叉口、立体交叉、广场设计等的各部详细尺寸和标高；路面结构设计组成及厚度；排水设计；中小桥、涵洞、灌溉渠道连通管及其他附属构筑物的位置、标高、孔径、结构设计等施工详图和必要的施工说明；提出征地、房屋拆迁、迁移管线和障碍物等的数量，编制工程预算，当与初步设计有较大变动时，应修正初步设计和概算，报上级批准后实施。

（四）设计文件编制

设计文件是公路勘测设计的最后成果，经审查批准后作为公路施工等的依据。其组成、内容和要求随设计阶段而异。

设计文件组成和内容如下：

1.初步设计文件

由总说明书、总体设计、路线、路基路面、桥梁涵洞、隧道、路线交叉、交通工程及沿线设施、环境保护与景观设计、其他工程、筑路材料、施工方案、设计概算共13篇和附件组成。其表达形式有文字说明、设计图、表格三种。

2.施工图设计文件

由总说明书、总体设计、路线、路基路面、桥梁涵洞、隧道、路线交叉、交通工程及沿线设施、环境保护与景观设计、其他工程、筑路材料、施工组织设计和施工图预算共13篇及附件组成。

（五）道路工程施工管理与验收

1.道路工程施工管理

道路工程施工主要包括施工准备、清表与基础处理、路基施工、路面结构施工和工程验收五个阶段。为保证项目的施工进度与施工质量，在施工过程中需要对道路施工的进度、质量、安全等进行有效控制。

（1）施工进度控制

道路工程进度计划的主要形式有横道图、"S"曲线、垂直图、斜率图、网

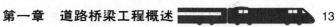

络图等。进度计划包括总体性进度计划和阶段性进度计划。施工单位编制完进度计划后，应重点从以下三个方面对进度计划进行审查：

①工期和时间安排的合理性：施工总工期的安排应符合合同工期；各施工阶段或单位工程（包括分部工程、分项工程）的施工顺序和时间安排与材料和设备的进场计划相协调；易受冰冻、低温、炎热、雨季等气候影响的工程应安排在适宜的时间，并应采取有效的预防和保护措施；对动员、清场、假日及天气影响的时间，应充分考虑并留有余地。

②施工准备的可靠性：所需主要材料和设备的运送日期已有保证；主要骨干人员及施工队伍的进场日期已经落实；施工测量、材料检查及标准试验的工作已经安排；驻地建设、进场道路及供电、供水等已经解决或已有可靠的解决方案。

③计划目标与施工能力的适应性：各阶段或单位工程计划完成的工程量及投资额应与设备和人力实际状况相适应；各项施工方案和施工方法应与施工经验和技术水平相适应；关键线路上的施工力量安排应与非关键线路上的施工力量安排相适应。

同时，在施工过程中，应及时开展项目的进度检查，检查内容包括工作量的完成情况、工作时间的执行情况、资源使用及进度的互配情况、上次检查提出问题的处理情况。进度计划的检查方式有项目部定期地收集由承包单位提交的有关进度报表资料、驻地监理人员现场跟踪检查公路工程的实际进展情况、由监理工程师定期组织现场施工负责人召开现场会议、上次检查提出问题的处理情况。检查的方法主要有横道图比较法、"S"形曲线比较法、"香蕉"形曲线比较法、前锋线比较法等。

（2）施工质量控制

为了强化公路工程质量控制，必须构建一个覆盖全面质量、贯穿全部过程、全员参与的控制体系，主要是做好以下四个方面的工作：

①制定项目质量管理策划。在对设计文件审核与分析后，项目经理应负总责，协调相关部门制定项目质量管理策划。

②现场质量检查控制。现场工程质量检查分开工前检查、施工过程中检查和分项工程完成后的检查。现场质量检查控制的方法主要有测量、试验、观察、分析、记录、监督、总结改进。

③工程质量控制关键点。质量控制关键点的设置，根据不同管理层次和职

能，按以下原则分级设置：施工过程中的重要项目、薄弱环节和关键部位；影响工期、质量、成本、安全、材料消耗等重要因素的环节；新材料、新技术、新工艺的施工环节；质量信息反馈中缺陷频数较多的项目；应加强质量控制关键点的施工质量的控制。

④工程质量检查与评定。根据建设任务、施工管理和质量检验评定的需要，应在施工准备阶段将建设项目划分为单位工程、分部工程和分项工程。施工单位、工程监理单位和建设单位应按相同的工程项目划分进行工程质量的监控和管理。

分项工程质量检验内容包括基本要求、实测项目、外观鉴定和质量保证资料四个部分。只有在其使用的原材料、半成品、成品及施工工艺符合基本要求的规定，且无严重外观缺陷和质量保证资料真实并基本齐全时，才能对分项工程质量进行检验评定。

（3）施工安全管理

①路基工程施工安全管理。路基工程施工安全管理的范围包括土方施工、石方施工、高边坡施工、爆破作业、机械作业、挡护工程等。其中各个管理方面都包含了对在过程中起到能动作用的人的管理和施工中的各种机械、工具等的管理，以及对施工环境的安全管理，即人们常说的"人、机、料、法、环"五个方面。

路基工程施工安全管理的一般要求如下：建立健全路基施工安全保障体系，项目经理部应建立健全路基施工安全保障体系，全面落实安全生产责任制，建立相应的安全生产预防、预警、预控、安全检查、隐患排查、事故报告与处理、应急处置等安全生产保障措施；施工现场布置应有利于生产，方便职工生活，施工现场的临时驻地与临时设施的设置，必须避开泥沼、悬崖、陡坡、泥石流、雪崩等危险区域，选在水文、地质良好的地段；施工现场内的坑、沟、水塘等边缘应设安全护栏，场地狭小、行人和运输繁忙的地段应设专人指挥交通；路基用地范围内若有通信、电力设施、上下水道（管）等，均应协助有关部门事先拆迁或改造，对文物古迹应妥善保护，下挖工程开挖前，应根据设计文件复查地下构造物（电缆、管道等）的埋置位置及走向，并采取相应的安全防护措施；施工中如发现可疑物品时，应停止施工，报请有关部门处理；路基施工机械设备应有专人负责保养、维修和看管；各种机械操作手、电工必须持证上岗，同时经常加强对驾

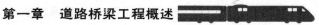

驶员、电工及路基作业人员的安全教育；路基施工现场必须做好交通安全管理工作；夜间施工，路口、边坡顶必须设置警示灯或反光标志，专人管理灯光照明；现场操作人员必须按规定佩戴个人安全防护用品，机械燃料库必须设消防防火设备；施工现场易燃品必须分开放置，保证一定的安全距离。

②路面工程施工的安全管理。路面工程施工的安全管理范围包括：沥青路面工程的安全管理；水泥混凝土路面工程的安全管理。其中包括对施工作业人员的安全管理、施工中机械的安全管理、施工环境的安全管理。

路面工程施工安全管理的一般要求如下：确定施工方案，及时准确发布路面施工信息。施工前，施工单位应确定施工区的范围及安全管理的施工方案，对路面情况进行深入细致的分析，并在开工前及时发布施工信息，警告过往车辆要注意施工路段的交通情况，提醒车辆绕道而行，避免车辆拥堵；详细划分施工区域，设置好安全标志，严格按警告区、上游过渡区、缓冲区、作业区、下游过渡区、终止区来划分施工区域；施工现场所有施工人员应统一穿着橘黄色的反光安全服，施工时还应设专职的交通协管员和专职安全员，而且安全员分班实行24 h施工路段安全巡查；施工车辆必须配置黄色闪光标志灯，停放在施工区内规定的地点；不得乱停乱放，要摆放整齐，特别在进出施工场地时，要绝对服从专职交通协管员的指挥，不得擅自进出；在施工区域两端应设置彩旗、安全警示灯、闪光方向标，给施工车辆和社会车辆以提示作用。

2.道路工程施工验收

工程验收分为交工验收和竣工验收两个阶段。

（1）交工验收程序

公路工程各阶段符合交通运输条件后，经监理工程师同意，由施工单位向项目法人提出申请，项目法人应及时组织对该合同段进行交工验收，项目法人负责组织公路工程各合同段的设计、监理、施工等单位参加交工验收。

验收合格后，项目法人应按交通运输部规定的要求及时完成项目交工验收报告，并向交通主管部门备案。质量监督机构应向交通主管部门提交项目检测报告。交通主管部门在15日内未对备案的项目交工验收报告提出异议，项目法人可以开放交通进入试运营期，试运营期不得超过3年。交工验收提出的工程质量缺陷等遗留问题，由施工单位限期完成。

（2）竣工验收程序

①竣工验收由交通主管部门按项目管理权限负责。②公路工程符合竣工验收条件后，项目法人应按照项目主管权限及时向交通主管部门申请验收。交通主管部门应当自收到申请30日内对申请人提交的材料进行审查，对于不符合竣工验收条件的，应当及时退回并告知理由；对于符合验收条件的应自收到申请文件之日起3个月内组织竣工验收。③项目法人、设计单位、监理单位、施工单位、接管养护等单位参加竣工验收工作。④通过竣工验收的工程，由质量监督机构依据竣工验收结论，按照交通运输部规定的格式对各参加单位签发工作综合评价等级证书。

第二节　桥梁与桥梁工程

一、桥梁的基本组成

桥梁一般由四个基本部分组成，即上部结构、下部结构、支座和附属设施。

上部结构（或称桥跨结构）是桥梁支座以上（拱桥起拱线或刚架桥主梁底线以上）跨越桥孔的总称，是承担荷载、跨越障碍的主要承重结构，其作用是承担上部结构所受的全部荷载，并通过支座传递给下部结构。

下部结构包括桥墩、桥台和基础，其作用是支撑桥跨结构并将荷载传递给地基。

一般将设置在桥跨中间部分的支承建筑物称为桥墩；设置在桥跨两端与路堤相衔接的建筑物称为桥台。桥台除上述作用外，还起到了抵御路堤的土压力及防止路堤的滑塌等作用。单孔桥只有两端的桥台，没有中间的桥墩。

桥墩和桥台底部与地基相接触的部分，称为基础。基础承受从桥墩或桥台传来的全部荷载，包括竖向荷载及地震力、船舶撞击墩身等引起的水平荷载。由于基础往往深埋于水下土层之中，是桥梁施工中难度较大且施工复杂的部分，也是确保桥梁安全的关键之一。

支座设置在墩台的顶部，是用于支承上部结构的传力装置，它不仅要传递很大的荷载，还要保证上部结构能按设计要求产生一定的变位。

附属设施包括桥面系、桥头搭板、护坡、导流堤等。如在路堤与桥台衔接处，一般在桥台两侧设置石砌的锥形护坡，以保证迎水部分路堤边坡的稳定。

下面介绍桥梁中的一些术语名词及基本概念。

（一）水位

河流中的水位是变动的，河流中枯水季节的最低水位称为低水位；洪峰季节河流中的最高水位称为高水位；桥梁设计中按规定的设计洪水频率计算所得出的高水位，称为设计水位（或称设计洪水位）；在各级航道中，能保持船舶正常航行的水位称为通航水位。

（二）跨径与桥长

1.净跨径

对于梁式桥，净跨径是指设计洪水位上相邻两个桥墩（或桥台）之间的水平净距；对于拱式桥，净跨径是指每孔拱跨两个拱脚截面最低点之间的水平距离。

2.总跨径

总跨径是多孔桥梁中各孔净跨径的总和，它反映了桥梁排泄洪水的能力。

3.计算跨径

对于设有支座的桥梁，计算跨径是指桥跨结构相邻两个支座中心之间的水平距离；对于不设支座的桥梁，跨径为上下部结构的相交面中心之间的水平距离；对于拱式桥，跨径是指两相邻拱脚截面形心点之间的水平距离，桥跨结构的力学计算是以计算跨径为基准的。

4.标准跨径

对于梁式桥、板式桥，标准跨径是指两桥墩中线之间或桥墩中线与桥台台背前缘之间的水平距离；对于拱桥和涵洞，标准跨径则是指净跨径。

5.桥梁全长（简称桥长）

对于有桥台的桥梁，桥梁全长是指两岸桥台侧墙或八字墙尾端之间的水平距离；对于无桥台的桥梁，桥梁全长则是指桥面系行车道的长度。

（三）高度和净空

1.桥梁高度（简称桥高）

桥梁高度是指桥面路拱中心顶点与低水位或桥下线路路面之间的垂直距离。

桥高在某种程度上反映了桥梁施工的难易性。

2.桥下净空高度

桥下净空高度是指设计洪水位或计算通航水位与桥跨结构最下缘之间的高差。桥下净空高度应满足排洪、通航或通车要求。

3.桥梁建筑高度

桥梁建筑高度是指桥面路拱中心顶点到桥跨结构最下缘（拱式桥为拱脚线）的高差。

4.净矢高

净矢高是指从拱顶截面下缘至相邻两跨拱脚截面下缘最低点连线的垂直距离。

5.计算矢高

计算矢高是指拱顶截面形心至相邻两拱脚截面形心之连线的垂直距离。

6.矢跨比

矢跨比是指拱桥中拱圈（或拱肋）的计算矢高与计算跨径之比，也称拱矢度，其是反映拱桥受力特性的一个重要指标。

二、桥梁的分类

目前，所建造的桥梁种类繁多，按照桥梁的受力、用途、材料和规模等的区别，有不同的桥梁分类方法，下面分别加以介绍。

（一）按桥梁结构体系划分

按照桥梁受力结构体系分类，可分为梁式桥、拱式桥和悬索桥（或称为吊桥），简称"梁、拱、吊"三大基本体系。另外，由上述三大基本体系相互组合，在受力上形成具有组合特征的桥型，如刚架桥、斜拉桥及系杆拱桥等。

下面分别阐述各种桥梁体系的主要受力特点及适用场合。

1.梁式桥

梁式桥是一种在竖向荷载作用下无水平反力的结构，由于外力（恒载和活载）的作用方向与桥梁结构的轴线接近垂直，因而与同样跨径的其他结构体系相比，梁桥内产生的弯矩最大，即梁式桥以受弯为主。因此，通常须用抗弯拉能力强的材料（如钢、钢筋混凝土等）来建造。对于中、小跨径的公路桥梁，目前应用最广泛的标准跨径钢筋混凝土或预应力混凝土简支梁（板）桥，其施工方法一般有预制装配式和现浇两种。这种梁桥结构简单、施工方便，且对地基承载力的要求也不高。对于钢筋混凝土简支梁桥，其跨径一般不大于25 m，当跨径较大时，应采用预应力混凝土，但其跨径一般不宜超过50 m。为了改善受力条件和使用性能，地质条件较好时，中、小跨径梁桥均可修建连续梁桥；对于大跨径和特大跨径的梁桥，可采用预应力混凝土、钢和钢-混凝土组合梁桥。

2.拱式桥

拱式桥的主要承重结构是主拱圈或拱肋。在竖向荷载作用下，桥墩和桥台将承受水平推力，同时，墩台向拱圈或拱肋提供水平反力，这将大大抵消在拱圈或拱肋中由荷载引起的弯矩。因此，与同等跨径的梁式桥相比，拱桥的弯矩、剪力和变形却要小得多，拱圈或拱肋以受压为主。拱桥对墩台有水平推力，承重结构以受压为主，这是拱桥的主要受力特点。因此，通常可采用抗压能力强的圬工材料（如砖、石、混凝土等）和钢筋混凝土来建造。但应当注意，由于拱桥往往有较大的水平推力，为了确保拱桥的安全，下部结构（特别是桥台）和地基必须具备能承受很大水平推力的能力。一般应选择地质条件较好的地域修建拱桥。

当然，在地质条件不适合于修建具有很大水平推力拱桥的情况下，也可采用无水平推力的系杆拱桥，其水平推力由系杆承受，系杆可由预应力混凝土、钢材等制作。另外，也可修建近年来发展起来的水平推力很小的"飞雁式"三跨自锚式系杆拱桥，即在边跨的两端施加强大的水平预加力，通过边跨拱传至拱脚，以抵消主跨拱脚处的水平推力。

3.悬索桥（也称吊桥）

悬索桥的承重结构，包括主缆、塔柱、加劲梁、锚碇及吊杆。在桥面系竖向荷载作用下，通过吊杆使主缆承受巨大的拉力，主缆悬跨在两边塔柱上，锚固于两端的锚碇结构中，锚碇承受主缆传来的巨大拉力，该拉力可分解为垂直和水平分力，因此，悬索桥也是具有水平反力（拉力）的结构。现代悬索桥的主缆用高强度的钢丝成股编制而成，以充分发挥其优良的抗拉性能。悬索桥结构质量轻，是目前为止跨越能力最大的桥型。另外，悬索桥受力简单明确，在将主缆架设完成之后，便形成了强大稳定的结构支撑系统，使得加劲梁的施工安全方便，施工过程中的风险相对较小。

4.刚架桥（或刚构桥）

桥跨结构主梁或板与墩台（或立柱）整体相连的桥梁称为刚架桥。由于梁和柱两者之间是刚性连接，在竖向荷载作用下，将在主梁端部产生负弯矩，在柱脚处产生水平反力，门式刚架桥梁部主要受弯，但其弯矩较同跨径的简支梁小，梁内还有轴力作用，因此，刚架桥的受力状态介于梁式桥与拱式桥之间。刚架桥的跨中建筑高度可做得较小，因此，通常适用于需要较大的桥下净空和建筑高度受到限制的情况，如跨线桥、立交桥和高架桥等。

刚架桥在竖向荷载的作用下，一般都会产生水平推力。因此，必须有良好的地质条件或用较深的基础，也可用特殊的构造措施来抵抗水平推力的作用。另外，刚架桥大多数为超静定结构，故在混凝土收缩、徐变，温度变化，墩台不均匀沉陷和预应力等因素的作用下，均会产生较大的附加内力，应在设计和施工中引起注意。对于大跨径的刚架桥，一般均要承受正负弯矩的交替作用，主梁横截面宜采用箱形截面。

5.斜拉桥

斜拉桥的上部结构由塔柱、主梁和斜拉索组成。斜拉桥实际上是梁式桥与吊桥的组合形式。其主要受力特点是：斜拉索受拉力，它将主梁多点吊起（类似吊桥），将主梁的恒载和车辆等其他荷载传至塔柱，再通过塔柱传至基础和地基。塔柱以受压为主。主梁由于被斜拉索吊起，如同一多点弹性支承的连续梁，从而使主梁内的弯矩较一般梁式桥大大减小，这也是斜拉桥具有较大跨越能力的主要原因。主梁由于同时受斜拉索水平力的作用，因此为压弯构件。

斜拉桥的塔柱、拉索和主梁在纵向面内形成了稳定的三角形，因此，斜拉桥的结构刚度较悬索桥大，其抗风稳定性较悬索桥好。在目前所有的桥型中，斜拉桥的跨越能力仅次于悬索桥。但是，当斜拉桥的跨度很大时，悬臂施工的斜拉桥因主梁悬臂过长，承受斜拉索传来的水平压力过大，因而风险较大，塔也过高，外侧斜拉索过长，这也是斜拉桥跨越能力不能与悬索桥相比的主要原因。

（二）桥梁的其他分类

桥梁除上述按受力特点分类外，还可按桥梁的用途、建桥的材料、大小规模等进行分类。

按用途来划分，可分为公路桥、铁路桥、公铁两用桥、人行桥、水运桥（或渡桥）和管线桥等。

按上部结构采用的建筑材料来划分，有钢筋混凝土桥、预应力混凝土桥、圬工桥（包括砖、石、混凝土）、钢桥、钢筋混凝土组合桥和木桥等。木材易腐，而且资源有限，因此，除少数用于临时性桥梁外，一般不采用。

按跨越障碍的性质，可分为跨河桥、跨谷桥、跨线桥（或立交桥）、高架桥等。高架桥一般是指跨越深沟峡谷以代替高路堤的桥梁，以及在城市中跨越道路的桥梁。

按上部结构的行车道位置，可分为上承式桥、中承式桥和下承式桥。桥面布置在主要承重结构上的称为上承式桥；桥面布置在承重结构之下的称为下承式桥；桥面布置在桥跨结构高度中间的称为中承式桥。

按桥跨结构的平面布置，可分为正交桥、斜交桥和弯桥（或曲线桥）。

按特殊使用条件，可分为开启桥、浮桥、漫水桥等。

三、桥梁工程施工的一般特点

（一）流动性与地域性

桥梁工程施工生产不同于一般的工业生产，由于建造地点的不同，其施工是在不同的地区，或同一地区的不同场地进行的，因此其生产在地区与地区之间、场地之间流动。桥梁工程施工受地区条件的影响，其结构、造型材料和施工方案等方面均有所不同，具有一定的地域性。

（二）固定性与单一性

具体到某一座桥梁工程施工，经过统一规划后，根据其使用功能，在选定的地点上单独设计、单独施工，不可更改，建设地点具有固定性。即使是提倡使用标准设计和通用构件，但受桥梁工程所在地区的自然、经济和技术条件的约束，其结构、建筑材料、施工方法和施工组织等也可因地制宜加以修改，以适应不同地区和不同桥型的需要，从而使桥梁工程的施工具有单一性。

（三）周期性与重发性

桥梁工程施工受混凝土龄期、同部位分节施工等影响，须按部就班地开展，如梁板预制、钢筋绑扎、模板安装固定、混凝土浇筑、顶推循环施工等，从而使桥梁工程施工，具有周期性和重复性。

（四）露天性与高空性

桥梁工程地点的固定性和体形巨大的特征决定了其施工具有露天作业和高空作业多的特点，随着社会经济发展和现代化交通运输的需要，各种大型桥梁的施工任务越来越多，使得桥梁工程高空作业的特点日益明显。

（五）施工周期长与占用流动资金多

桥梁体形庞大，其建造必然要消耗大量的人力、物力和财力，同时施工过程还要受到工艺流程和生产程序的制约，使各专业和各工种间必须按照合理的施工顺序进行配合与衔接。而建造地点的固定性，使得施工活动的空间具有一定的局限性，从而导致桥梁施工具有生产周期长、占用流动资金大的特点。

（六）施工生产组织协作的复杂性

桥梁工程施工涉及工程力学、地基基础、工程地质、水文水力学、土力学、工程材料、工程机械设备、施工组织管理等学科的专业知识，施工涉及面较广，需要在不同时期、不同地点上组织多专业、多工种的综合作业，此外，它还涉及不同种类的专业施工队伍，以及规划与征用土地、勘察设计、"五通一平"、科研试验、质量监督、交通运输、电水热供应、劳务等社会各领域的外部协作配合，使得桥梁工程施工生产的组织协作关系错综复杂。

四、桥梁工程施工

（一）桥梁工程施工的基本程序

桥梁工程主体施工大致可分为桥梁下部结构和桥梁上部结构两部分。桥梁下部结构工程（基础、墩台）大多采用就地浇筑施工，桥梁上部结构根据桥位的地形地貌特点、墩台高低、梁孔多少等选择桥位现浇法或预制梁场集中预制的运架方案。桥梁工程施工的精细度及要求高，施工组织应科学合理，管理应精细严格。

（二）桥梁工程施工的准备工作

第一，施工单位在编制施工组织设计前，应组织有关人员对设计文件、图纸、资料进行研究和现场核对，必要时进行补充调查。研究设计文件、图纸、资

料时，应首先查明是否齐全、清楚，图纸本身及相互之间有无矛盾和错误。如发现图纸和资料欠缺、错误、矛盾等情况，应向建设单位提出，予以补全、更正。较复杂的中桥、大桥和特大桥，可要求建设单位进行设计交底，施工单位可提出修改意见供建设单位考虑。

第二，在勘察现场及审阅图纸后，应请建设主管部门主持，组织建设单位、监理单位、设计单位设计人员进行设计交底。交底后施工单位将发现的问题提出，请设计单位解答，会议纪要由建设单位于会后以正式文件分发给设计、施工及其他单位。

在施工单位内部应贯彻层层交底制度，施工技术部分应由技术负责人进行书面交底，交底内容应包括结构特点、施工季节特点、施工步骤、操作方法、质量要求、安全要求和各项有关的规程、技术措施，并结合设计意图，向各级人员及操作人员交代清楚。

第三，根据工程规模，编制施工组织设计或施工方案，施工组织设计具体应该包括下列内容：

工程特点：应叙述工程结构情况与特点及工程地点的水文、地质、气候、地形等特殊情况，以及与工程有关的其他情况。

主要施工方法：根据工程特点，简要叙述本工程主要部位的施工方法和保证工程质量、施工安全、节约，以及推广新工艺、新技术、新结构、新材料等的施工方法。

施工现场总平面布置图及施工图纸：包括水、电、路和各加工厂与存料场的布置、面积，以及与场外的交通联系。

施工进度计划：主要项目施工网络计划、施工物资供应计划及半成品供应计划、施工机具与劳动力计划。

施工预算、科研项目及内容。

对施工中间的障碍应做详细调查，并提出处理方法与时间，对旧建筑物的处理方法，如须爆破时，则应提前做准备，并报请有关单位批准，按计划施行。

在河道中施工时，应划定足够的施工水域和拟定过往船只通行的措施，报请航道部门批准。对河床情况，除去探测外，还应向附近人员了解河道内有无特殊障碍，以便制订施工计划。在陆地施工时应充分考虑交通组织问题，应与铁道、公路及交通管理部门联系，并办理有关手续。

第二章　路基与路面施工技术

第一节　填方路基与挖方路基施工

一、填方路基施工技术

（一）路堤基底及填料的处理

1.路堤基底的处理

路堤基底的处理是保证路堤稳定、坚固极为重要的措施。在路堤填筑前应进行基底处理，这样才能使填土与原来的表土密切结合，使初期填土作业顺利进行，能使地基保持稳定，增强地基的承载能力；也能防止因草皮、树根腐烂而引起的路堤沉陷。对于一般的路堤基底处理，除了按有关规定进行场地清理外，还应按下列规定执行：伐树除根及表土处理。在路堤填筑时，如果不清除结合面上的草木树根等有害于路堤稳定的杂物，在路堤修筑成形后，一旦杂物发生腐烂变质，地基将发生松软和不均匀沉陷等质量问题。为了预防这种情况的出现，必须在填土之前做好伐树、除根和表层土壤处理工作。特别是当路基填筑高度小于1.0 m时，应注意将路基范围内的树根、草丛全部挖除。伐树、除根和清草作业，可采用人工方法或机械方法作业。如果基底的表层土系腐殖土，应将其表层土清除换填，厚度可根据实际情况而定，一般应不小于30 cm，并予以分层充分压实，压实度应符合规定要求。如发现草炭层、鼠洞、裂缝、溶洞等，必须采取一定措施将其处理好，以防止路堤填筑后而发生塌陷。

耕地和水田的处理。当修筑的路堤通过耕地时，在正式填筑之前，必须先对耕地填平压实，如其中有机质含量和其他杂质较多时，碾压时因弹性过大，不容易被压实，应当换填干土。对于稻田，其表面往往有一层松软薄层，如果直接

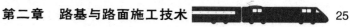

在其上面填土，不但机械通行性很差，而且填土也不能充分压实。如果路堤填土厚度较大，第一层要填层0.5～1.0 m厚，施工机械才能通过，以后可以按规定厚度铺填，能够充分压实时可不必进行其他处理。如果填土厚度较小时，第一层则不能填得太厚，否则填土无法得以碾压密实，这需要在基底挖沟排水，使填土保持干燥，再进行填方压实作业。如果水田的水位过高，不能再采取开挖排水沟解决排水问题，而应在原表土和填土之间加砂垫层式其他水稳材料，以利于水的排出。如果填土基底有小池塘或泉眼，就应设置暗排水设施，或者用耐水性的材料或碎石充填压实到原水位的高度以上，在填土后进行有效排水，防止侵入填土之中。

坡面基底的处理。填方路堤的基底若为坡面地，在填料自重荷载作用下，粒料极易失稳而沿坡面产生滑移。因此，在路堤正式填筑前，必须注意对基底坡面处理后才可进行填筑。施工经验表明，当坡度较小，在（1：10）～（1：15）之间时，只须清除坡面上的树根、杂草等杂物后，将翻松的表层压实后即可保证坡面的稳定；但当坡度较大，在（1：15）～（1：12.5）之间时应将坡面做成台阶形，一般宽度不宜小于2.0 m，高度最小为1.0 m，而且台阶顶面应做成向堤向倾斜3%～5%的坡度，如果基底坡面超过1：12.5，则应采用修护墙、护脚等措施进行特殊处理。路堤修筑范围内，原地面的坑、洞、基穴等，应用原地的土或砂性土进行回填，并按设计要求进行压实。

2.路堤填料的选择和处理

（1）进行含水量调节

在一般情况下，如料场土料的自然含水量接近其最佳含水量时，只要对挖出的土料及时装卸上堤，及时摊平碾压即可。如果土料中含水量过高，应加以翻晒，最好利用松土机或圆盘耙耧翻，以增大暴晒面积，加快水分的蒸发。另外，也可在取土场工作面下挖沟，使地下水位降低，从而改变土料含水量，这也是一种有效调节含水量的方法。

如果土料中的含水量过低，可在材料上进行人工洒水，洒水量可根据自然含水量和最佳含水量之差求得。在实际工作中，土料的人工湿润可在取土场上进行。由于取土场的场地宽阔，工作方便，易于控制，即使洒水过度也不会影响堤上的土体。

在路堤施工时，也常采用洒水车直接在表面喷洒的方法，但应配备圆盘耙等机具对土料进行翻拌，使其润湿均匀。在进行洒水前，应根据土料的种类预计其润湿时间，但不能洒水后立即进行碾压。

（2）化学稳定处理

化学稳定处理即利用石灰或水泥作为稳定剂，对土壤的性质进行改良，达到填土要求。这种方法对含水量大、塑性高的材料，或强度不足的其他材料，都有较好的效果。化学稳定性处理的施工方法，是将土和石灰、水泥等材料按一定比例混合、拌和均匀后铺平压实。

一般采用路拌式稳定土拌和机（灰土拌和机）和平地机等进行作业，也可由设于专门场地的厂拌设备制备。

（二）路堤填料的填筑方法

1.水平分层填筑

水平分层填筑，即填筑时按照横断面全宽分成水平层次，逐层向上填筑。如果原地面不平，应从最低处分层填起，每填筑一层后，经压实合格后再填筑上一层。水平分层填筑法施工操作方便、安全，压实质量容易保证。

2.纵坡分层填筑

纵坡分层填筑宜用推土机从路堑取土填筑距离较短的路堤，填方侧应按要求开挖土质台阶后，依纵坡方向分层，逐层向上填筑碾压密实，原地面纵坡小于20°的地段可采用这种方法施工。

3.横向全高填筑

横向全高填筑即从路基一端或两端按横断面的全部高度，逐步推进填筑，这种填筑方法仅用于无法自下而上填土的深谷、陡坡、断岩或泥沼地区运土机械无法进场的路堤。但此法对所填筑土料不仅不易压实，并且还有沉陷不均匀的缺点。为此，应采用必要的技术措施，如选用高效能的压实机械；采用沉陷量较小的砂性土或废石方作为填料。

4.联合填筑

采用混合填筑法，即路堤下部全高填筑，路堤上部水平分层填筑，使上部填料经分层压实获得需要的压实度。混合填筑法适应于因地形限制或填筑堤身较高，不宜采用水平分层法和横向填筑法自始至终进行填筑的情况。

加宽路堤时，所用填土应与原路堤用土尽量接近或为透水性好的土，并将原

边坡挖成向内倾斜的台阶，分层进行填筑，碾压到规定的密实度。严禁将薄层新填土贴在原边坡的表面。

（三）填方路基施工质量控制

1.填方路基施工的一般规定

第一，填方路堤施工前的原地面，应当按设计要求进行认真清理。对于填方路基的基底，还应按下列规定办理：应当切实做好原地面临时排水设施，并与永久排水设施相结合。排走的雨水，不得流入农田、耕地；也不得引起水沟的淤积和路基冲刷。在路堤的修筑范围内，原地面的坑、洞、墓穴等，应用原地的土或砂性土回填，并按规范规定进行分层压实。路堤基底为耕地或松土时，应先清除其上面的有机土和种植土，平整后按规定要求进行压实。在深耕地段，必要时应将松土翻挖、土块打碎，然后回填、整平、压实。路堤基底原状土的强度不符合设计要求时，应选择优良填料进行换填，换填的深度一般应不小于30 cm，并予以分层压实。为防止路基因振动产生破坏，石质挖方路基的施工，不宜采用大爆破方法。如果必须采用，应进行专门的爆破设计，并严格按大爆破的有关规定执行。

第二，当加宽旧路堤时，应遵守下列规定：为使加宽路堤与旧路堤各项性能接近，所选用的填料宜与旧路堤相同，或选用透水性较好的土。在加宽旧路堤施工前，应清除地基上的杂草和松散泥土，并沿旧路边坡挖成向内倾斜的台阶，台阶宽度应不小于1 m。

第三，当路堤稳定受到地下水位影响时，应在路堤底部填以水稳性优良、不易风化的砂、砂砾和碎石等材料，或采用无机结合料（如生石灰粉、水泥等）进行加固处理，使基底形成水稳性良好、厚度约30 cm的稳定层，或设置隔离层。

第四，填筑路堤的填料，应符合下列规定：用于路堤的填料，不得使用沼泽土、冻土、有机土、含草皮土、生活垃圾、树根和含有腐朽物质的土，采用盐渍土、黄土、膨胀土填筑路堤时，应按照特殊地基处理的规定进行处理。液限大于50、塑性指数大于26的土，以及含水量超过规定的土，不得直接作为路堤填料。需要应用时必须采取满足设计要求的技术措施，经检查合格后方可使用。钢渣、粉煤灰等材料，可以用作路堤填料，其他工业废渣在使用前应进行有害物质的含量试验，避免有害物质超过国家有关标准，造成对环境的污染。捣碎后的种植土，也可以用于路堤边坡的表面，作为种植护坡草皮的用土。

第五，用于路堤填方的材料，应有一定的强度。高速公路、一级公路及其他等级的路基填方材料，应经野外取土试验，其最小强度应符合规定。

2.土方路堤的填筑施工质量控制

土方路堤应分层进行填筑压实，用透水性不良的土料填筑路堤时，应控制其含水量在最佳压实含水量±2%范围内。

土方路堤必须根据设计断面，分层填筑、分层压实。为保证达到设计的压实度，当采用机械压实时，分层的最大松铺厚度，高速公路和一级公路不应超过30 cm；其他等级的公路，按土质类别、压实机具功能、碾压遍数等，经过试验后确定。但最大松铺厚度不宜超过50 cm。填筑至路床顶面最后一层的最小压实厚度不应小于8 cm。

路堤填土的宽度，每侧均应宽于填筑层的设计宽度，压实后的宽度不得小于设计宽度，以便最后进行削坡整形。

填筑路堤宜采用水平分层填筑法施工。即按照横断面全宽分成水平层次逐层向上进行填筑。如果原地面不平，应当由最低处分层进行填筑，每填一层经过压实符合规定要求之后，再填筑上一层。

对于原地面纵坡大于12%的地段，可采用纵向分层法施工，沿纵坡方向进行分层，逐层填压密实。

对于山坡路堤，当地面横坡不陡于1∶5且基底符合设计要求时，路堤可直接修筑在天然的土基上；当地面横坡陡于1∶5时，原地面应挖成台阶状，台阶宽度不小于1 m，并用小型夯实机进行夯实。填筑应由最低一层台阶填起，并分层夯实，然后逐台阶向上填筑，分层夯实，所有台阶填完之后，即可按一般填土进行。

对于高速公路和一级公路横坡陡峭地段的半填半挖路基，必须在山坡上从填方坡脚向上挖成向内倾斜的台阶，台阶宽度不应小于1 m。其中挖方一侧，在行车范围之内的宽度不足一个行车宽度时，则应挖成一个行车道的宽度，其中路床深度范围之内的原地面上应予以挖除换填，并按上路床填方的要求进行施工。

如果填方分为几个作业段施工，且两段交接处不在同一时间填筑，则对先填地段应按坡度分层留台阶。如果两个地段同时填筑，则应分层相互交叠衔接，其搭接长度不得小于2 m。

对于陡峭山坡半挖半填的路基，设计边坡外面的松散弃土，应当在路基竣工后全部清除干净。

不同土质的填料混合填筑路堤时应符合下列规定：以透水性较小的土填筑于路堤的下层时，应当做成坡度为4%的双向横坡；如用于填筑上层时，除干旱地区外，不应覆盖在由透水性较好的土质填筑的路堤边坡上。不同性质的土应分别进行填筑，不得出现混填。每种填料层累计总厚度不宜小于0.5 m。凡不因潮湿或冻融影响而变更其体积的优良土应填在上层，强度较小的土应填在下层。

河滩路堤的填土，应连同护道在内一起进行分层填筑。对于可能受水浸淹部分的填料，应当选择水稳定性良好的土料。对于河槽加宽、加深工程，应在修筑路堤前完成，构造物也应提前修建。

当采用机械作业时，应根据工地现场的地形、路基横断面形状和土方调配图等，合理地规定施工机械的运行路线。土方集中的施工点，应有全面、详细的施工机械运行作业图，并按照运行作业图施工。

对于两侧取土、填高在3 m以内的路堤，可用推土机从两侧分层推填，并配合平地机分层整平。土的含水量不足时，可用洒水车进行分层洒水，并用压路机分层碾压。

对于填方集中地区路堤的施工，可按以下方法进行：取土场运距在1 km内时，可用铲运机运送，辅以推土机开道，以进行翻松硬土、平整取土段、铲除障碍和助推等；取土场运距超过1 km时，可用松土机械翻松，用挖掘机或装载机配合自卸汽车运输，用平地机对填土整平，并配合洒水车压路机进行碾压。挖掘机、装载机与自卸汽车配合运输时，要合理布置取土场地的汽车运输路线并设置必要的标志。自卸汽车配备的数量，应根据运输距离的远近和车型而确定，其原则是满足挖装设备生产能力的需要。

土石方运输应根据当地条件、运距、设备等情况，采用不同的运输机具，如推土机、铲运机、皮带运输机、自卸汽车、卷扬机牵引的索道等。当在卸装范围内有一定高差，汽车等运输方式受到地形和其他条件的限制时，可采用空中索道运输。

3.填石路堤的填筑施工质量控制

对于填石路堤的基底处理，与填土路堤基本相同，可按照填土路堤的施工方法进行填筑质量控制。

作为填石路堤所用的石料强度，不应小于15 MPa，用于护坡的不应小于20 MPa。填石路堤石料的最大粒径，不宜超过层厚度的2/3。

高速公路、一级公路和铺设高级路面的其他等级公路的填石路堤均应分层填筑、分层压实。二级及二级以下且铺设低级路面的公路，在陡峭山坡段施工特别困难或大量爆破以挖作填时，可采用倾填方式将石料填筑于路堤下部，但倾填路堤在路床底面下不小于1.0 m范围内仍应分层填筑压实。

为便于施工和达到设计要求的压实度，填石分层松铺厚度不要过大，高速公路及一级公路不宜大于0.5 m，其他等级公路不宜大于1.0 m。

在填石路堤倾填之前，路堤边坡坡脚应用粒径大于30 cm的硬质石料进行码砌。当设计中无具体规定，填石路堤高度小于或等于6 m时，其码砌厚度不应小于1 m；当高度大于6 m时，码砌厚度不应小于2 m。

采用逐层填筑时，应安排好石料的运输路线，并有专人指挥交通；按水平分层、先低后高、先两侧后中央的顺序进行卸料，并用大型推土机摊平。个别不平处应配合人工用细石块、石屑进行找平。

当石块级配较差、粒径较大、填层较厚、石块间的空隙较大时，可在每层表面的空隙间填入石渣、石屑、中砂、粗砂，再以压力水将砂冲入下部，这样反复进行数次，使空隙填满，以保证其密实度。

当采用人工铺填粒径25 cm以上石料时，应先铺填粒径较大的石料，石料要大面向下、小面向上、摆平放稳，然后再用小石块找平，石屑塞缝，最后压实；人工铺填25 cm以下石料时，可直接分层摊铺、分层碾压。

填石路堤所用填料如果岩性相差较大，则应将不同岩性的填料分层或分段进行填筑。如果路堑或隧道基岩为不同岩种互层时，允许使用挖出的混合石料填筑路堤，但石料强度、粒径应符合"填石路堤的填筑施工"的规定。

用强风化石料或软质岩石填筑路堤时，应按土质路堤施工规定先检验填料的CBR（填料最小强度）值是否符合要求，CBR值不符合要求者不能使用，符合使用要求时应按土质路堤的技术要求进行施工。

高速公路及一级公路填石路堤路床顶面以下50 cm范围内，应填筑符合路床要求的土料并分层压实，填料的最大粒径不得大于10 cm。其他公路填石路堤路床顶面以下30 cm范围内，宜填筑符合路床要求的土料并分层压实，填料的最大粒径不得大于15 cm。

二、挖方路基施工技术

（一）挖方路基施工的一般规定和原则

1.挖方路基施工的一般规定

第一，挖方路基在正式施工前，应做好下列准备工作：复查施工组织设计是否合理、可行；根据工程实际核实或编制调整土方调运图表；对施工现场范围内按规定进行认真清理；开挖前应按"施工测量"的规定，以桩标明施工轮廓。

第二，路基在开挖前应对沿线土质进行检测试验，对于采用的挖方、借土场和料场的填料，应根据行业标准中规定，进行填料的液限、塑限、塑性指数、液性指数、颗粒大小分析、含水量、密度、土的击实和强度等技术指标试验。

第三，路堑的排水设施，应按下列规定进行办理：在路堑开挖前，首先修筑好截水沟，并根据土质情况做好防渗工作；在土方工程的施工期间应修建临时排水设施；为降低工程的投资和加快施工进度，临时排水设施应与永久性排水设施相结合，流水不得排入农田和耕地，防止污染自然水源，也不得引起淤泥和冲刷。

第四，根据路基工程施工组织设计，做好施工机械配套和维修，勘察好挖方弃土的路线和地点，科学合理地安排施工进度。

2.挖方路基施工的基本原则

做好挖方路基沿线自然情况等基础资料的调查收集工作，以此作为挖方路基设计的基本依据；根据路线纵断面设计，确定路基的开挖高度，进行路基主体工程的设计；为优化路基施工方案，降低工程的投资和工程量，对于山岭重丘区挖方路基要进行方案比选，确保边坡稳定可靠、方案科学合理；陡坡上的半填半挖路基，要因地制宜，尽量采用经济适宜的支挡结构型式；沿河路基尽量减少对当地自然地理环境的影响；特殊路基如路基经过软土地区，应针对地基条件进行单独设计；坡面防护要兼顾功能与景观，并要完成坡面防护、冲刷防护及支挡结构物的布置与计算。

（二）土方路堑的开挖施工质量控制

1.土方路堑开挖遵照要求和原则

土方路堑的开挖应遵照下列要求：为充分发挥各类土的作用，对已开挖的适用于种植草皮和其他用途的表土，应储存于指定的地点，不得与填料混在一起；根据土方试验结果，对开挖出的适用的材料应当用于路基的填筑，各类材料不应混杂，不适用的材料应按相应规定办理；土方开挖不论开挖工程量和开挖深度大小，均应按照自上而下的顺序进行，不得乱挖和超挖，严禁掏洞取土。在不影响边坡稳定的情况下采用爆破方法施工时应当经过设计，并报有关部门审批；在土方路堑开挖施工的过程中，如遇土质变化需要修改施工方案及边坡坡度时应及时报批，且必须经过有关部门批准。

因受冬季或雨季的影响，挖出的冻土或含水量大的土方不能及时用于填筑路堤时，应按特殊季节施工有关规定办理。路堑路床的表层下为有机土、难以晾干压实的土、路基填方材料最小强度小于规定数值和不适宜做路床的土，均应清除换填符合规定的土。

土方路基开挖如遇到特殊土质时应按照特殊地基的有关规定办理。

在确定挖方路基的施工标高时，应考虑到因压实所产生的下沉量，其数值应由试验进行确定。

2.土方路堑开挖分类

（1）横向挖掘法

以路堑整个横断面的宽度和深度，从一端或两端逐渐向前开挖的施工方法称为横向挖掘法。横挖法一般适用于短而深的路堑，在采用横挖法时，可按下列方式进行：采用人力按横挖法挖掘路堑时，可在不同高度分成几个台阶开挖，其深度应根据工作与安全而定，一般宜为1.5～2.0 m。无论自两端一次横挖到路基标高，还是分台阶进行横挖，均设单独的运土通道及临时排水沟。采用机械按横挖法挖掘路堑且弃土（或以挖作填）运距较远时，宜用挖掘机配合自卸汽车进行。每层的台阶高度可增加到3～4 m，其余的要求与人力开挖路堑相同。土方路堑横挖法也可用推土机进行开挖。如果弃土或以挖作填运距超过推土机的经济运距时，可用推土机堆积，再用装载机配合自卸汽车运土。采用施工机械开挖路堑时，边坡处应配以平地机或人工分层修刮平整。

（2）纵向挖掘法

①通道纵挖法。如果先沿路堑纵向挖掘一个通道，然后将通道向两侧进行拓宽，上层通道拓宽至路堑边坡后，再开挖下层通道，这种向纵深开挖至路基标高的开挖方法，称为通道纵挖法。这种开挖方法适用于较长、较深，两端地面纵坡

较小的路堑开挖。

②分段纵挖法。如果沿路堑纵向选择一个或几个适宜处，将较薄一侧堑壁横向挖穿，使路堑分成两段或数段，各段再纵向进行开挖的方法，称为分段纵挖法。这种开挖方法适用于路堑过长，弃土运距过远的傍山路堑，其一侧堑壁不厚的路堑开挖。

（3）混合挖掘法

当路线纵向长度和挖深均很大时，宜采用混合挖掘法进行开挖，即将横向挖掘法与通道挖掘法混合使用。先沿路堑纵向挖通道，然后沿横向坡面挖掘，以增加开挖坡面。每一坡面应设一个施工小组或一台机械作业。

开挖边沟、修筑路拱、刷刮边坡、整平路基表面时，宜采用平地机配合其他土方机械作业。

3.边沟与截水沟开挖规定

边沟与截水沟的开挖应符合下列规定：边沟、截水沟及其他引、截排水的设施位置、断面尺寸及有关要求，应严格按照设计图纸的规定进行施工。在土方路堑开挖前应先做好这类排水设施，其出口应通至桥涵的进出水口处。截水沟不应在地面坑凹处通过，必须通过时应按路堤填筑要求将凹处填平压实。平曲线外边沟底的纵坡，应与曲线前后的沟底相衔接。曲线内侧不得有积水或水外溢现象发生。路堑和路堤交接处的边沟，应缓缓引向路堤两侧的天然沟或排水沟，不得冲刷路堤。路基坡脚附近不得积水。

所有排水沟应从下游出口向上游开挖，所有排水沟和截水沟设施应满足下列要求：沟基应当进行加固处理，严禁将排水沟挖筑在未加处理的弃土上；沟形应当比较多规则、整齐，沟坡、沟底比较平顺，无大的起伏变化，沟内清理比较彻底，无浮土杂物；在进行沟水排泄时，不得对路基产生危害，必须确保路基的安全；截水沟的弃土应用于路堑与截水沟间筑土台，应当分层压实或夯实。台顶设2%倾向截水沟的横坡，土台边缘坡脚距堑顶的距离不应小于设计规定。

4.土方路堑施工中遇到地下水时的处理方式

在路堑的施工过程中，如果遇到地下水时应按下列规定处理：挖方地段遇到地下含水层时，应根据地基排水的原则规定，结合现场实际按"地基排水"有关规定执行。当路堑路床顶部以下位于含水量较多的土层时，应换填透水性良好材料，换填深度应满足设计要求，并整平凹槽底面，设置渗水沟，将地下水引出路基外，再分层回填压实。

5.土方路堑弃土处理

弃土处理除按有关的规定办理外还应符合下列规定：在开挖路堑弃土地段前，应根据施工现场的具体情况，提出弃土的施工方案报有关单位批准后实施，该施工方案应包括弃土方式、调运方案、弃土位置、弃土形式、坡脚加固处理方案、排水系统的布置及计划安排等方面。当在施工中需要对原施工方案改变时，应报告批准单位进行复查和批准。弃土堆的边坡不应陡于1∶1.5，顶面向外应设不小于2%的横坡，其高度不宜大于3 m。路堑旁的弃土堆，其内侧坡脚与路堑顶之间的距离，对于干燥硬土不应小于3 m，对于软湿土不应小于路堑深度加5 m。在山坡上侧的弃土堆应连续而不中断，并在弃土前设置截水沟；山坡下侧的弃土堆应每隔50 ～ 100 m设不小于1 m的缺口排水，弃土堆的坡脚应进行防护加固。严禁在岩溶漏斗处、暗河口处、贴近桥墩台处弃土。

第二节　路基压实施工技术

一、一般路基的压实

路基压实施工的要点包括选择压实机具、压实方法，确定压实度，确定填料的含水量，采用正确方法压实，检查路基压实质量等。

第一，选择压实机具。为了达到路基压实度的要求，一般采用机械压实，选择压实机具应综合考虑路基土性质、工程量的大小，施工条件和工期气候条件及压实机具的效率等。

第二，确定路基压实度。

第三，确定填料的含水量。铺土前应做标准击实试验，确定填料的最佳含水量和最大干密度。碾压应在接近最佳含水量时迅速进行，一般控制在最佳含水量误差2%以内压实。当含水量过大须做翻松、晾干或呛灰处理；对过干土可以均匀加水使其达到最佳含水量。加水宜在前一天均匀喷洒于土堆或取土坑表面，使其渗入土中。喷洒后要适当拌和均匀，以防止干湿不均。

第四，采用正确方法压实。道路土基填方，要特别控制压实松铺土厚度，不应使其大于30 cm。宜做试验路段，按试验结果确定松铺土厚度。

机械填筑整平压实，可用铲运机、推土机配合自卸汽车推运土料填筑路堤。

分层填土，且自中线向两边设置2%～4%的横向坡度，及时碾压。雨期施工更应注意设置较大横坡和随铺随压，保证当班填铺的土层达到规定压实度。

经检查填土松铺厚度、平整度及含水量，符合要求后进行碾压。压路机碾压路基时，应遵循先轻后重、先稳后振、先低后高、先慢后快及轮迹重叠等原则，根据现场压实度试验提供的松铺厚度和控制压实遍数进行压实。若控制压实遍数超过10遍，应考虑减小填土层厚，经检验合格后，方可转入下道工序，以防止填土层底部达不到规定压实度。

采用振动压路机碾压时，第一遍应不振动静压，然后由慢到快、由弱到强进行压实。各种压路机开始碾压时，均应慢速，最快不要超过4 km/h。碾压直线段由边到中，小半径曲线段由内侧向外侧，纵向进退进行。碾压轮迹重叠1/3以上，纵、横向碾压接头必须重叠，并压至填土层表面平整，无松散、发裂，无明显轮迹即可取样检验压实度。

二、路堑及其他部位填土的压实

（一）路堑压实

路堑、零填路基的路床表面30 cm内的土质必须符合规范对土质的要求，否则要换填符合要求的土。土质合格的也要经过压实，检验压实度。

（二）桥涵及其他构筑物处填土压实

1.桥涵两侧填土

填土底部与桥台基础距离应不小于2 m，桥台顶部距翼墙端部应不小于桥台高度加2 m；拱桥的桥台填土顶部宽度应不小于台高的4倍；涵洞顶部填土每侧不小于2倍的孔径。桥涵两侧、挡土墙后背及修建在路基范围内的其他构筑物周边，宜采用砂类土、砾石类土等透水性能好的填料填筑；也可采用粉煤灰、石灰土填筑，并要分层对称填筑。主干路松铺厚度应不大于15 cm，其他等级道路松铺厚度宜小于20 cm。桥台填土宜与锥坡填土同时进行。

2.挡土墙填土

挡土墙的填料、分层应与桥涵填土相同，填土层顶部应做成向外倾斜的横坡。设有泄水孔的挡土墙，孔周反滤层施工应与填土同步进行。

3.收水井周边、管沟填土

宜采用细粒土或粗中砂回填。细粒土松铺厚度宜为15 cm左右，中粗砂宜为20 cm一层。填料中不得含有大于5 cm的石块、砖碴。填筑时，在井和管沟两边应对称进行。

4.检查井周填土

检查井周40 cm范围内，不宜采用细粒土回填，而应采用砂、沙砾土或石灰土回填。砂、砂砾土的松铺厚度不宜大于20 cm，石灰土的松铺厚度宜为15 cm左右。填筑应沿井室中心对称进行。

（三）填石路基的压实

第一，路基压实前，应用大型推土机将石料摊铺平整，个别不平处，应人工配合用石屑进行调平碾压。

第二，填石（土石）路基压实，应按先两侧后中间的方法进行，压实路线应纵向平行，碾压行进速度、压轮重叠宽度与土路基压实相同，经反复碾压至无下沉、顶面无明显高低差为止。

第三，当采用重锤夯击时，以落锤锤击不下沉且发生弹跳为度。下一锤位置应与原夯击面重叠40～50 cm，相邻区段应重叠1～1.5 m。

三、路面工程质量控制与管理

（一）路面基层和底基层质量控制概述

1.公路工程基层的分类

（1）石灰稳定类基层

在粉碎的或原来松散的土中（包括各种粗粒土、中粒土和细粒土），掺加足量的石灰和水，通过充分拌和得到的混合料经摊铺压实及养生后，当其抗压强度或耐久性符合规定要求时，称为石灰稳定类基层。

用石灰稳定细粒土而得到的混合料，简称为石灰稳定土。用石灰稳定粗粒土或中粒土得到的混合料，根据所用的原材料而定，原材料为天然砂砾土时，简称为石灰砂砾土；原材料为天然碎石土时，简称为石灰碎石土。

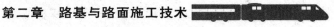

另外，仅掺加少量的石灰改善各种土的塑性指数或提高土的强度，而达不到石灰稳定土规定的强度时，这种混合料称为石灰改善土。

（2）水泥稳定类基层

在粉碎的或原来松散的土中（包括各种粗粒土、中粒土和细粒土），掺加足量的水泥和水，通过充分拌和得到的混合料经摊铺压实及养生后，当其抗压强度或耐久性符合规定要求时，称为水泥稳定类基层。

用水泥稳定砂性土、粉性土和黏性土得到的混合料，简称为水泥稳定土，它具有较高的强度和稳定性；用水泥稳定砂得到的混合料，简称为水泥稳定砂；用水泥稳定粗粒土或中粒土得到混合料，根据所用原材料，可简称为水泥稳定碎石、水泥稳定砂砾等。

在稳定各种土时，常根据基层的设计强度和耐久性等要求，以及地方材料的供应情况，同时用水泥和石灰、水泥和粉煤灰稳定某种土得到的混合料，简称为综合稳定类基层。

（3）石灰工业废渣基层

工业废渣是指工业生产过程中排放的固体废物，主要包括粉煤灰、炉渣、煤渣、高炉矿渣、钢渣、镁渣、煤矸石和其他粉状废渣。用一定比例的石灰与这些废渣中的一种或两种经加水拌和、压实和养生后得到的强度和耐久性都有很大提高，并符合现行规范规定的要求时，称为石灰工业废渣稳定土，简称为石灰工业废渣。

石灰工业废渣材料可分为两大类：石灰粉煤灰类和石灰其他废渣类。同时用石灰和粉煤灰稳定细粒土（含砂）得到的混合料，简称为二灰土，这是我国公路基层施工中常用的混合料；同时用石灰和粉煤灰稳定级配砂砾和级配碎石时，分别简称为二灰砂砾和二灰碎石。

（4）沥青稳定土基层

将土粉碎，以沥青（液体石油沥青、煤沥青、乳化沥青、沥青膏浆等）为结合料，使其与土拌和均匀，摊铺平整并碾压密实而形成的基层，称为沥青稳定土基层。

沥青在稳定土中起两方面的作用：一是包裹在土粒表面，保护土粒不受水的危害；二是提高黏结力，把土粒黏结在一起。前者作用主要发生在对水敏感的黏性土中，沥青被吸附在土颗粒的表面，阻碍了水分同土粒直接接触，同时还填充了土中部分孔隙，堵塞水分流动的通路，因而，采用沥青稳定土可降低土的吸水能力，从而提高了土的水稳定性；后者作用则是可提高混合料的强度，它在无黏性的粒料土中占主导地位。

工程试验证明，影响沥青稳定土稳定效果的因素主要有土的类型和性质、沥青的性质和剂量、基层压实的质量等。

（5）粒料类基层

粒料类基层根据强度构成可划分为嵌锁型与级配型。嵌锁型包括泥结碎石、泥灰结碎石、填隙碎石等；级配型主要包括级配碎石、级配砾石、符合级配的天然砂砾、部分砾石经轧制掺配而成的级配碎石、砾石等。国外有些高等级公路用级配碎石或级配砾石修筑基层或底基层，级配碎石也可用作沥膏面层与半刚性基层之间的联结层。

2.路面基层的技术要求

（1）具有足够的强度和刚度

①强度。基层必须能够经受车轮的反复作用，即在预定设计标准轴载反复作用下，基层不会产生过多的残余变形，更不会产生剪切破坏或疲劳弯拉破坏。基层要满足上述的技术要求，除了具有必需的厚度外，主要取决于基层材料本身的强度。对基层材料的强度要求，在重交通道路（交通量大和重车比例大的道路）上要比一般道路上的高。

材料的强度包括两个主要方面：一方面是石料颗粒本身的硬度或强度，可用集料压碎值或岩石的抗压强度表示；另一方面是材料整体（混合料）的强度和刚度，如回弹模量、承载比、抗压强度、抗剪切强度、抗弯拉强度或劈裂强度等。在我国路面基层施工技术规范中，对于集料是采用其压碎值作为选择粒料的技术指标。

②刚度。基层的刚度（回弹模量）必须与面层的刚度相配。如果面层与基层的钢度差别过大，则面层会由于过大的拉应力或拉应变而出现过早开裂破坏。各种基层材料，就其强度和刚度而言，大致可分为三个等级：强度和钢度最高的一级中可包括水泥稳定粒料（土）、石灰粉煤灰稳定粒料（土）、石灰土稳定碎石或石灰稳定砂砾土、沥青碎石（混合料）及沥青贯入式碎石；强度和刚度中等的一级中可包括水泥土、石灰粉煤灰土、石灰土、级配碎石和填隙碎石；强度和刚度最低的一级中可包括级配砾石和级配碎砾石。当然，在同一等级中的不同材

料，其强度和刚度也是有明显差别的。

在普通交通的道路上，沥青面层一般都比较薄，整个路面的承载能力将主要依靠基层来满足。这就要求基层材料不仅要具有较高的强度和刚度，而且厚度也要求比较大。使用强度和刚度大、承载能力高的基层，以适应较薄的沥青面层，或适当减薄沥青面层。对于水泥混凝土路面，也应采用强度和刚度大、承载能力高的基层。

在重交通高速公路上，基层材料还应具有较强的抗疲劳破坏的能力。就各种材料的抗疲劳破坏能力而言，由强到弱的排列顺序为沥青混凝土、沥青碎石、石灰粉煤灰粒料、水泥粒料、石灰土粒料或石灰粒料土。在我国修筑的高等级公路，特别是高速公路和一级公路，无论是沥青面层，还是水泥混凝土面层，几乎全部采用半刚性材料做基层。这是因为半刚性材料，特别是厚度大的半刚性材料，可以使路面具有很高的承载能力。

（2）具有足够的水稳性和冰冻稳定性

沥青面层，特别是层铺法的沥青表面处治和沥青贯入式面层，具有较强的透水性能，尤其在使用的初期，其透水性还是很大的。因此，雨季地表水能透过沥青面层渗入基层和底基层，也能从两侧路肩或路面与路肩的结合处，以及中央分隔带缘石与路面结合处渗入路面结构层中。如果沥青面层出现裂缝，表面水更易从裂缝透入路面结构层中。

在地下水位接近地表的路段，特别在路基填土不高时，地下水可通过毛细作用进入路面结构层。在冰冻地区，由于冬季水分重分布的结果，路面上层和路面底基层处于潮湿或过分潮湿的状态。沥青面层虽不是完全不透水的，但却能阻碍路面结构层和土基中的水分蒸发。水泥混凝土面板，由于横缝、纵缝及胀缝的存在，尽管广泛采用填缝料灌缝密封，但事实上表面水仍会不可避免地沿缝隙进入基层、底基层甚至路基。在通常情况下，水进入基层顶面，并滞留在那里，在高速行车作用下产生高压水，对基层顶面产生冲刷，致使板下产生脱空、碎裂和断板等。

用于冰冻地区，特别是重冰冻地区路面所用的基层材料，还应当具有足够的冰冻稳定性。在冰冻地区，在地下水位接近地表或路基两侧有长期积水的情况下，如果路基的填土高度不大，在冬季土路基中会发生水分重分布，在 0 ~ 3℃温度下长期滞留水的土层会形成严重的聚冰现象，土层中会有很多的冰晶体，甚至冰夹层，这层土常称为路基中的聚冰带。春融期间，在这类土基上直接铺筑与土基相接触的路面结构层材料，将产生明显的毛细水作用，在这种材料层内也会发生水分重分布现象。如这些材料层又位于冰冻深度范围，在这些材料层内也产生聚冰带，到春季融化期间，这些材料层强度也会明显下降，导致路面整体承载能力大大降低，甚至发生路面和基层破坏。

在冰冻地区，当石灰土用于过分潮湿的路段时，常发生的路面破坏就是因为石灰土的冰冻稳定性不好。因此，在冰冻地区的潮湿路段上，在路面的底基层或基层内有可能产生聚冰带时，应当采用冰冻稳定性好的材料。各种粒料、含土少的粒料土、结合料稳定粒料和稳定粒料土都是冰冻稳定性好的材料。在冰冻地区的潮湿路段上，当只能使用石灰土时应采用隔水措施，使冰冻期间水分不会明显进入石灰土层中。特别注意，在重冰冻地区，即使在干燥路段上，石灰土和水泥土，特别是剂量不足或强度达不到要求的石灰土和水泥土，经过冬季的冰冻作用，其强度也会明显降低。

（3）具有足够的抗冲刷能力

①冲刷唧浆现象。表面水会通过多种途径进入沥青路结构层内，同样也会进入水泥混凝土路面结构层内。如果进入的水不能及时排出，而是停留在面层与基层的交界面上，就会使得基层局部潮湿甚至接近饱和。例如从沥青面层的裂缝进入的自由水，往往使裂缝附近的基层材料过分潮湿，特别是面层裂缝下无机结合稳定料中的自由水会产生相当大的水压力。这种有压力的水会冲刷荷载作用下，路面结构层内或基层材料中的自由水会产生相当大的水压力，这种有压力的水会冲刷基层材料中的细料。一次冲刷的量是很小的，在行车荷载作用下反复多次冲刷，就会积少成多，在裂缝中形成自由水产生的水压力随行车荷载的增加而增加，同时冲刷量随行车反复作用的次数而增加。因此，在轻交通道路上易发生的冲刷唧浆现象，在重交通道路上就更容易发生。

刚性基层沥青路面的唧浆现象，多雨地区较为常见，在干旱地区也有发生。我国的公路沥青路面几乎全部采用水泥稳定级配集料或石灰粉煤灰稳定级配集料做基层，大量调查资料表明，冲刷唧浆现象是一些高速公路沥青路面早期损坏的主要现象之一。无论是多雨地区还是干旱地区都有，一般都在雨后发生。

②影响冲刷程度的因素。基层的冲刷程度与进入路面结构的水量大小有很大关系。进入的水越多，冲刷程度越大。冲刷程度还与基层材料本身有很大关

系，对于处治的级配集料来说，集料中小于0.075 mm的粉粒与黏粒越多，冲刷越严重；对于无机结合料处治基层材料，稳定细粒土（如石灰土、水泥土和石灰粉煤灰土）的冲刷最严重；稳定粒料土（中粒土或粗粒土）的冲刷程度随集料中0.075 mm以下的颗粒含量而变，细粒含量越多，冲刷越严重。对同一种稳定粒料土而言，其冲刷程度随水泥剂量增加而减少，水泥剂量在4%以上时，抗冲刷能力大幅度提高。

应该特别指出，无机结合料处治材料用作基层时的冲刷问题是多个因素综合作用的结果，因此，它不是绝对的。对于稳定细粒土，例如采用石灰土的基层，也并不是必然会产生冲刷和唧浆现象。

3.各种基层材料的适用范围

（1）水泥稳定土

由于可被水泥稳定的土范围相当广泛，同时水泥剂量越多，水泥稳定土混合料的强度越高。因此，水泥稳定土的强度可以在大范围内进行调整，以适应不同等级道路及不同路面结构层位对材料的强度要求。例如水泥稳定土的7 d龄期无侧限抗压强度可以低到小于1 MPa，也可以达到10 MPa以上。因此，单纯就强度而言，水泥稳定土可以适用做各种等级道路路面的基层。但是，考虑不同水泥稳定土的干缩性能、温缩性能、抗冲刷性能等因素后，对于不同等级道路的路面及对于不同的路面结构层位，应该选用技术经济都最合适的材料。例如稳定细粒土，特别是稳定各种砂性土、粉性土和黏性土，不应直接用作高级路面的基层，而只应用作底基层。

作为高等级道路上的基层，不仅应选用稳定粒料，而且粒料的级配应符合基层施工规范中规定的集料级配范围或级配碎石基层或级配砾石基层的集料级配范围，以改善水泥稳定粒料基层的干缩和温缩性及提高其抗冲刷能力。对于其他等级道路上的路面基层，则可以选用基层施工规范中水泥稳定土基层颗粒组成范围内的任何当地材料进行稳定。

（2）石灰稳定土

石灰稳定土的强度较水泥稳定土的强度低得多。例如良好石灰土的7 d龄期无侧限抗压强度只有0.8 ~ 1.0 MPa，3个月龄期无侧限抗压强度仅2.0 ~ 2.5 MPa，间接抗拉强度只有0.19 MPa，此外，石灰土的强度没有大的可调整范围。但是，工程实践证明，石灰稳定土基层有很大的刚性和荷载分布能力，它仅略次于水泥稳定土基层，因此，它仍是一种较好的路面基层和底基层材料。它虽然可用作各种路面的基层和底基层，但将它用到高等级道路上时却要引起特别注意。即使是石灰土稳定良好的级配碎石，用于高等级道路时也应进行试验后确定，其主要原因是这种材料的抗拉强度较低和抗冲刷能力较差，收缩性也较大。石灰土不应直接用作高级路面的基层，而只应做底基层。

作为高级路面的基层，不仅应选用石灰稳定粒料土或石灰土稳定材料，而且粒料的比例应该为80%～85%。同时其级配应符合基层施工规范中规定的级配范围。由于石灰土的冰冻稳定性较差及在过分潮湿情况下难于成形和强度发展较慢，在冰冻的潮湿和过分潮湿路段及其他地区的过分潮湿路段，不宜采用石灰土做基层。在只能采用石灰土时，应该采取措施防止水分浸入大理石灰土层。

（3）石灰工业废渣稳定土

石灰工业废渣稳定土中具有普遍意义的主要材料是石灰粉煤灰稳定类，它包括石灰粉煤灰细粒土（如石灰粉煤灰、石灰粉煤灰土、石灰粉煤灰砂等）、石灰粉煤灰中粒土和粗粒土（如石灰粉煤灰砂砾或砂砾土、石灰粉煤灰碎石、石灰粉煤灰矿渣以及石灰粉煤灰其他粒料）。后两者也简称石灰粉煤灰粒料或二灰粒料。

就石灰粉煤灰土或二灰土而言，其强度随3个组成部分的配合比而变。但在原材料不变及压实度相同的情况下，其7 d龄期的无侧限抗压强度变化不大。

当使用质量好的粉煤灰时，二灰砂砾和二灰碎石的三个月龄期的强度大致相当于水泥沙砾和水泥碎石的强度；二灰矿渣（铁渣）三个月龄期的强度，特别是其抗拉强度甚至可超过水泥碎石的强度，因此，二灰粒料与水泥砂砾或水泥碎石一样可用作高等级道路上路面的基层。但是，作为高等级道路上路面的基层，宜采用粒料占80%以上的二灰粒料混合料，同时粒料应具有良好的级配，且其中0.075 mm以下的颗粒含量应接近于0，以减小二灰粒料基层的收缩性并增强其抗冲刷性能。二灰粒料可用作各种等级道路上路面的基层。

（4）级配碎石

级配碎石是不用结合料的基层材料中最好的一种材料。很多国家采用加州承载比（CBR）作为检验基层材料是否合适的技术指标时，对级配碎石通常不提CBR的要求，也不进行CBR试验。因为，当级配碎石的组成符合规定的级配范围及塑性指数小于规定的限值时，其CBR值完全满足要求。在用抗剪强度作为路面设计的技术指标之一时，也认为级配碎石是一种免检材料。

级配碎石实际上可在各种等级路面的基层使用。但是，在重交通的高等级道路上用作沥青路面的基层而基层下又无半刚性材料层时，其上往往需要铺筑厚层沥青面层。

在一些国家的重交通等级道路上，常采用级配碎石作为半刚性基层与沥青面层间的隔离层或应力消减层。在这种情况下，级配碎石层上的沥青面层可大大减薄，直到仅厚 5 ~ 10 cm。在石灰丰富的地区，采用级配碎石基层往往是比较经济的；在潮湿多雨地区，采用级配碎石基层更具有优势，因为施工过程上降雨对其性质的影响很小。目前，至少在二级以下的公路上采用级配碎石基层时不需要厚沥青面层，可以采用与半刚性基层上相同厚度的沥青面层。

（5）级配砾石或级配砂砾

众多工程实践和试验证明，承载比、级配、塑性指数或塑性指数与 0.5 mm以下颗粒含量的乘积都满足规定要求的级配砾石，如用作薄沥青面层下的基层时，它只能用在轻交通道路上。在某些国家的公路上也有采用级配砾石做沥青路面中的基层（或实际上的底基层）的，但此时其上沥青材料层的总厚度常在25 ~ 30 cm。只是在级配碎石层很厚（60 ~ 80 cm）的情况下或级配砾石层下有无机料处置层时，其上沥青材料层的厚度才稍薄（18 ~ 24 cm）。

在实际生产中，可用少量石灰或水泥改善级配砾石的塑性指数或强度，使其符合规定的基层材料的技术要求。这种改善材料的应用范围与级配砾石相同。

（二）路面基层和底基层施工质量初步控制

1.原材料质量控制

（1）原材料质量要求

①土料。用于基层和底基层的细粒土，其塑性指数应在 10 ~ 20，土中不得含有污物和有害杂质，土中的有机质含量不得超过 8%。对于水泥稳定土有机质含量不得超过 2%，硫酸盐含量不得超过 0.25%。

②石灰。用于基层和底基层的生石灰粉质量应符合相关规定；用于基层和底基层的消石灰粉质量应符合相关规定。

③水泥。普通硅酸盐水泥、矿渣硅酸盐水泥、火山灰质硅酸盐水泥均可使用，但应选用终凝时间宜在 6 h 以上、强度等级较低的水泥。快凝水泥、早强水泥及受潮受质的水泥不得用于工程。用于基层和底基层的水泥质量，应符合现行

国家标准相关规定。

④粉煤灰。粉煤灰是从煤燃烧后的烟气中收捕的细灰，是燃煤电厂排出的主要固体废物。用于基层和底基层粉煤灰质量，应符合现行国家标准相关规定。

⑤煤渣。煤渣是一种工业固体废物，是火力发电厂、工业和民用锅炉及其他设备燃煤排出的废渣，俗名称为炉渣。根据成分的不同，可作为道路的基层和底基层材料，也可作为制造水泥、砖和耐火材料等。用于基层和底基层的煤渣，应不含有杂质，松散干密度在700～1000 kg/m，最大粒径不应大于30 mm，颗粒组成宜有一定的级配。

⑥砾石。砾石用于基层的最大粒径不应超过40 mm，用于底基层时最大粒径不应超过50 mm。砾石颗粒中细长和扁平颗粒的含量不应超过20%。级配砾石用于基层时，其颗粒组成及级配要求应符合规定。级配砾石做基层与底基层时，集料的压碎值应满足下列规定：高速公路、一级公路的底基层和二级公路的基层不大于30%；二级公路的底基层不大于35%。

⑦碎石。碎石是指由各种类型的坚硬岩石，通过碎石机轧制出来，再通过不同筛孔筛分而得出的不同粒径范围的石块。用于基层和底基层的碎石，扁平、细长的颗粒含量不应超过20%，也不得有土块和植物根茎等。用作路面基层和底基层的级配碎石，其颗粒组成及级配要求应符合规定。级配碎石做基层与底基层时，集料的压碎值应满足下列规定：高速公路、一级公路的基层不大于26%；高速公路、一级公路的底基层和二级公路的基层不大于30%；二级公路的底基层不大于35%。

⑧水泥稳定中粒土及粗粒土。水泥稳定中粒土及粗粒土，如级配碎石、未筛分碎石、砾石、碎石土、砂砾土和各种粒状矿渣等。水泥稳定土中碎石或砾石的抗压碎能力应符合下列要求：二级公路集料压碎值不应大于35%；高速公路、一级公路集料压碎值不应大于30%。

⑨石灰稳定中粒土及粗粒土。适宜做石灰稳定中粒土及粗粒土的基层、底基层材料有级配碎石、未筛分碎石、砾石、碎石土、砂砾土和各种粒状矿渣等。混合料集料的压碎值应满足下列规定：二级公路的底基层不大于40%；高速公路、一级公路的底基层和二级公路以下的基层不大于35%；二级公路的基层不大于30%。

⑩二灰稳定粒土及粗粒土。二灰稳定粒土及粗粒土，如砂砾、碎石、矿渣、

煤矸石、碎石土。混合料集料的压碎值应满足下列要求：二级公路集料压碎值不应大于35%；高速公路、一级公路集料压碎值不应大于30%。

（2）原材料试验与审批

①水泥稳定类。试验项目主要包括土的颗粒分析，土的塑限、液限和塑性指数，重型击实试验，碎石、砾石筛分试验，集料压碎值试验，水泥样品物理力学指标及成分分析；必要时还应包括土的有机质含量、土的硫酸盐含量。

②石灰稳定类。试验项目主要包括土的物理指标试验、石灰活性分析、重型击实试验、集料压碎值试验、集料筛分试验、石灰剂量标定曲线；必要时还应包括土的有机质含量、土的硫酸盐含量。

③石灰、粉煤灰稳定类。试验项目主要包括石灰活性分析、粉煤灰成分分析、粉煤灰细度、重型击实试验、集料压碎值试验、集料筛分试验。

④级配碎石、级配砂砾类。试验项目主要包括碎石筛分试验、压碎值试验和重型击实试验。

2.混合料配合比设计质量控制

随着经济实力的逐渐增强，公路建设事业迅猛发展，我国高等级公路里程已跃居世界首位，与此同时，汽车运输也进入快速发展期，交通量逐年增大，重型运输车辆日益增加，给道路路面和基层带来严峻的考验。目前，我国高等级道路主要是沥青混凝土和水泥混凝土路面，高等级道路能否发挥其应有的作用，很大程度取决于路面基层、底基层的质量。优质路面基层、底基层不但要求有足够的强度、平整度，而且要兼顾高温稳定性、低温抗裂性、水稳定性、抗滑性和耐久性等相互制约或矛盾的要求。工程实践证明，基层混合料配合比设计是路基施工过程中一项十分重要的工作，是建设优质公路的关键一步。

在基层、底基层工程开工前，应对经监理工程师批准使用的原材料进行混合料配合比试验，确定满足强度要求的目标配合比，并再报监理工程师审批。监理工程师对施工单位报检的混合料配合比，经认真审核计算，并通过试验予以验证后，批准目标配合比。施工单位应在审批目标配合比的基础配合比确定后，反馈给主管监理工程师。

3.施工机械设备质量控制

施工机械设备是实现施工机械化的重要物质基础，是现代化施工中必不可少的设备，对施工项目的进度、质量均有直接影响。为此，施工机械设备的选用，必须综合考虑施工现场的条件、建筑结构型式、机械设备性能、施工工艺和方法、施工组织与管理、建筑技术经济等各种因素进行多方案比较，使之合理装备、配套使用、有机联系，以充分发挥机械设备的效能，力求获得较好的综合经济效益。

机械设备的选用应着重从机械设备的选型、机械设备的主要性能参数、机械设备的使用操作要求和施工机械设备安装调试四个方面予以控制。

第一，机械设备的选型，应本着因地制宜、因工程制宜，按照技术上先进、经济上合理、生产上适用、性能上可靠、使用上安全、操作方便和维修方便的原则，贯彻执行机械化、半机械化与改良工具相结合的方针，突出施工与机械相结合的特色，使其具有工程的适用性、保证工程质量的可靠性、使用操作的方便性和安全性。

第二，机械设备的主要性能参数是选择机械设备的依据，要能满足需要和保证质量。

第三，合理使用机械设备，正确地进行操作，是保证项目施工质量的重要环节。应贯彻"人机固定"原则，实行定机、定人、定岗位责任的"三定"制度。操作人员必须认真执行各项规章制度，严格遵守操作规程，防止出现安全质量事故。

第四，施工机械设备安装调试。在道路的基层、底基层试验路段铺筑前，对主要施工机械设备和试验检测仪器设备进行调试，对个别机械设备和全部测试仪器还应进行计量标定，否则不能投入使用。

4.施工技术方案和开工报告审批

（1）施工技术方案审批和试验路段方案审查

施工单位应根据所拟建基层（或底基层）工程实际情况，编制施工技术方案和试验路段方案，一般包括以下内容：施工方法与施工工艺；施工机械与主要设备；主要施工技术人员分工及劳力安排；施工技术难点和相应的质量保证措施；施工进度安排。

经监理工程师审查认为有必要试铺试验路段或开展施工前的试验时，方可实施其试验；如果没有必要进行试验，则应按监理工程师批准的施工技术方案进行施工。

（2）施工放样的数据审查与现场核实

监理工程师审查施工单位报检的施工放样报检单。报检单上的施工放样数据包括基层、底基层的边线宽度，下承层顶面高程，下承层表面的平整度等，同时根据审查的数据到施工现场进行核实。

（3）开工报告的审批

经监理工程师认真审核，施工准备工作就绪，试验资料齐全，机具设备配置数量与施工项目及施工进度匹配，机具运行质量良好，施工放样数据符合设计要求，监理工程师认为确实具备开工条件方可批准施工。

5.铺筑试验路段

（1）通过铺筑试验路段应确定的内容

应通过铺筑试验路段确定以下主要内容：①用于施工的集料配合比例；②材料的松铺系数；③科学合理的施工方法；④确定每一作业段的合适长度；⑤确定一次铺筑的合适厚度。

（2）路基施工方案应包括的主要内容

确定的路基施工方案应包括如下主要内容：①集料数量的控制；②集料摊铺方法和适用机具；③合适的拌和机械、拌和方法、拌和深度和拌和遍数；④集料含水量的增加和控制方法；⑤整平和整形的合适机具和方法；⑥压实机械的选择和组合，压实的顺序、速度和遍数；⑦拌和、运输、摊铺和碾压机械的协调和配合；⑧密实度的检查方法，初定每一作业段的最少检查数量。

（3）铺筑基层试验路段的主要目的

通过铺筑基层试验路段，除了确定上述所列的项目外，还应确定控制混合料数量和均匀性的方法。对于水泥稳定土基层，还应包括严密组织拌和、洒水、整形、碾压、养护等工序。

（三）水泥稳定类基层施工质量实施控制

1.水泥稳定土的材料

（1）二级和二级以下公路集料的要求

用于二级及二级以下公路的集料，又分为用作底基层时的集料和用作基层时的集料，它们的颗粒组成范围是不同的。

①用作底基层时的颗粒组成范围。对于二级和二级以下公路，水泥稳定土用作底基层时，单个颗粒的最大粒径不应超过53 mm，同时土的均匀系数应大于5。

细粒土的液限不应超过40，塑性指数不应超过17。对于中粒土和粗粒土，如土中小于0.6 mm的颗粒含量在30%以下，塑性指数可稍微大一些。在实际工程施工中，宜选用均匀系数大于10、塑性指数小于12的土。

②用作基层时的颗粒组成范围。水泥稳定土用作基层时，单个颗粒的最大粒径不应超过37.5 mm。集料中不得含有塑性指数的土。

（2）高速公路和一级公路对粗集料的要求

用于高速公路和一级公路的集料，又分为用作底基层时的集料和用作基层时的集料，它们的颗粒组成范围也是不同的。

①用作底基层时的颗粒组成范围。水泥稳定土用作底基层时，单个颗粒的最大粒径不应超过37.5 mm，土的均匀系数应大于5。细粒土的液限不应超过40%，塑性指数不应超过17。对于中粒土和粗粒土，如土中小于0.60 mm的颗粒含量在30%以上，塑性指数可稍大些。在实际工程中，宜选用均匀系数大于10、塑性指数小于12的土。塑性指数大于17的土，宜采用石灰稳定，或用水泥和石灰综合稳定。

②用作基层时的颗粒组成范围。水泥稳定土用作基层时，单个颗粒的最大粒径不应超过31.5 mm。

工程中，集料颗粒的最大粒径必须加以限制。因为集料中的粒径越大，拌和机、平地机和摊铺机等施工机械越容易造成损坏，混合料越容易产生粗细集料离析现象，摊铺层的平整度也越难达到较高的要求。但是，如果最大粒径过小会造成石料的加工量过大。因此，在实际工程中应创造条件最大粒径较小的集料。对于高速公路和一级公路，由于投资比较大，对道路使用性能的要求高，必须采用最大粒径较小的集料，以有利于机械施工。

无论是采用碎石还是卵石，用于高速公路和一级公路时，均应事先筛分成3～4个大小不同的粒级，然后再用水泥一起采用集中工厂机械拌和。因为只有这样，才能保证碎石或砾石具有相应的级配，并保证水泥粒料不产生大的变化。

粒料中含存塑性指数的土时，其收缩性大。为了降低基层材料的收缩性和减小基层的裂缝，集料中不宜含有塑性指数的土。

2.混合料的一般规定

水泥剂量以水泥质量占全部粗细土颗粒（砾石、砂粒、粉粒和黏粒）的干质量的百分率表示，即水泥剂量=水泥质量/干土质量。

水泥稳定土中粒土和粗粒土用作基层时，水泥剂量一般不宜超过6%。必要时应首先改善集料的级配，然后再用水泥进行稳定。

在只能使用水泥稳定细粒土作为基层时，或水泥稳定集料的强度要求明显大于规定时，水泥剂量不受此限制。

水泥土可适用于各级公路的基层和底基层，但水泥土有以下三个不利特征，不仅适用做二级和二级以上公路高级沥青路面和水泥混凝土路面的基层，也可用作底基层：水泥土的干缩系数和干缩应变及温缩系数均较大，容易产生比较严重的干缩裂缝，并影响沥青面层的开裂；水泥土的强度没有充分形成时，如果接触到水，表层易发生软化，导致沥青面层出现龟裂破坏；水泥土的抗冲刷能力小，易使沥青面层变形，水泥混凝土路面出现边角断裂。

在雨季施工的水泥稳定土，特别是水泥土结构层时，应特别注意气候的变化，千万不可使水泥和混合料遭到雨淋。降雨时应停止施工，但已经摊铺的水泥混合料应尽快碾压密实。采用路拌法施工时，应考虑排除下承层表面水的措施，勿使运到路上的集料过分潮湿。

在水泥结构层施工时，应遵守下列规定：土块应尽可能地进行粉碎，在一般情况下，土块的最大尺寸不应大于15 mm；为确保基层或底基层的质量，水泥稳定土混合料的配料应当准确，配料误差应符合设计要求；采用路拌法进行施工时，水泥应当摊铺均匀，不得出现缺料和水泥过于集中现象；对混合料的洒水、拌和应均匀；应严格控制基层的厚度和高程，其每层的路拱横坡应与面层一致；应在混合料处于或略大于最佳含水量时进行碾压，如果气候炎热且比较干燥，混合料中的含水量可大于最佳含水量1% ~ 2%，直至达到下列按重型击试验法确定的要求压实度（最低要求）。

基层：高速公路和一级公路压实度应达到98%；二级和二级公路以下公路，水泥稳定中粒土和粗粒土达到97%，水泥稳定细粒土达到93%。

底基层：高速公路和一级公路，水泥稳定中粒土和粗粒土达到97%，水泥稳定细粒土达到95%；二级和二级公路以下公路，水泥稳定中粒土和粗粒土达到95%，水泥稳定细粒土达到93%。

由于在道路工程施工中已广泛应用大能量压路机，所以对压实度宜提高1% ~ 2%。

采用路拌法施工时，必须严密组织，采用流水作业法施工，尽可能缩短从加水拌和到碾压终结的延迟时间。此时间一般不应超过4 h，并应短于水泥的终凝时间。采用集中厂拌法施工时，延迟时间不应超过2 h。

水泥稳定土基层施工时，如果压实层表面不平整，严禁用薄层贴补法进行找平。必须采用保湿养生，不使稳定土层表面干燥，也不能使稳定土忽干忽湿。

对于二级以下的公路，水泥稳定土基层和底层可以采用路拌法施工；但对于二级公路，应采用专用的稳定土拌和机或使用集中拌和法制备混合料；对于高速公路和一级公路，直接铺筑在土基上的底层下层可以用稳定土拌和机进行路拌法施工，当土基上层已用石灰或固化剂处理，底基层的下层也宜用集中拌和法拌制混合料。

3.路拌法施工质量控制要点

（1）路拌法施工工艺流程

在水泥稳定土施工时，必须采用流水作业法，使各工序紧密衔接，特别是要缩短从拌和到碾压结束之间的延迟时间。同时应做延迟时间对水泥稳定土强度的影响试验，以确定合适的延迟时间，保证水泥稳定土在不影响其强度的情况下碾压密实。

一般情况下，每一作业段以200 m为宜，每天的第一个作业段宜稍短一些。在路拌法施工时，合理的作业长度应考虑到以下各个方面：水泥的终凝时间；延迟时间对混合料密实度和抗压强度的影响；施工机械和运输车辆的效率和数量；操作的熟练程度；尽量减少接缝处理；尽量避免施工季节和气候条件的影响等。

（2）路拌法主要工序的施工

水泥稳定土路拌法施工时的主要工序有准备下承层、施工放样、施工备料、运输及摊铺集料、拌和、整型、碾压、接缝和"掉头"处理、养生。

①准备下承层工序。水泥稳定土的下承层表面应平整、坚实，具有规定的路拱，没有任何松散的材料和软弱的地点。通常应对下承层进行检查验收，主要项目有高程、宽度、横坡、平整度、压实度及弯沉值。

要充分准备好施工的基础。当水泥稳定土用作基层时，要准备底基层；当水泥稳定土用作老路面的加强层时，要准备老路面；当水泥稳定土用作底基层时要准备土基。

对土基不论是路堤还是路堑，必须用12～15 t的三轮压路机或等效的碾压机械进行3～4遍碾压检验。在碾压过程中，如果发现土料过干、表层松散，应适当进行洒水；如果土料过湿，发生"橡皮土"现象，应采用挖开晾晒、换土、掺石灰或水泥等措施进行处理，使土料的含水量接近或等于最佳含水量。

对于底基层，应进行压实度检查，对于柔性底基层还应进行弯沉值检验。凡是不符合设计要求的路段，必须根据具体情况，分别采用补充碾压、换填好的材料、挖开晾晒等措施，使之达到规范规定的标准。

对于老路面，应检查其材料是否符合底基层材料的技术要求。如果不符合技术要求，应翻松老路面并采取必要的处理措施。

底基层或者路面上的低洼或坑洞，应仔细填补及压实；搓板和辙槽应刮除；松散处应把松洒水并重新进行碾压，达到平整密实。

新完成的底基层或土基，必须按照有关规定进行验收。凡是不合格的路段，必须采取措施，使其达到标准后方可铺筑水泥稳定土层。

②施工放样工序。在底基层或老路面或土基上恢复中线。在直线段每隔15～20 m设一个桩，平曲线段每隔10～15 m设一个桩，并在两侧路肩边缘外设指示桩。在两侧指示桩上用明显标记标出水泥稳定土层边缘的设计高，以便掌握施工标准。

③施工备料工序。根据道路工程的不同情况，施工备料分为利用老路面或土基上部材料和利用料场的土。

（四）二灰稳定类基层施工质量实施控制

随着工业迅速发展，工业废渣逐渐增多，如何利用工业废渣已引起各国的高度重视。近年来，我国在利用工业废渣修筑公路方面，取得了明显的社会效益和经济效益，不仅提高了公路路面的使用品质，而且降低了工程造价，尤其在"绿色材料"和"变废为宝"方面，具有很大的现实意义。

工程实践和试验证明，工业废渣特别是粉煤灰和煤渣中，含有较多的氧化硅、氧化钙和氧化铝等活性物质。用石灰稳定工业废渣，石灰的作用一方面是作为胶结材料；另一方面是作为激发剂，使废渣中的活性物质在氢氧化钙溶液中产生火山灰反应，生成具有胶凝作用的水化硅酸钙和水化铝酸钙，从而将颗粒材料胶结在一起。随着水化产物的不断产生而结晶硬化，二灰稳定工业砂性土具有一定的水硬性。因此，用二灰稳定砂性土等低塑性土的效果要比单纯的石灰好得多。

由于混合料中火山灰反应相当缓慢，使得石灰工业废渣的早期强度比较低，但随着龄期的增长幅度大。温度较高时，强度增长也比较快。在二灰土中加入早强的化学添加剂或少量水泥，可明显提高其早期强度。

1.石灰工业废渣稳定土一般规定

第一，石灰工业废渣稳定土可利用的工业废渣包括粉煤灰、煤渣、高炉矿渣、钢渣（已经过崩解达到稳定），以及其他冶金矿渣、煤矸石等。

第二，石灰工业废渣材料可分为下列两大类：石灰粉煤灰类、石灰其他废渣类。

第三，石灰工业废渣可适用于各级公路的基层和底基层。但二灰、二灰土和二灰砂不应用作二级和二级以上公路高级路面的基层。

第四，石灰工业废渣混合料采用质量配合比计算，以石灰：粉煤灰：集料（或土）的质量比来表示。

第五，石灰工业废渣层宜在春末和夏季组织施工。施工的最低气温应在5℃以上，并在第一次重冰冻（-3℃～-5℃）到来之前1～1.5个月完成。

第六，石灰工业废渣结构层施工时，必须遵守下列规定：配料必须符合设计要求，计量必须准确；石灰摊铺应当均匀，不得出现过于集中或漏铺；石灰工业废渣混合料洒水、拌和应均匀；应严格掌握基层厚度，其路拱横坡要与面层一致；应在混合料处于或略大于最大含水量时进行碾压，直到达到按重型击实试行法确定的要求压实度。

第七，石灰工业废渣层采用12 t以上的压路机进行碾压。用12～15 t三轮压路机碾压时，每层的压实厚度不应超过15 cm；用18～20 t三轮压路机碾压时，每层的压实厚度不应超过20 cm；对于二灰粒料，采用能量大的振动压路机碾压时，或对于二灰土，采用振动羊足碾与三轮压路机配合碾压时，每层的压实厚度可以根据试验适当增加。压实厚度如果超过上述规定时，应当分层进行铺筑，每层的最小压实厚度为10 cm，下层可以稍厚一些。对于二灰土，应当采用先轻型、后重型的碾压方式。

第八，必须进行保湿养生，不使石灰工业废渣层表面产生干燥。

第九，石灰工业废渣基层上未铺封闭层式面层时，应禁止开放交通，以保护表层不遭受破坏。当施工中断、临时开放交通时，必须采取保护措施。

第十，石灰工业废渣基层施工时，严禁用薄层贴补的办法进行找平。

第十一，对于二级和二级以下的公路，用石灰工业废渣做基层和底基层，可以采用路拌法施工；但是，对于二级公路，宜采用专用的稳定土拌和机，或采用集中厂拌法拌制混合料。

2.石灰工业废渣稳定土施工要点

（1）路拌法施工控制要点

①准备下承层工序。准备下承层的基本要求，与"水泥稳定土"中的相关要求相同。

②施工放样工序。施工放样过程中的基本要求，与"水泥稳定土"中的相关要求相同。

③材料准备工序。运到施工现场的粉煤灰，应含有足够的水分，以防止扬尘。在干燥和多风的季节，应使料堆表面保持湿润，或者进行覆盖。如在堆放过程中，部分粉煤灰凝结成块，使用时应将粉煤灰块打碎。场地集中堆放的粉煤灰，应予覆盖，避免雨淋被冲和过分潮湿。

计算材料用量。根据各路段石灰工业废渣层的宽度、厚度及预定的干密度，计算各路段需要的干混合料的重量；根据混合料的配合比、材料的含水量及所用运料车辆的吨位，计算各种材料每车料的堆放距离。

如果路肩用料与石灰工业废渣层用料不同，应当采取培肩措施，先将两侧的路肩培好，路肩料层的压实厚度与稳定土层的压实厚度相同。在路肩上，每隔5～10 m应交错开挖临时泄水沟。

在预定的堆料的下承层上，在堆料前应先洒水，使其表面湿润。

④运输与摊铺工序。在材料装车时，应控制每车材料的数量基本相等，以保证混合料比例比较均匀、准确。

采用地灰时，先将粉煤灰运到现场；采用二灰稳定土时，先将土运到现场。在同一料场供料的路段内，由远到近将料按计算的距离卸置于下承层表面中间或上侧。卸料距离应保持均匀。

材料每隔一定距离应留一缺口。材料在下承层上的堆置时间不应过长。为确保摊铺和压实质量，应通过试验确定各种材料及混合料松铺系数。

采用机械路拌时，应采用层铺法，即每种材料摊铺均匀后，宜先用两轮压路机碾压1～2遍，然后再运送并摊铺下一种材料。摊铺每种材料时应力求平整，并具有规定的路拱。集料应比较湿润，必须事先洒上少量的水。

⑤拌和及洒水工序。对于二级和二级以上公路，应采用专用稳定土拌和机

进行拌和，并应当按规定先干拌两遍。用稳定土拌和机进行拌和时，拌和的深度应直到稳定层底，并宜侵入下承层 5 ~ 10 cm，但也不宜过多，以加强上下层黏结。应设专人跟随拌和机，随时检查拌和深度并配合拌和机操作员调整拌和深度。直接铺在土基上的拌和层宜避免素土夹层，其余各层严禁在拌和层底部留有素土夹层。通过拌和两遍以上，在进行最后一遍拌和之前，必要时先用多铧犁紧贴底面翻拌一遍。

对于三、四级公路，在没有专用拌和机械的情况下，如为二灰稳定细粒土和中粒土，也可用农用旋转耕作机与多铧犁或平地机相配合拌和四遍。先用旋转耕作机拌和，后用铧犁式平地机将底部素土翻起，再用旋转耕作机拌和第二遍，用多犁犁或平地机将底部料再翻起，并随时检查调整翻犁的深度，使稳定土层全部翻透。严禁在稳定土层与下承层之间残留一层素土，但也应防止翻犁过深，过多会破坏下承层的表面。

对于三、四级公路，在没有专用拌和机械的情况下，如为二灰稳定中粒土和粗粒土，也可用农用缺口圆盘耙与多铧犁或平地机相配合进行干拌。用平地机或多铧犁在前面翻拌，用圆盘耙跟在后面拌和，即采用边翻边耙的方法。圆盘耙的速度应尽量快，使二灰和集料拌和均匀。前后共翻拌四遍，开始的两遍不应翻犁到底，以防止二灰落到底部，后面的两遍应翻犁到底，随时检查调整翻犁的深度。

用喷管式洒水车将水均匀地喷洒在干拌后的混合料上，洒水的距离应当长些，水车起洒处和另一端掉头处都应超出拌和段 2 m 以上。洒水车不应在正进行拌和及当天计划拌和路段上调头和停留，以防止局部水量过大。

拌和机械应紧跟在洒水车后面进行拌和，尤其在纵坡大的路段上应配合紧密，以减少水分流失。在洒水拌和的过程中，应及时检查混合料的含水量。水分宜大于最佳含水量的 1%。

在拌和过程中，要及时检查拌和的深度，要使石灰工业废渣层全深度拌和均匀。拌和完成的标志是：混合料色泽一致，没有灰条、灰团和花面，没有粗细颗粒"窝"或"带"，且水分合适和均匀。

对于二灰级配集料，应先将石灰和粉煤灰拌和均匀，然后均匀地摊铺在集料层上，再一起进行拌和。

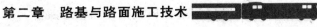

（2）中心站集中厂拌法施工控制要点

①石灰工业废渣混合料可以在中心站用多种机械进行集中拌和，也可用路拌机械或人工在现场进行分批集中拌和。对于高速公路和一级公路，应采用专用稳定土集中厂拌机械拌制混合料。

在集中拌和时应符合下列要求：土块最大尺寸不应大于15 mm；粉煤灰块不应大于12 mm，且9.5 mm和2.36 mm筛孔的通过量应分别大于95%和75%。不同粒级的砾石或碎石及细集料都应分开堆放。石灰、粉煤灰和细集料都应有覆盖，防止雨淋过湿。配料应准确，拌和应均匀。混合料的含水量应略大于最佳含水量，使混合料运到现场摊铺后碾压时的含水量能接近最佳值。

②除满足下列两个条件外，其他要求同"水泥稳定土"相关要求：堆放时间要求。拌成混合料的堆放时间不宜超过24 h，宜在当天将拌成的混合料运送到铺筑现场，不应将拌成的混合料长时间堆放。关于横向接缝。如压实层末端未用方木做支撑处理，在碾压后末端成一斜坡，则在第二天开始摊铺新混合料之前，应将末端斜坡挖除，并挖成一横向（与路中心线垂直）垂直向下的断面。挖出的混合料加水到最佳含水量拌匀后仍可使用。

第三节　沥青路面施工

一、沥青施工材料质量要求

（一）沥青材料

种类：石油沥青、煤沥青、液体石油沥青和沥青乳液等。

沥青材料的标号：由路面的类型、施工条件、地区气候条件、施工季节和矿料性质尺寸等因素而定。

热拌热铺沥青路面：可采用稠度较高的沥青材料。

热拌冷铺类沥青路面：所用沥青材料的稠度较低。

浇灌类沥青路面：宜采用中等稠度的沥青材料。

当地气候寒冷、施工气温较低、矿料粒径偏细时：宜采用稠度较低的沥青材料。

炎热季节施工时：可用稠度较高的沥青材料。

路拌类沥青路面：采用稠度较低的沥青材料。

1.一般规定

沥青到货时应附有炼油厂的沥青质量检验单，合格后方可使用。

沥青路面集料的粒径应以方孔筛为准。

任何材料进入施工场地时都应登记，签发材料验收单。

2.道路石油沥青

道路石油沥青适用于各类沥青面层。

高速公路、一级公路铺筑沥青路面时，应采用符合规范要求的"重交通道路石油沥青技术要求"规定的沥青。

各层可采用相同标号的沥青，也可采用不同标号的沥青。面层的上层宜用较稠的沥青，下层或连接层宜采用较稀的沥青。对渠化交通的道路，则宜采用较稠的沥青。

3.乳化石油沥青

乳化石油沥青的质量应符合"道路用乳化石油沥青技术要求"的规定。

乳化沥青适用于沥青表面处治、沥青贯入式路面、常温沥青混合料路面，以及透层、黏层与封层。

乳化沥青的类型应根据使用目的、矿料种类、气候条件选用。对酸性石料，或当石料处于潮湿状态或在低温下施工时，宜采用阳离子乳化沥青；对碱性石料（石料处于干燥状态）或与水泥、石灰、粉煤灰共同使用时，宜采用阴离子乳化沥青。

4.液体石油沥青

液体石油沥青适用于透层、黏层及拌制常温沥青混合料。

5.煤沥青

道路用煤沥青适用于透层、黏层，也可用于三级及三级以下的公路铺筑沥青面层，但热拌沥青混合料路面的表面层不宜采用煤沥青。

煤沥青使用期间在贮油池或沥青罐中贮存的温度宜为70～90℃，并应避免长期贮存。

（二）粗集料

用于沥青面层的粗集料包括碎石、破碎砾石、筛选砾石、矿渣等；粗集料的粒径规格按照规范"沥青面层用粗集料规格"的规定选用；粗集料应该洁净、干燥、无风化、无杂质，具有足够的强度、耐磨耗性；粗集料应具有良好的颗粒形状，用于道路沥青面层的碎石不宜采用颚式破碎机加工；用于轧制破碎的砾石必须采用粒径大于50 mm的颗粒，破碎砾石中4.75 mm（圆孔筛5 mm）及其以上颗粒的破碎面积应符合规范的要求；筛选砾石仅适用于三级及三级以下公路的沥青表面处治或拌和法施工的沥青表面层的下面层，不得用于贯入式路面及拌和法施工的沥青面层的中、上面层；三级及三级以下公路可采用钢渣作为粗集料。钢渣应在破碎后有六个月以上的存放期，其质量应符合规范的要求，并应按本规范相关办法对钢渣活性进行检验，检验不合格者不得使用；经检验属于酸性岩石的石料，用于高速公路、一级公路时，宜使用针入度较小的沥青。为保证与沥青的黏附性符合规范的要求，应采用下列抗剥离措施：用干燥的磨细消石灰或生石灰粉、水泥作为填料的一部分，其用量宜为矿料总量的1% ~ 2%；在沥青中掺加抗剥离剂；将粗集料用石灰浆处理后使用。

（三）细集料

粗细集料以2.36 mm作为分界线。

沥青面层的细集料可采用天然砂、机制砂及石屑；热拌沥青混合料的细集料宜采用优质的天然砂或机制砂；细集料应与沥青有良好的黏结能力，与沥青黏结性能很差的天然砂及用花岗岩、石英岩等酸性石料破碎的机制砂或石屑不宜用于高速公路、一级公路沥青面层，必须使用时，应采用规范规定的抗剥离措施。

（四）填料

沥青混合料的填料宜采用岩浆岩中的强基性岩石等憎水性石料经磨细得到的矿粉，原石料中的泥土杂质应除净。当采用水泥、石灰、粉煤灰做填料时，其用量不宜超过矿料总量的2%；粉煤灰作为填料使用时，烧失量应小于12%，塑性指数应小于4%，其余质量要求与矿粉相同，粉煤灰的用量不宜超过填料总量的50%。高速公路、一级公路的沥青混凝土面层不宜采用粉煤灰做填料。

二、热拌沥青混合料路面施工

（一）热拌沥青混合料路面施工规则

热拌沥青混凝土路面施工工艺标准，适用于各级新建、改建（扩建）公路、城市道路、机场跑道等的各结构类型的沥青混合料表面层、中面层、下面层施工。

（二）热拌沥青混合料路面施工准备

1.热拌沥青混合料路面施工技术准备

复核水准点，必须全线联测。施工放样，采用全站仪准确测出中桩位置，并依据中桩确定各结构层边线位置。

熟悉图纸和相关规范、标准、编制施工组织设计，由项目总工程师向班组长进行书面的一级技术和安全交底，施工前由班组长向操作工人进行二级技术交底和安全交底。

2.机具准备

拌和设备：间歇式沥青混凝土拌和站。

运输设备：大吨位自卸汽车。

摊铺设备：配备自动找平装置的摊铺机（有条件可配备沥青混合料运转车）。

碾压设备：双钢轮振动压路机，轮胎压路机（吨位宜大）。

其他设备：装载机、空压机、水车、加油车、发电机、切割机、平板载重车。

3.材料准备

原材料：沥青、粗集料、细集料、矿粉、抗剥落剂等由持证材料员和实验员按规定进行检验，确保其质量符合相应标准。

（三）热拌沥青混合料路面施工工艺

1.热拌沥青混合料路面施工工艺流程

下承层准备验收→测量放样→沥青混合料拌制→沥青混合料运输→沥青混合料摊铺→沥青混合料碾压→养护→成品检验、验收→开放交通。

2.热拌沥青混合料路面施工操作工艺

（1）测量放样

依据设计资料，恢复中桩位置和结构层边线。下面层施工应采用钢丝引导控制高程的方法，每10 m设置一个控制桩，施工前准确布设。

（2）沥青混合料拌制

①严格按照目标配合比和生产配合比拌制沥青混合料，混合料级配和沥青用量、外掺材料剂量必须符合设计要求。

②沥青混合料必须在沥青拌和厂采用拌和机械试拌，各种规格的集料应分隔堆放，不得混杂。集料（尤其是细集料），须设置防雨顶棚储存，矿粉不得受潮。

③沥青混合料应采用间歇式拌和机拌和，拌和机应有良好的除尘设备，并有自动检测拌和温度的装置和自动打印装置。

④沥青混合料拌和时间以混合料拌和均匀、所有矿料颗粒全部裹覆沥青胶结料为度，外观应均匀一致，无花白料、无结团或严重的粗细集料分离现象。

（3）沥青混合料运输

①热拌沥青混合料宜采用较大吨位的运料车运输，但不得超载运输，或紧急制动、急弯掉头使透层、封层损伤。运料车的运力应稍有富余，施工过程中摊铺机前方应有运料车等候。对高速公路、一级公路，待等候的运料车多于五辆后开始摊铺。

②运料车每次使用前后必须清扫干净，在车厢板上涂一薄层防止沥青黏结的隔离剂或防黏剂，但不得有余液积聚在车厢底部。从拌和机向运料车上装料时，应前、后、中挪动汽车位置，平衡装料，以减少混合料离析。运料车运输混合料宜用苫布覆盖保温、防雨、防污染。

③运料车进入摊铺现场时，轮胎上不得沾有可能污染路面的泥土等物，否则宜设水池洗净轮胎后进入工程现场。沥青混合料在摊铺地点凭运料单接收，若混合料不符合施工温度要求，或已经结成团块、已遭雨淋的不得摊铺。

④摊铺过程中运料车应在摊铺机前 100 ~ 300 mm 处停住，空挡等候，由摊铺机推动前进开始缓缓卸料，避免撞击摊铺机（在有条件时，运料车可将混合料卸入运转车经两次拌和后，再向摊铺机连续均匀地供料）。运料车每次卸料必须倒净，尤其是对改性沥青或SMA混合料，如有剩余，应及时清除，防止硬结；

（4）沥青混合料摊铺

①摊铺前必须将工作面清扫干净，且工作面必须保持干燥。

②混合料必须采用配备有自动找平装置的摊铺机进行摊铺，同时必须具有振动熨平板或振动夯锤等初步压实装置。摊铺机提前 0.5 ~ 1 h 预热熨平板不低于

100℃，摊铺机必须调整到最佳状态，铺面要求均匀一致，严禁出现离析现象。

③摊铺机的摊铺速度应调节至与供料、压实速度相平衡，保持连续不断地均匀摊铺，中间不得停顿。

④松铺系数应根据试铺路段确定，摊铺过程中必须随时检查摊铺层厚度及路拱、横坡，达不到要求时，应立刻进行调整。

⑤下面层摊铺必须采用钢丝引导的高程控制方式控制好路面高程，中、上面层摊铺宜采用移动式自动找平基准装置摊铺，以控制路面厚和平整度。

⑥沥青面层的摊铺宜采用两台摊铺机梯队作业。

（5）沥青混合料碾压

①沥青混合料的碾压必须在摊铺后立即进行，严禁等候，碾压过程中压路机严禁停机。

②沥青混合料的碾压按初压、复压、终压三个阶段进行，压路机的碾压速度须均匀。初压用10 t以上的钢轮压路机紧随摊铺机碾压，复压必须在初压完成后紧接着进行，用16～25 t轮胎压路机碾压，终压用较宽的钢轮压路机碾压。压路机的碾压遍数及组合方式依据试铺段确定。

③为了防止混合料黏轮，可在钢轮表面均匀洒水（最好是喷雾），水中可掺少量的清洗剂或其他隔离材料，严禁掺加柴油、机油等。要防止过量喷水引起混合料温度骤降。胶轮压路机轮胎表面不宜洒水（轮胎温度高时不黏轮），宜涂刷植物油。

④钢轮压路机静压时相邻碾压带应重叠15～20 cm轮宽，振动时相邻碾压带重叠宽度不得超过15～20 cm。轮胎压路机碾压时应重叠1/3～1/2碾压轮宽。压路机的启动、停止必须减速缓慢进行。

（6）施工接缝的处理

①纵向施工缝：对于采用两台摊铺机成梯队联合摊铺方式的纵向接缝，应在前部已摊铺混合料部分留下10～20 cm宽暂不碾压作为后高程基准面，并有5～10 cm的摊铺层重叠，以热接缝形式在最后做跨接缝碾压以消除缝迹。上下层纵缝应错开15 cm以上。

②横向施工缝：全部采用平接缝。用3 m直尺沿纵向，在摊铺段端部呈悬臂状，以摊铺层与直尺脱离接触处定出接缝位置，用锯缝机割齐后铲除；继续摊铺时，应将接缝锯切时留下的灰浆擦洗干净，涂上少量黏层沥青，摊铺机熨平板从接缝后起步摊铺；碾压时用钢桶式压路机进行横向压实，从先铺路面上跨缝逐渐

移向新铺面层。

③横向施工缝应远离桥梁毛勒缝20 cm以外，不许设在毛勒缝处，以确保毛勒缝两边路面表面的平顺。

（7）成品检验、验收

沥青路面自然冷却后，按照相关规范和标准对路面几何尺寸、体积性质等进行检测，并按照报验程序申请验收。

第四节　水泥混凝土路面施工

一、水泥混凝土路面施工准备

施工单位应根据设计文件及施工条件，确定施工方案，编制施工组织设计；施工前应解决水电供应、交通道路、搅拌和堆料场地、办公生活用房、工棚仓库和消防等设施；有碍施工的建筑物、灌溉渠道和地下管线等，均应在施工前拆迁完毕；施工前必须对混凝土路面原材料进行取样试验分析，并应提供混凝土配合比试验数据；施工单位应根据设计文件，复测平面和高程控制桩，据以定出路面中心、路面宽度和纵横高程等样桩。控制桩测量的精度，应符合国家有关标准、规范的规定。

二、基层与垫层

（一）混凝土路面的路基应符合下列要求

路基的各项尺寸指标，包括高度、宽度、纵横坡度和边坡等均应符合设计规范；路基应有良好的排水系统；路基应坚实、稳定，压实度和平整度应符合设计要求；对现有路基加宽，应使新旧路基结合良好，压实度应符合要求。

（二）混凝土路面的基层

宜采用板体性好、强度高的石灰稳定土、工业废渣类、级配碎（砾）石掺灰和水泥稳定砂砾（包括砾石土）等半刚性基层及泥灰结碎（砾）石基层。

（三）混凝土路面基层的强度应满足设计要求

基层施工应符合下列要求：

石灰稳定土基层，应做到土块粉碎、石灰合格、配料准确、拌和均匀、控制最佳含水量、碾压密实。石灰含量宜占土的8%～12%。当日平均气温低于5℃时，应停止施工，并应在冻结前达到规定强度；石灰稳定土基层不宜在雨天施工对煤渣、粉煤灰、冶金矿渣等工业废渣类基层，应按其化学成分和颗粒组成，掺入一定数量石灰土或石渣组成混合料，加水拌和压实，洒水养护。当日平均气温低于5℃时，不应施工，并应在冻结前达到规定强度；泥灰结碎（砾）石基层，应严格控制泥灰的含量。泥灰的总含量不宜大于总混合料的20%，石灰含量宜占土的8%～12%，土的塑性指数宜为10～14。施工可采用灌浆法或拌和法，采用拌和法时，应先拌匀灰土。级配碎（砾）石掺石灰基层的碎（砾）石颗粒应符合级配要求：细料含量宜为20%～30%，石灰含量宜占细料的8%～12%；水泥稳定沙砾（包括砾石土）基层的沙砾应有一定的级配，最大粒径不应超过5 cm。水泥含量不宜超过混合料总重的6%，压实工作必须在水泥终凝前完成。

（四）设置垫层时，垫层施工应符合下列要求

宜选用当地的砂砾或炉渣等材料；垫层施工前，应处理好路基病害，并完成排水设施；垫层铺筑应碾压密实、均匀；冰冻地区采用灰土垫层时，当日平均气温低于5℃时，不应施工，并应在冰冻前达到规定强度。

三、水泥混凝土施工

（一）材料

1.用于混凝土板的水泥应符合下列要求

应采用强度高、收缩性小、耐磨性强、抗冻性好的水泥，其物理性能和化学成分应符合国家有关标准的规定。

公路、城市道路、厂矿道路应采用硅酸盐水泥或普通硅酸盐水泥（简称普通水泥），水泥标号不应低于425号。当条件受限制时，可采用矿渣水泥，其标号不应低于425号，并应严格控制用水量，适当延长搅拌时间，加强养护工作；亦可采用325号普通水泥，但应采取掺外加剂、干硬性混凝土或真空吸水等措施。

民航机场道面和高速公路，必须采用标号不低于425号的硅酸盐水泥。

水泥进场时，应有产品合格证及化验单，并应对品种、标号、包装、数量、出厂日期等进行检查和验收。

不同标号、厂牌、品种、出厂日期的水泥，不得混合堆放，严禁混合使用。出厂期超过三个月或受潮的水泥，必须经过试验，按其试验结果决定正常使用或降级使用。已经结块变质的水泥不得使用。

2.混凝土板用的砂应符合下列要求

应采用洁净、坚硬、符合规定级配、细度模数在2.5以上的粗、中砂；当无法取得粗、中砂时，经配合比试验可行，可采用泥土杂物含量小于3%的细砂。

（二）混凝土配合比

混凝土配合比，应保证混凝土的设计强度、耐磨、耐久和混凝土拌和物的和易性的要求，在冰冻地区还应符合抗冻性的要求。

混凝土配合比，应根据水灰比与强度关系曲线进行计算和试配确定。并应按抗压强度做配合比设计，以抗折强度做强度检验。

混凝土的试配强度宜按设计强度提高10% ~ 15%。

混凝土拌和物的稠度试验，采用坍落度测定时，坍落度宜为1 ~ 2.5 cm；坍落度小于1 cm时，应采用维勃稠度仪测定，维勃时间宜为10 ~ 30 s。每一工作班应至少检查两次。

（三）混凝土拌和物的搅拌和运输

混凝土拌和物应采用机械搅拌施工，其搅拌站宜根据施工顺序和运输工具设置，搅拌机的容量应根据工程量大小和施工进度配置。施工工地宜有备用的搅拌机和发电机组。

投入搅拌机每盘的拌和物数量，应按混凝土施工配合比和搅拌机容量计算确定，并应符合下列规定：进入拌和机的砂、石料必须准确过秤，磅秤每班开工前应检查校正；散装水泥必须过秤，袋装水泥当以袋计量时，应抽查其量是否准确；严格控制加水量，每班开工前，实测砂、石料的含水量，根据天气变化，由工地试验确定施工配合比。

混凝土原材料按质量计的允许误差，不应超过下列规定：水泥±1%；粗细骨料±3%；水±1%；外加剂±2%。

搅拌每盘混凝土拌和物前，应先用适量的混凝土拌和物或砂浆搅拌，拌后排弃，然后再按规定的配合比进行搅拌。

搅拌机装料顺序，宜为砂、水泥、碎（砾）石，或碎（砾）石、水泥、砂。进料后，边搅拌边加水。

混凝土拌和物每盘的搅拌时间，应根据搅拌机的性能和拌和物的和易性确定。混凝土拌和物的最短搅拌时间，自材料全部进入搅拌鼓起，至拌和物开始出料止的连续搅拌时间，应符合规定。搅拌最长时间不得超过最短时间的三倍。

混凝土拌和物的运输，宜采用自卸机动车运输。当运距较远时，宜采用搅拌运输车运输。混凝土拌和物从搅拌机出料后，运至铺筑地点进行摊铺、振捣、做面，直至浇筑完毕的允许最长时间，由试验室根据水泥初凝时间及施工气温确定。

装运混凝土拌和物，不应漏浆，应防止离析。夏季和冬季施工，必要时应有遮盖或保温措施。出料及铺筑时的卸料高度，不应超过1.5 m。当有明显离析时，应在铺筑时重新拌匀。

（四）混凝土拌和物的浇筑

模板宜采用钢模板。模板的制作与立模应符合下列规定：钢模板的高度应与混凝土板厚度一致；木模板应选用质地坚实，变形小，无腐朽、扭曲、裂纹的木料。模板厚度宜为5 cm，其高度应与混凝土板厚度一致。模板内侧面、顶面要刨光，拼缝紧密牢固，边角平整无缺；模板高度的允许误差为±2 mm。企口舌部或凹槽的长度允许误差：钢模板为±1 mm，木模板为±2 mm。

混凝土拌和物摊铺前，应对模板的间隔、高度、润滑、支撑稳定情况和基层的平整、润湿情况及钢筋的位置和传力杆装置等进行全面检查。

混凝土拌和物的摊铺，应符合下列规定：混凝土板的厚度不大于22 cm时，可一次摊铺，大于22 cm时，可分两次摊铺，下部厚度宜为总厚的五分之三；摊铺厚度应考虑振实预留高度；采用人工摊铺，应用锹反扣，严禁抛掷和搂耙，防止混凝土拌和物离析。

混凝土拌和物的振捣，应符合下列规定：对厚度不大于22 cm的混凝土板，靠边角应先用插入式振捣器顺序振捣，再用功率不小于2.2千瓦平板振捣器纵横交错全面振捣。纵横振捣时，应重叠10～20 cm，然后用振动梁振捣拖平。有钢筋的部位，振捣时应防止钢筋变位。振捣器在每一位置振捣的持续时间，应以拌和物停止下沉、不再冒气泡并泛出水泥砂浆为准，并不宜过振。用平板式振捣器振捣时，不宜少于15 s；水灰比小于0.45时，不宜少于30 s；用插入式振捣器时，不宜少于20 s。当采用插入式与平板式振捣器配合使用时，应先用插入式振捣器振捣，后用平板式振捣器振捣。分两次摊铺的，振捣上层混凝土拌和物时，插入式振捣器应插入下层混凝土拌和物5 cm，上层混凝土拌和物的振捣必须在下层混凝土拌和物初凝以前完成。插入式振捣器的移动间距不宜大于其作用半径的1.5倍，甚至模板的距离不应大于振捣器作用半径的0.5倍，并应避免碰撞模板和钢筋；振捣时应以人工找平，并应随时检查模板。如有下沉、变形或松动，应及时纠正。

干硬性混凝土搅拌时可先增大水灰比，浇筑后采用真空吸水工艺再将水灰比降低，以提高混凝土在未凝结硬化前的表层结构强度。

混凝土拌和物整平时，填补板面应选用碎（砾）石较细的混凝土拌和物，严禁用砂浆填补找平。经用振动梁整平后，可再用铁滚筒进一步整平。设有路拱时，应使用路拱成形板整平。整平时必须保持模板顶面整洁，接缝处板面平整。

混凝土板做面，应符合下列规定：当烈日暴晒或干旱风吹时，做面宜在遮阴篷下进行；做面前，应做好清边整缝，清除黏浆，修补掉边、缺角，做面时严禁在面板混凝土上洒水、撒水泥粉；做面宜分两次进行。先找平抹平，等混凝土表面无泌水时，再做第二次抹平。混凝土板面应平整、密实，抹平后沿横坡方向拉毛或采用机具夯槽。公路和城市道路、厂矿道路的拉毛和压槽深度应为1～2 mm，民航机场道面拉毛的平均纹理深度（填砂法）：跑道、高速出口滑行道不得小于0.8 mm；滑行道、停机坪不得小于0.4 mm。

第三章 桥梁基础施工与墩台施工

第一节 桥梁基础施工

一、钢筋混凝土预制桩

（一）钢筋混凝土预制桩施工准备

1.钢筋混凝土预制桩施工作业条件

桩基的轴线和标高均已测定完毕，并经过检查办完预检手续。桩基的轴线和高程的控制桩，要设置在不受打桩影响的地点并妥善保护。

处理完高空和地下的障碍物。如影响邻近建筑物或构筑物的使用或安全时，要会同有关单位采取有效措施，予以处理。

据轴线放出桩位线，用木橛或钢筋头钉好桩位，并用白灰做标志，以便施打。

场地应碾压平整、排水畅通，保证桩机的移动和稳定垂直。

打试验桩。施工前必须打试验桩，其数量不少于两根，确定贯入度并校验打桩设备、施工工艺及技术措施是否适宜。

选择和确定打桩机进出路线的打桩顺序，制订施工方案。

2.材料要求

预制钢筋混凝土桩：规格质量必须符合设计要求和施工质量验收规范的规定，购买的成品有出厂合格证，现场预制的有相关的试验资料。

焊条（接桩用）：型号、性能必须符合设计要求和有关标准规定。

钢板（接桩用）：材质、规格符合设计要求，采用低碳钢。

3.施工机具

打桩机、电焊机、桩帽、运桩小车、索具、钢丝绳、钢垫板或槽钢及木折尺等。

（二）钢筋混凝土预制桩施工工艺流程

桩机就位→起吊预制桩→稳桩→打桩→接桩→送桩→中间检查验收→移桩机至下一个桩位。

1.钢筋混凝土预制桩施工操作工艺

（1）桩机就位

打桩机就位时，要对准桩位，保证垂直稳定，在施工中不发生倾斜、移动。

（2）起吊预制桩

先拴好吊桩用的钢丝绳和索具，然后用索具捆住桩上端吊环附近处，一般不超过30 cm，再启动机器起吊预制桩，使桩尖垂直对准桩位中心，缓缓放下插入土中，位置要准确，再在桩顶扣好桩帽或桩箍，即可除去索具。

（3）稳桩

桩尖插入桩位后，先用较小的落距锤击1～2次，桩入土一定深度，再使桩垂直稳定。10 m以内短桩可目测或用线坠双向校正；10 m以上或打接桩必须用线坠或经纬仪双向校正，不得用目测。桩插入时垂直度偏差不得超过0.5%。桩在打入前，要在桩的机面或桩架上设置标尺，以便在施工中观测、记录。

（4）打桩

①用落锤或单动锤打桩时，锤的最大落距不能超过1.0 m；用柴油锤打桩时，应使锤跳动正常。

②打桩要重锤低击，重锤要根据工程地质条件，桩的类型、结构、密集程度及施工条件来选用。

③打桩顺序根据基础的设计标高，先深后浅；依桩的规格要先大后小、先长后短。由于桩的密集程度不同，可自中间向两个方向对称进行或向四周进行；也可由一侧向单一方向进行。

（5）接桩

①在桩长不够的情况下，采用焊接接桩，其预制桩表面上的预埋件要清洁，上下节之间的间隙要用铁片垫实焊牢；焊接时，要采取措施，减少焊缝变形；焊

缝要连续焊满。

②接桩时，一般在距地面1 m左右时进行。上下桩节的中心线偏差不得大于10 mm，节点折曲矢高不得大于1‰桩长。

③接桩处入土前，要对外露铁件，再次补刷防腐漆。

（6）送桩

设计要求送桩时，送桩的中心线要与桩身吻合一致，才能进行送桩。若桩顶不平，可用麻袋或厚纸垫平。送桩留下的桩孔要立即回填密实。

（7）中间检查验收

每根桩达到贯入度要求，桩尖标高进入持力层，接近设计标高或打至设计标高时，要进行中间验收。在控制时，一般要求最后三次十锤的平均贯入度，不大于规定的数值或以桩尖打至设计标高来控制，符合设计要求后，填好施工记录。如发现桩位与要求相差较大时，要会同有关单位研究处理，然后移桩机到新桩位。

待全部桩打完后，开挖至设计标高，做最后检查验收，并将技术资料整理完毕提交甲方。

（8）打桩过程中，遇见下列情况要暂停

①贯入度剧变。

②桩身突然发生倾斜、位移或有严重回弹。

③桩顶或桩身出现严重裂缝或破碎。

④冬季在冻土区打桩有困难时，要先将冻土挖除或解冻后进行。

2.成品保护

桩应达到设计强度的70%方可起吊，达到100%才能运输。

桩在起吊及搬运时，必须做到吊点符合设计要求，要平稳并不得损坏。

桩的堆放要符合下列要求：场地平整、坚实，不得产生不均匀下沉；同桩号的桩要堆放在一起，且桩尖要同向一端；多层垫木要上下对齐，最下层的垫木要适当加宽；堆放层数一般不超过四层。

妥善保护好桩基的轴线和标高控制桩，不得由于碰撞和振动而位移。

打桩时如发现地质资料与提供的数据不符，要停止施工，并与有关单位共同研究处理。

在邻近有建筑物或岸边、斜坡上打桩时，要会同有关单位采取有效的加固措

施。施工时要随时进行观测，确保避免因打桩振动而发生安全事故。

打桩完毕进行基坑开挖时，要制定合理的施工顺序和技术措施，防止桩发生位移和倾斜。

3.要注意的质量问题

预制桩必须提前订货加工，打桩时预制桩的强度必须达到设计强度的100%，并应增加养护期一个月后方准施打。

桩身断裂：由桩身弯曲过大、强度不足及地下有障碍物等原因造成，或桩在堆放、起吊、运输过程中产生断裂，没有发现所致原因，要及时检查。

桩顶碎裂：由桩顶强度不够及钢筋网片不足、主筋距桩顶面太小，或桩顶不平、施工机具选择不当等原因造成，应加强施工准备时的检查。

桩身倾斜：由场地不平、打桩机底盘不水平或稳桩不垂直、桩尖在地下遇见硬物等原因造成，要严格按工艺操作规定执行。

接桩处拉脱开裂：由连接处表面不干净、连接铁件不平、焊接质量不符合要求、接桩上下中心线不在同一条线上等原因造成，应保证接桩的质量。

二、钻孔灌注桩

（一）钻孔灌注桩施工

1.场地准备

在桩基施工前，将钻机移动范围内的地面整平，清除杂物，换除软土，夯打密实，桩机下垫枕木。桩位的测定按设计要求，由测量组采用全站仪放线定位，桩位标志应准确牢固。

2.护筒设置

在钻孔前埋设护筒：护筒采用厚6 mm钢板焊制，节长2～4 m，其直径比桩径大15～20 cm。护筒采用挖坑埋设法，护筒底部和四周所填黏质土必须分层夯实。

护筒埋设时要求准确竖直，护筒顶部高出施工地面30 cm，一般情况下埋置深度为2～4 m，特殊情况下应加深以保证钻孔和灌注砼的顺利进行。其中心轴线应正对测量标定的桩位中心，其偏差不得大于5 cm，倾斜度不得大于1%。

3.泥浆循环系统的设置

泥浆循环系统主要由泥浆池、沉淀池、高压泥浆泵和溢流沟组成。在每两个桥墩墩位之间设置一座泥浆池。先开挖至地面以下 1 m，砌筑泥浆池砖墙（厚 30 cm、高出地面 1.5 m），地面以下部分用土篷布隔水防漏，平面尺寸为 10 m×15 m。

钻孔及清理泥浆池时排水、清渣，并装入泥浆槽罐车，运往指定的弃土区经沉淀后排放。

4.钻孔

造浆：正式钻进面，向将要施工的桩及循环用的护筒孔底供泥浆，换出原孔内清水。泥浆制备采用优质黏土，钻进过程中根据不同的土层制备不同浓度的泥浆，使泥浆既起到护壁及清渣的作用，又不至于太浓而影响钻进速度。

成孔：钻机就位后，进行桩位校核，保证就位准确。造浆完毕后低速开钻，待整个钻头进入土层后进入正常钻进。在护筒脚部位必须慢速钻进。

整个成孔过程中分班连续作业，专人负责做好记录并观察孔内泥浆面和孔外水位情况，对钻渣定时做取样分析，核对地质资料；同时应控制好泥浆比重和黏度。钻孔过程中分不同深度测量钻孔垂直度，发现偏斜及时采取措施纠正。

5.清孔

清孔采用换浆法，分两次进行。一次清孔，当钻进深度距孔底标高 3～5 m 时，开始用新配制的泥浆置换孔内循环泥浆，同时，慢慢钻进至设计标高，钻头在孔底转动或在 3 m 范围内上下缓慢窜动，泥浆继续循环，一直到泥浆指标达到要求为止。然后，提钻并下仪器检测，检查合格后，方可吊放钢筋笼和下放混凝土灌注导管。

二次清孔由导管与泥浆泵循环系统连接进行，直至孔底检测沉渣厚度满足规范和设计要求。二次清孔控制总体原则是泥浆黏度＜18 s、含砂率＜4%。

6.钢筋笼制作与吊装

钢筋笼在加工车间分节制作，吊机吊安、人工焊接接长。

钢筋笼在制作加工必须保证牢固顺直，并满足施工规范要求。用抬吊方法将钢筋笼吊立垂直，以便钢筋笼垂直对接，每节钢筋笼顶端用起吊扁担吊立，以免在起吊过程中别弯主筋。为防止变形，在每道箍筋内增设六角内撑，快要进入孔口时再将其割除。钢筋笼分节下放，钢筋接头采用焊接连接。吊入钢筋笼时，对准孔位转放、慢放。严禁高起猛落、强行下放，防止由钢筋笼损坏和碰坏孔壁引

起塌孔。钢筋笼到位后，牢固定位，以免"跑笼"、移位或上浮。

（二）钻孔灌注桩施工质量缺陷及处理

1.钻孔灌注桩施工缺陷的形成原因

（1）断桩

断桩是严重的质量事故。对于诱发断桩的因素，必须在施工初期就彻底清除，同时又必须准备相应的对策，预防事故的发生或一旦发生事故及时采取补救措施。断桩产生的原因有以下五个方面：

①灌注混凝土过程中，测定已灌混凝土表面标高出现错误，导致导管埋深过小，出现拔脱提漏现象形成夹层断桩。特别是钻孔灌注桩后期，超压力不大或探测仪器不精确时，易将泥浆中混合的坍土层误为混凝土表面。因此，必须严格按照规程用规定的侧身锤测量孔内混凝土表面高度，并认真核对，保证提升导管不出现失误。

②在灌注过程中，导管的埋置深度是一个重要的施工指标。导管埋深过大，以及灌注时间过长，导致已灌混凝土流动性降低，从而增大混凝土与导管壁的摩擦力，加上导管采用已很落后而且提升阻力很大的法兰盘连接的导管，在提升时连接螺栓拉断或导管破裂而产生断桩。

③卡管现象也是诱发断桩的重要原因之一。人工配料（有的机械配料不及时校核）随意性大、责任心差，造成混凝土配合比在执行过程中的误差大，使坍落度波动大，拌出混合料时稀时干。坍落度过大时会产生离析现象，使粗骨料相互挤压阻塞导管；坍落度过小或灌注时间过长，使混凝土的初凝时间缩短，加大混凝土下落阻力而阻塞导管，都会导致卡管事故、造成断桩。所以严格控制混凝土配合比，缩短灌注时间，是减少和避免此类断桩的重要措施。

④坍塌。因工程地质情况较差，施工单位组织施工时重视不够，更有甚者分包或转包，施工者谈不上有什么经验，在灌注过程中，井壁坍塌严重或出现流沙、软塑状质等造成类泥沙性断桩。这类现象在本工程的断桩中占有相当大的比例，较为严重。而且位置深、难处理，是导致工期无限延期及经济上大量浪费的重要因素之一。

⑤导管漏水、机械故障和停电造成施工不能连续进行，突然井中水位下降等因素都可能造成断桩。因此应认真对待灌注前的准备工作，这对保证桩基的质量

很重要。

（2）缩径

在钻孔过程中，由于钻锥磨损或焊补不及时，或地层中遇到膨胀的软土、黏土、泥岩等，都容易产生缩孔现象。在浇筑混凝土过程中，导管脱离混凝土面，泥水进入导管中，造成桩身夹泥或断桩。造成导管拔空的主要原因是施工人员操作失误，过量上拔导管所致。解决措施：当发现导管拔空时，应迅速将导管插入混凝土中，利用小型水泵或小口径抽水设备，将导管中泥水抽出，再继续浇灌混凝土；迅速提出导管，重新设隔水球灌注混凝土，在隔水球冲出导管后，应将导管继续下降，直到导管不能插入时再少许提升导管，继续浇灌混凝土。

（3）灌注时发生井壁坍落

成孔后灌注水下混凝土时发生坍孔现象，若坍塌不止，应将导管拔出，以黏土回填重新成孔；轻微坍落在施工中不易被察觉，声测时发现局部裹泥或夹砂现象，根据实际情况还可以采用压浆、旋喷等工艺处理桩芯局部夹泥沙或空洞等缺陷。

2.钻孔灌注桩主要质量缺陷的常用处理方法

钻孔桩灌注桩成桩后质量缺陷常用处理方法主要有压浆补强法、桩身搭接法、重新成桩法和补加新桩法等。

（1）接桩法

处理浅层处钻孔灌注桩存在的断桩及重大缺陷等问题时，通常使用接桩法。接桩法操作方法：①将缺陷处与柱端间的混凝土全部凿除，并将缺陷位置松散的混凝土凿除，断桩处的泥土要清理洁净；②凿毛缺陷位置的混凝土表面并冲洗干净；③重新支灌注桩模板并绑扎钢筋（若桩的直径和接柱的直径一样则可以直接浇注混凝土至柱顶标高）；④重新灌注的混凝土常选用高于原标号的混凝土。⑤按要求进行养护，达到规定龄期后方可拆模。

（2）钻芯取样钻孔高压注浆法

这种处理方法多用于下面两类种情况：

一是灌注桩桩长低于设计长度或者桩体底部的沉渣比较厚。①准备工作：准备钻机等机具，整理场地，确保钻机能有平稳的施工场地。②钻孔：钻孔时要时刻保持钻机的平衡，作业人员要不断对钻机位置进行校正，防止桩孔偏移不能达到桩体底部。③底部清淤：钻机钻进桩体底部后，陆续会有沉渣流出，要及时将

其清除掉。在进行注浆前，要不断地清理柱底淤泥。④注浆：计算出压浆时需要的水泥量，然后按高标号的规格进行水泥浆配制。注浆时，孔口壁要进行密封，防止水泥浆溢出（允许少量水泥浆、清水流出），直至无法继续压注。

二是灌注桩局部出现蜂窝及离析现象，可按下列步骤进行操作：钻孔→清孔→埋设注浆管→压水试验→制浆、注浆→封孔。

（3）补桩法

此方法多用于钻孔灌注桩出现断桩或灌注的桩体承载力没有达到设计要求，补桩法能够有效增强桩体的荷载承载力。补桩法具体做法：在桩体的两侧再浇筑两个灌注桩，顶高和原桩体的设计标高相同，然后再用联系梁将桩体连在一起，让三个桩体一起承受荷载。

（4）直接凿除法

即在施工与检测时，若发现桩体存在断桩现象，为了完全消除病害，凿除桩体，然后再灌注一个新的桩体。该方法难度较大且耗费的时间与费用多，但相对来说，桩体整体性较好，没有病害残留，这种方法多用在高速公路等重要路段的建设过程。

（5）增大截面法

如果灌注桩存在桩体位置偏移过大或上部桩体出现缩径等问题，导致桩体的承载能力无法达到设计要求时通常使用增大截面法进行处理。例如某个地区的一级公路改建项目，路基基础为钻孔灌注桩，桩的标高为25 m、桩径为1.5 m，经检测发现桩体在4～5 m间存在缺陷，处理缺陷的具体办法：①准备工作：依据缺陷所处位置来制订有效的计划，初步设计，计算出截面尺寸及配筋情况等，保证经过处理的桩体能达到设计承载力要求；②清表工作：清除桩体上部四周的土壤，并将其表面的混凝土凿除，直到能看见新鲜的混凝土层；③植筋工作：在桩体缺陷的上下两侧0.3 m处，用冲击钻沿水平方向钻孔，然后将孔冲刷干净，再用环氧拌和砂浆植筋，当植筋达到规定强度时使用钢筋沿垂直和水平方向将植筋焊接在一起，连成整体；④支模及灌注工作：当植筋满足要求且焊接完成后，根据截面的大小支模板并浇注混凝土，养护至规定龄期，拆模。加固28天后，验算其承载能力是否达到了设计要求。

（6）补加新桩法

灌注桩的桩身缺陷非常严重或者桩体的倾斜度远远超出了误差范围，且在场地允许情况下适宜这种方法。补加新桩体之后单桩承台成为二桩承台、二桩承台成为三桩承台。施工方法相同，且在施工过程不可损害到周围桩体。例如在进行钻孔时，地下水丰富、孔壁垮塌、掩埋钻头，采取回填桩孔，在钻孔过程中，埋设钢护筒加固孔壁，打捞钻头，最终钻头无取回。通过业主、设计、监理研究后，取消该桩孔，重新加桩，也就是补加新桩法。

3.钻孔灌注桩质量缺陷的预防措施

对于桩身存在严重缺陷或缺陷部位深度较大者，或者桩身严重位移、倾斜，同时由于客观条件不能采取其他方法处理的，为不留下隐患，可采用冲除废桩重新成桩的方法。冲除废桩可采用冲击钻，钻头直径比要废除的桩径大 5 ~ 10 cm，以防止废桩钢筋笼卡住钻头。冲击锤质量不小于 5000 kg，宜使用 6 翅锤头，冲击时应先采用 2 m 左右的冲程，以起到冲击破碎和向外挤压的作用。

底部沉渣过厚的预防措施。在施工过程中当灌注桩成孔以后，应将钻头提到距离孔底 10 ~ 20 cm 的位置，然后让钻头持续慢速空转，确保清孔的时间不少于 20 min。施工过程中要控制好泥浆的密度等指标。吊放钢筋笼的整个过程中，桩中心和笼中心应该始终保持在一条线上，且应防止碰触孔壁，产生沉渣。清孔之后要尽可能减少待灌的时间，防止因泥浆沉积而导致沉渣较厚。灌注时，导管底部距桩孔底部应为 30 ~ 40 m，且首次灌注混凝土的储备量要充足；首次灌注量可根据相应规范进行计算，导管应一次伸入混凝土面以下 1 m 以上位置，依靠混凝土强大的冲击力将底部沉渣挤出，达到清除孔底沉渣的目的。

护筒失效的预防措施。用黏土对护筒进行加固，如果漏水情况很严重，要及时将其拔除，回填以后再进行埋设；埋设钢护筒时，应将其埋设深一点，这样能够有效提高护筒的稳定性及抗冲刷能力；若护筒不易下沉，则可以通过提高泥浆的密度等来改善泥浆，然后再进行钻孔；如果护筒变形，应依据其变形的情况及位置灵活处理，可采用氧割法、套筒法等。

桩孔倾斜的预防措施。在钻孔前预控，在钻孔过程中监控。在钻孔期间要时刻观察钻杆的垂直度，若发生倾斜应马上校正。地基不均匀、地下土壤中含有大的孤石或坚硬物体时，则应在施工之前制订处理方案。钻机的自重较大且钻杆的刚度较大，在不均匀地基中进行钻孔比较有利。在钻孔过程中，如果遇到孤石或者不均匀硬层及斜状岩层，钻头的速度要控制在慢挡。对于碰到的孤石与硬岩石，通常使用复合式的牙轮钻头对其进行处理。

扩径与缩径的预防措施。加强孔径的检测和控制，提升泥浆品质，泥浆的密

度、黏度等指标要严格控制。钻径应根据需要进行加大，在导正器上焊接一定量合金刀片，这些刀片在钻孔时起到扫孔的作用。缩短成孔后孔的空置时间也是预防缩径的方法，扩径现象的出现通常与坍孔有关，减少坍孔是预防扩径最有用的方法。

钢筋笼倾斜的预防措施。初始安放钢筋笼的位置要准确，安放后要与孔口固定在一起。为了防止钢筋笼上下浮动，应采取可行的办法将其紧固。灌注时，要控制好灌注的速率，以防钢筋笼出现向上浮动的现象，当混凝土的顶面与骨架底面的距离大约为 1 m 时，应该减小灌注的速率。当混凝土浇筑到距离骨架底面 4 m 以上时，应提升导管，使导管的底部位于骨架底面 2 m 以上的位置，然后继续进行灌注。

断桩的预防措施。成孔后要认真仔细地进行清理，根据孔内沉渣的多少确定清孔的时间。桩孔清理之后要尽早进行灌注，防止空置时间太久出现沉渣等问题。在灌注之前，根据孔径计算出所需要的混凝土量及首次灌注量。要严格控制好混凝土的运输、待灌时间，灌注开始后，整个过程应连续、迅速地进行，应有充足的混凝土，保证混凝土在初凝时间内能够连续进行灌注。另外，还应该增强导管密封性，导管长度应根据孔内混凝土的上升高度进行调整。

4.钻孔灌注桩的质量控制

对钻孔灌注桩的质量控制，在当下仍应强调以下两点：

对质量控制应注重以预防为主，即在施工前做好充分准备工作，制定相应的防范措施并责任到人。

严把队伍进场关。"一流队伍投标、二流队伍进场、三流队伍干活"的现象在建筑市场上仍然存在。只有从严把关，使一流人才、先进的工艺、过硬的设备进场，才能为优良工程打下坚实的物质基础。

第二节　桥梁墩台施工

一、石砌墩台施工

（一）石砌墩台施工工艺流程

修凿石料→搅拌砂浆→砌筑→勾缝→养护。

（二）石砌墩台施工操作要点

1.搅拌砂浆

水泥计量精度应控制在±2%以内，砂、水的计量精度应控制在±5%以内，其配合比一律采用重量比，并应试验确定。

搅拌砂浆时，必须保证其成分、颜色和塑性均匀一致，大量搅拌砂浆应使用搅拌机，在工程数量较小时，可以人工拌制。

砂浆拌制后用沉锤测沉入度和分层度，在搅拌机出料门随机取样制作砂浆试块。砂浆拌成后使用时，均应盛入储灰器内。如砂浆出现泌水现象，应在砌筑前再拌和，砂浆应随拌随用。水泥砂浆必须在3 h内使用完毕；如果施工期间最高气温超过30℃，应在2 h内使用完毕。

2.修凿石料

片石应选用爆破法或楔劈法开采的石块，用作镶面的片石，应表面平整，稍加修凿。

块石应选用形状大致方正、上下面大致平整的，敲除棱、锐角；用作馈面的块石，应由外露面四周向内修凿，深度不少于70 mm。

料石加工包括修边打荒、粗打、一遍整凿、二遍整凿、一遍剁斧、二遍剁斧和磨光。粗料应选用外观方正的六面体石料，侧面应与外露面垂直，顺石应比相邻丁石大150 mm以上，一般应经裁边和平凿两道工序处理。

3.砌筑

（1）浆砌石料的一般顺序

浆砌石料的一般顺序均为先砌角石，再砌面石，最后砌腹石，角石砌好后即可将线挂到角石上（应双面拉线），再砌面石。砌面石时应留送腹石缺口，砌完腹石后再行封砌。腹石砌筑宜采取沿运送石料方向倒退自远而近砌筑的方法。石砌体的转角处和交接处应同时砌筑，对不能同时砌筑而又必须留置的临时间断处，应砌成踏步槎，腹石应与面石一样，按规定层次和灰缝砌筑整齐，砂浆饱满。砌筑过程中应随时用水平尺和线坠校核砌体。两相邻工作段的砌筑高差不宜超过1.2 m。

（2）浆砌片石

①应用挤浆法分层砌筑，先湿润石料并铺砂浆，再安放石块，经揉动再用手锤轻击，每层高0.7～1.2 m（3～4层片石），层间大致找平。

②砌片石时应充分利用片石的自然形状，相互交错地咬合在一起，但最下面一皮石块应大面朝下，最上面一皮应大面朝上。砌筑镶面石时应先在右下部垫砂浆试砌，再用大锤砸去棱角，后用锤敲去小棱角，最后用凿子剔除凸出部分，再铺浆砌石，用小撬棍将石块拨正，最后用手锤轻击或用手揉动，使灰缝密实。

③按设计要求和规范规定，砌体应留设沉降缝或变形缝的端面须垂直，最好是在缝的两端跳段砌筑，在缝内填塞防水料（如麻筋沥青板），墙身设置泄水孔，墙后设防水层和反滤。

④石块搭接咬合长度应不小于80 mm，应避免通缝（竖直缝和连续规则的曲线缝）、干缝、三角缝和十字缝（石料四碰头）。

⑤填腹中间应设拉结石，侧面每0.7 m² 至少设一块拉结，以保证结构的整体性。拉结石的长度，如基础宽度或墙厚等于或小于400 mm，应与砌体宽度或厚度相等；如基础宽度或墙厚大于400 mm，可用两块拉结石内外搭接，搭接长度不应小于150 mm，并且其中一块长度不应小于基础宽度或墙厚的2/3。

⑥墩台斜坡面可砌成逐层收台的阶梯形。

（3）浆砌块石

与浆砌片石基本相同，不同的是镶面砌法应一顺一丁或二顺一丁砌筑，丁石的面积不应小于表面积的1/5，丁石尾部嵌入腹部约200 mm，并且不小于顺石宽度的一半。

（三）质量控制及标准

1.基本要求

石料的强度和规格应符合设计和有关规范要求。

砂浆的配合比应符合试验规定；砂浆的强度必须满足设计和规范要求。

砌体水平灰缝的砂浆饱满度按净面积计算不得低于90%，竖向灰缝砂浆饱满度不得低于80%。

砌筑时，砌块要错缝。浆砌时坐浆挤紧，嵌缝后砂浆饱满，无空洞现象；砌缝匀称，不勾假缝，干砌时不松动、叠砌和浮塞。

2.外观鉴定

勾缝平顺、坚固、整齐，缝宽均匀、无脱落现象。砂浆饱满，无假缝、通缝。

砌体牢固、边缘宜顺，表面平整、清洁、无污染。

伸缩缝、沉降缝、防震缝中无砂浆、碎石渣和杂物等。

（四）安全措施

编制专项安全技术方案，开工前对操作人员进行安全技术交底。现场施工必须戴安全帽。作业前必须检查工具，锤头必须安装牢固，作业时应戴防护目镜、护腿、鞋盖等防护用品。不准在砌体顶上做画线、刮缝及清扫墙面或检查大角垂直等工作。严禁在砌体顶上行走。砌筑作业面下方不得有人。用锤打石时，应先检查铁锤有无破裂、锤柄是否牢固。打锤要按照石纹走向落锤，锤口要平，落锤要准，同时要看清附近情况有无危险，然后落锤，以免伤人。不准在砌体顶或脚手架上修改石材，以免震动墙体而影响质量或石片掉下伤人。石块不得往下掷。吊装石料应用筐装，不得有破损和变形。吊筐不得超负荷吊运，并需要经常检查吊筐，发现问题及时处理。墙身砌体高度超过地坪1.2 m时，应搭设脚手架。当砌体高度超过4 m时，采用里脚手架必须支搭安全网。采用外脚手架应设护身栏杆和挡脚板后方可砌筑。脚手架未经验收不得使用，验收后不得随意拆改，严禁搭探头板。不准在超过胸部以上的墙体上进行砌筑，以免将墙体碰撞倒塌或上石时失手掉下造成安全事故。如遇雨天及每天下班时，要做好防雨措施，以防雨水冲走砂浆，致使砌体倒塌。冬期施工时，脚手板上如有冰霜、积雪，应先清除后才能上架子进行操作。

（五）环保及绿色施工措施

石料堆放场地应平整，并且比周边地面高出约100 mm，并做好排水设施。施工垃圾应集中堆放、统一处理。现场砂浆搅拌站应设置排水沟和沉淀池，必要时采取喷水防尘措施。

二、装配式墩台施工

装配式墩台是将高大的墩台沿垂直方向、按一定模数、水平分成若干构件，在桥址周围的预制场地上进行浇筑，通过运输车船、现场拼装。装配式墩台适用于桥梁长度较长、桥墩数量较多，桥墩高度相对较高、现场无混凝土拌和施工场地或混凝土输送管道设备较难布置的桥梁墩台的施工。装配式墩台的主要特点是：可以在预制场预制构件，受外界干扰少，但相对来说，对运输、起重机械设

备要求较高。

　　装配式柱式墩系将桥墩分解成若干构件，如承台、柱、盖梁（墩帽）等，在工厂或现场集中预制，再运送到现场装配成桥墩。其施工工序主要为预制构件、安装连接与混凝土填缝。其中拼装接头是关键工序，既要牢固、安全，又要结构简单便于施工。

（一）拼装接头分类

1.承插式接头

将预制构件插入相应的承台预留孔内，插入长度一般为1.2 ～ 1.5倍的构件宽度，底部铺设厚度2 cm的砂浆，四周以半干硬性混凝土填充，常用于立柱与基础的接头连接。

2.钢筋锚固接头

构件上预留钢筋形成钢筋骨架，插入另一构件的预留槽内，或将钢筋互相焊接，再浇筑半干硬性混凝土，多用于立柱与墩帽处的连接。

3.焊接接头

将预埋在构件中的钢板与另一构件的预埋钢板用电焊连接，外部再用混凝土封闭。这种接头易于调整误差，多用于水平连接杆与立柱的连接。

4.扣环式接头

相互连接构件按预定位置预埋环式钢筋，安装时柱脚先坐落在承台的柱芯上，上下环式钢筋互相错接，扣环间插入U形钢筋焊接，立模浇筑外侧接头混凝土。

5.法兰盘接头

在相连接构件两端安装法兰盘，连接时用法兰盘，要求法兰盘预埋件位置必须与构件垂直，接头处可以不用混凝土封闭。

（二）装配式柱式墩台施工注意事项

　　墩台柱构件与基础顶面预留杆形基座应编号，并检查各个墩、台高度和基座标高是否符合设计要求；基口四周与柱边空隙不得小于2 cm。

　　墩台柱吊入基杯内就位时，应在纵、横方向测量，使柱身竖直度或倾斜度及平面位置均符合设计要求；对重量大、细长的嫩柱，须用风缆或撑木固定，方可放吊钩。

在墩台柱顶安装盖梁前，应先检查盖梁上预留槽眼位置是否符合设计要求，不符则应先修凿。

柱身与盖梁（墩帽）安装完毕并检查符合要求后，可在基杯空隙与盖梁槽眼处浇筑稀砂浆，待其硬化后，撤除楔子、支撑或风缆，再在楔子孔中灌填砂浆。

随着预应力技术的成熟与发展，预应力开始应用于墩台上，特别是后张法预应力钢筋混凝土装配式墩台。它的施工方法与装配式柱式墩台施工方法相似，除了安装时的连接接头处理技术之外，节段预制构件之间的连接方式主要依赖于预应力钢束。

后张法预应力钢筋混凝土装配式墩台采用的预应力钢材主要有高强度低松弛钢丝和冷拉Ⅳ级粗钢筋两种。高强度低松弛钢丝，其强度高、张拉力大、预应力束数较少；施工时穿束较容易，在预应力钢束连接处受预应力钢束连接器的影响，需要局部加大构件壁厚。冷拉Ⅳ级粗钢筋要求混凝土预制构件中的预留孔道精度高，以利于冷拉Ⅳ级钢筋的连接。

后张法预应力钢筋混凝土装配式墩台的预应力张拉方式有以下两种：张拉位置可以在墩帽顶上张拉；亦可以在墩台底的实体部位张拉。一般采用墩帽顶上张拉。

墩帽顶上张拉预应力钢束主要特点是：张拉操作人员及设备均处于高空作业，张拉操作虽然方便，但安全性较差；预应力钢束锚固端可以直接埋入承台，而不需要设置过渡段；在墩底截面受力最大位置可以发挥预应力钢束抗弯能力强的特点。

墩底实心体张拉预应力钢束主要特点是：张拉操作人员和设备均为地面作业，安全方便；在墩底处要设置过渡段，既要满足预应力钢束张拉千斤顶安放要求，同时，又要布置较多的受力钢筋，满足截面在运营阶段受力要求；过渡段构件中预应力钢束的张拉位置与竖向受力钢筋相互关系较为复杂。

预应力钢束的张拉要求、预应力管道内的压浆要求与预应力混凝土梁的要求一致，不再重述。特别应注意的是，压浆最好由下而上压注，构件装配的水平拼装缝采用35号水泥砂浆，砂浆厚度为15 mm，一方面可以调节水平，另一方面可避免因渗水而影响预制构件的连接质量。

第三节 滑动模板施工

一、滑动模板施工概述

（一）工法特点

滑模（滑动模板）施工，是现浇结构混凝土的一项施工工艺，与常规施工方法相比，这种施工工艺具有施工速度快、机械化程度高、可节省支模和搭设脚手架所需的工料、能较方便地将模板进行拆散和灵活组装并可重复使用。

滑模施工的连续性：模板组装完毕后，试滑成功，开始滑升，没有特殊情况，应连续滑升，不宜停滑；因为停滑后，易出现黏膜等现象。滑升均分为白班和夜班两班，连续施工。

滑模施工的动态性：滑模平台在动力系统的带动下不断提升，其提升不受外力影响，是个动态过程，在滑升过程中进行中心垂直度偏差和扭转偏差等偏差的纠正，并控制在规范允许的范围内。

滑模施工的季节性：滑模施工温度不宜太高，也不宜太低。当温度太高时，比如，高于25℃时，混凝土强度增长过快，容易出现严重黏膜现象，造成混凝土表面蜂窝、麻面、开裂、垮塌露筋等质量缺陷，外观处理相当困难，影响滑升速度，并容易造成恶性循环，就需要采取在混凝土内掺加缓凝剂和加大模板清理力度等一系列措施，增加了工程成本；温度过低时，比如低于5℃时，混凝土强度增长过慢，影响滑升速度，造成窝工现象，并容易造成混凝土坍塌等缺陷，就需要采取在混凝土内掺加早强剂等一系列冬季施工措施，也造成工程成本的增加；滑模较适宜的温度为10～20℃，一般春季和秋季为宜，尽量避开夏季，南方冬季温度较高，适当采取冬季施工措施，也适宜滑模施工，所以滑模施工受季节影响较大。

滑模施工的组织性和协作性：滑模施工需要大量的人力物力，牵涉的工种很多，人员复杂，需要很好地进行组织，各个工种和岗位需要相互协调、密切配合。混凝土的供应、浇筑，钢筋的制作、绑扎，混凝土外观的处理、养护等方面都应协调一致，相互之间必须跟上步调、不能脱节、不能相互影响。因此，滑模操作平台上白班和晚班均应设置台长一名，负责操作平台上的人员组织和协调，而为保证滑模的顺利施工，地面上也应组织一定的人员做配合工作，如混凝土的供应、钢筋的制作，则由工长负责协调和指挥。

（二）适用范围

本工法适用钢筋混凝土造粒塔、烟囱、筒仓等高耸构筑物的滑模施工。包括滑模操作平台的组装、滑模施工、垂直度和扭转的控制、外观处理、造粒塔喷头层的施工、操作平台的拆除等。滑模操作平台分为柔性平台和刚性平台两种，本工法适用于刚性操作平台。

二、工艺原理

滑模装置主要由模板系统、操作平台系统、液压系统及施工精度控制系统和水、电配套系统等部分组成。

（一）模板系统

模板依赖围圈带动其沿混凝土的表面向上滑动。模板的主要作用是承受混凝土的侧压力、冲击力和滑升时的摩阻力，并使混凝土按设计要求的截面形式成形。模板按其所在部位及作用不同，可分为内模板、外模板、堵头模板及变截面工程的收分模板等。

井塔不变径，所以采用组合钢模即可，为保证模板不变形，滑模所用的组合钢模一般采用钢模板，宽度不大于300 mm，钢模板可采用2～2.5 mm厚的钢板冷压成形，或用2～2.5 mm厚的钢板与角钢肋条制成，角钢肋条的规格不小于30 mm×4 mm。墙体、柱结构的阴阳角处，宜采用同样材料阴角模板、阳角模板、连接角模等。

（二）围圈

围圈的主要作用是使模板保持组装的平面形状，并将模板与提升架连接成一个整体，围圈应有一定的强度和刚度，一般可采用70～80 mm、80～110 mm或110 mm制作。围圈分为模板围圈和提升架围圈，模板围圈把模板连接为

整体，而提升架围圈则把提升架连接为整体。模板结构上下围圈的间距一般为600 ~ 700 mm。围圈在工作时，承受由模板传递来的混凝土侧压力、冲击力和风荷载等水平荷载及滑升时的摩阻力，操作平台自身荷载，作用于操作平台上的静荷载和施工荷载等竖向荷载，并将其传递到提升架、千斤顶和支撑杆上。

模板与围圈的连接，一般采用挂在围圈上的方式，而围圈与提升架的连接一般采用焊接刚性连接或螺栓连接。为保证模板系统的刚性，防止其变形，上下围圈一般用φ18钢筋设置剪刀撑。

（三）提升架

提升架是安装千斤顶并与围圈、模板连接成整体的主要构件，其主要作用是控制模板、围圈由于混凝土上的侧压力和冲击力而产生的向外变形，同时承受作用于整个模板上的竖向荷载，并将上述荷载传递给千斤顶和支撑杆。当千斤顶爬升时，通过提升架带动围圈、模板及操作平台等一起向上滑动。

提升架的横梁与立柱必须刚性连接，两者的轴线应在同一平面内，在使用荷载作用下，立柱的侧向变形应不大于2 mm。

提升架横梁至模板顶部的净高度：对于配筋结构不宜小于500 mm，对于无筋结构不宜小于250 mm。当采用工具式支撑杆时，应在提升架横梁下设置内径比支撑杆直径大2 ~ 5 mm的套管，其长度达到模板下缘，而支撑杆可回收再利用。

三、操作平台系统

（一）操作平台

滑模的操作平台即工作平台，是绑扎钢筋、浇筑混凝土、提升模板、安装预埋件等工作的场所，也是钢筋、混凝土、预埋件等材料和千斤顶、振捣器等小型备用机具的暂时存放场地。液压控制机械设备，一般布置在操作平台的中央位置附近。

操作平台系统主要包括主操作平台、外挑操作平台、吊脚手架等。在施工需要时，还可设置上辅助平台。它是供材料、工具、设备堆放和施工人员进行操作的场所。

操作平台一般分为内操作平台和外操作平台两部分，内操作平台通常由承重桁架（或梁）与平台铺板组成，承重桁架（或梁）的两端可支承于提升架的立柱上，亦可通过托架支承于上下围圈上。造粒塔滑模操作平台桁架钢梁两端支承在提升架上下围圈上，由围圈把平台荷载传递给提升架，避免荷载集中传递给少量的提升架，受力较为合理。外操作平台通常由支承于提升架外立柱的三角挑架于平台铺板组成，外挑宽度不宜大于1000 mm，在其外侧须设置防护栏杆，其高度不小于1200 mm。操作平台的桁架（或梁）、三角挑架及平台铺板等主要构件，需要按其跨度和实际荷载情况通过计算确定。

（二）吊脚手架

操作平台下面设置吊脚手架，分为内外吊脚手架两种，主要用于检查混凝土的质量、模板的检修和拆除、混凝土表面装修和浇水养护等工作。内吊脚手架可挂在提升架和操作平台的桁架上，外吊脚手架可挂在提升架和外挑三脚架上。吊脚手架铺板的宽度，宜为500 ~ 800 mm，钢吊杆的直径不应小于16 mm，也可用角钢，一般为∠50×5等边角钢。吊杆螺栓必须采用双螺帽。吊脚手架的外侧必须设置安全防护栏杆，并挂满安全网和密目网，且完全封闭。

（三）液压系统

液压提升系统主要由支撑杆、液压千斤顶、液压控制柜和油路系统等部分组成，支承杆支承着作用于千斤顶的全部荷载，包括模板系统、操作平台、模板的摩阻力和施工荷载等全部荷载。支承杆一般采用φ25圆钢或φ48×3.5钢管，由于钢管的稳定性较好，脱空长度较大（达2.5 m）。目前一般采用φ48×3.5钢管做支承杆。

支承杆的连接方法，常用的有三种：丝扣连接、榫接和剖口焊接。在实际操作时，φ25圆钢支承杆一般采用丝扣方法进行连接，φ48×3.5钢管支承杆一般采用榫接方法进行连接。支承杆的焊接，一般在液压千斤顶上升到接近支承杆顶部时进行，接口处略有偏斜或凸疤，可采用手提砂轮机处理平整，使其能顺利通过千斤顶孔道。也可在液压千斤顶底部超过支承杆后进行，但当这台液压千斤顶脱空时，其全部荷载要由左右两台千斤顶承担，因此，在进行千斤顶数量及围圈强度设计时，就要考虑到这一因素。

1.液压千斤顶

液压千斤顶又称穿心式液压千斤顶或爬杆器，其中心穿支承杆，在周期式的液压动力作用下，千斤顶可沿支承杆做爬升动作，以带动提升架、操作平台和模板随之一起上升。

在液压千斤顶使用前，应按下列要求检验：耐油压12 MPa以上，每次持压5 min后无渗漏；卡头锁固牢靠、放松灵活；在1.2倍额定荷载作用下，卡头锁固时的回降量，滚珠式不大于5 mm，楔块式不大于3 mm；同一批组装的千斤顶，在相同的荷载作用下，其行程应接近一致，用行程调整帽调整后，行程差不得大于2 mm。

2.液压控制台

液压控制台是液压传动系统的控制中心，是液压滑模的心脏，主要由电动机、齿轮油泵、换向阀、溢流阀、液压分配器和油箱等组成。其工作过程为：电动机带动油泵运转，将油箱中的油液通过溢流阀控制压力后，经换向阀送到液压分配器。然后，经油管将油液输入进千斤顶，使千斤顶沿支承杆爬升，当活塞走满行程之后，换向阀变换油液的流向，千斤顶中的油液从输油管、液压分配器，经换向阀返回油箱。每一个工作循环，可使千斤顶带动模板系统爬升一个行程。

3.油路系统

油路系统是连接控制盒到千斤顶的液压通路，主要由油管、管接头、分油器和截止阀等组成。

油管一般采用高压无缝钢管及高压橡胶管两种，根据滑升工程面积大小和荷载决定液压千斤顶的数量及编组形式。主油管内径不得小于16 mm，分油管内径应为10～16 mm。连接千斤顶的油管内径为6～10 mm。现今滑模所用的主、分油管均采用高压橡胶胶管。

油路的布置一般采取分级方式，即：从液压控制台通过主油管到分油器，从分油器经分油管到支分油器，从支分油器经胶管到千斤顶。由液压控制台到各分油器及由分、支分油器到各千斤顶的管线长度，设计时应尽量相近。油管接头的途径、压力应与油管相适应。胶管接头的连接方法是用接头外套将软管与接头芯子连成一体，然后再用接头芯子与其他油管或元件连接，一般采用扣压式橡胶管接头或可拆式胶管接头。截止阀又叫针形阀，用于调节管路及千斤顶的液体流量，控制千斤顶的升差，一般设置于分油器上或千斤顶与管路连接处。

液压油应具有适当的黏度，当压力和湿度改变时，黏度的变化不应太大。一般可根据气温条件选用不同黏度等级的液压油。

四、水、电配套系统

水、电配套系统包括动力、照明、信号、通信、水泵和管路设施等，动力为专用临时用电线路，利用专用电缆从底部引至操作平台配电柜。电缆随操作平台的提升而伸长，电缆应采取措施加固，防止因拉力而损坏，一般用棕绳进行加固。

水须通过高压水泵加压，经高压管或钢管随平台提升而逐步接长，用于平台用水和混凝土养护等。

吊脚手架上的照明电压为36 V，并采用安全防护灯，一般在操作平台配电箱旁设置一小型变压器即可。

信号和通信采用对讲机等方式联络。

五、施工工艺流程及操作要点

（一）滑模施工工艺流程

滑模施工主要包含滑模准备、滑模组装、正常滑升和滑模装置拆除等四个主要阶段，滑模准备包含滑模装置设计，滑模装置制作，人力、机械的准备工作。滑模组装顺序如下：搭设临时组装平台，安装垂直运输设施；安装提升架；绑扎竖向钢筋和提升架横梁以下的水平钢筋；安设预埋件及预留孔洞的胎模，对工具式支承杆套管下端进行包扎；安装模板，宜先安装角模后安装其他模板；安装内操作平台的桁架、支撑和平台铺板；安装外操作平台的支架、铺板和安全栏杆等；安装液压提升系统、垂直运输系统及水、电、通信、信号、精度控制和观察装置，并分别进行编号、检查和试验；在液压系统试验合格后，插入支承杆；安装内外吊脚手架及挂安全网；在地面或横向结构面上组装滑模装置时，应待模板滑升至适当高度后，再安装内外吊脚手架、挂安全网。

（二）操作要点

1.滑模装置设计的主要内容

绘制滑模初滑结构平面图及中间结构变化平面图；确定模板、围圈、提升

架及操作平台的布置，进行各类部件和节点设计，提出规格和数量；确定液压千斤顶、油路及液压控制台的布置，提出规格和数量；制定施工精度控制措施，提出设备仪器的规格和数量；进行特殊部位处理及特殊措施（附着在操作平台上的垂直和水平运输装置等）的布置与设计；绘制滑模装置的组装图，提出材料、设备、构件一览表。

2.滑模装置的组装

滑模施工的特点之一，是将模板一次组装好，一直到施工完毕，中途一般不再变化。因此，要求滑模基本构件的组装工作，一定要认真、细致、严格地按照设计要求及有关操作技术规定进行，否则，将给施工带来很多难题，甚至影响工程质量。操作平台、模板系统如：模板、提升架等的组装精度和准确性很重要，组装质量差，将对模板纠错纠偏带来较大难度，并容易出现黏膜等现象，影响工程质量。

（三）竖向滑模施工

1.滑模施工准备工作

编制施工组织设计，包含施工总平面布置，滑模施工技术设计，施工程序和施工进度安排，安全文明施工和质量保证措施，现场施工管理机构、劳动组织及人员培训，材料、半成品、预埋件、机具和设备须用计划，特殊部位的施工方法等。

施工总平面布置：施工总平面布置应满足施工工艺要求，减少施工用地和缩短地面运输距离。在滑模建筑物的周围应设立危险警戒区；警戒线至建筑物边缘的距离不应小于其高度的1/10，且不应小于10 m；对于烟囱类圆锥变截面结构，警戒线距离应增大至高度的1/5，且不应小于25 m；当不能满足要求时，应采取安全防护措施；临时设施及材料堆放场地等均应设在警戒区以外，当需要在警戒区内堆放材料时，必须采取安全防护措施；通过警戒区的人行道或运输道均应搭设安全防护棚。材料堆放场地应靠近垂直运输机械，堆放数量应满足施工进度的需要；根据现场施工条件确定混凝土供应方式，当设置现场搅拌站时，宜靠近施工工程，靠近垂直运输机械，其供应量必须满足混凝土连续浇灌的需要；现场运输、布料设备的数量必须满足滑升速度的需要，塔楼、筒仓等大型滑模施工的垂直运输一般采用塔吊，塔吊的选用应满足工程的需要；供水、供电必须满足滑模连续施工的要求。施工工期较长,有断电可能时,应有双回路供电或自备电源,操作平台的供水系统,当水压不够时,应加设高压水泵。确保测量施工工程垂直度和标高的观测站、点不受损坏,不受振动干扰。

2.滑模施工的精度控制

滑模施工的精度控制主要包括滑模施工的水平度、垂直度和扭转控制等。

(1)滑模施工的水平度控制

水平度的观测可采用水准仪、自动水平激光测量仪等。

①水平度的观测。水平度的观测一般采用水准仪来进行。在模板开始滑升前,用水准仪对整个操作平台所有的千斤顶的高程进行观测、校平,并在每根支承杆上以明显的标志(红色三角)画出水平线。当模板开始滑升后,即以此水平线作为基点,不断按千斤顶的每次提升步距(20～30 cm)将水平线上移和进行水平度的观测,每隔一定的高度,均须对滑模装置的水平度进行观测与检查、调整。一般每班均应对千斤顶支承杆进行抄平,每次抄平的高度一般为1 m。

②水平度的控制。滑模平台的抄平与控制,是控制建筑的标高,保证滑模质量的关键环节,也是配合纠正扭转和控制建筑物垂直度的重要环节。一般对千斤顶水平度控制主要有限位调平器控制法、限位阀控制法、截止阀控制法和激光自动调平控制法,较常用的方法是限位控制法。

(2)滑模施工的垂直度控制

滑模施工的垂直度偏差,就是操作平台中心出现位移,从而带动建筑物中心出现位移,当中心位移过大时,将影响建筑物的外观和使用功能,甚至影响操作平台的稳定,最终迫使滑模停止。当中心位移达到2 cm左右时,必须采取措施进行垂直度的纠;当中心位移达到5 cm左右时,必须加大纠偏的力度,否则,由于偏差增大的惯性作用,将使平台的中心位移加速度增大,甚至失控。

因此,当操作平台中心出现位移时,不能置之不理,应及时采取措施进行纠偏。一般的情况是,纠偏工作会贯穿整个滑模过程,直至滑模结束。

原因分析:操作平台上荷载不均匀,使各支承杆负荷不等,结构向荷载大的一方偏移,灌注砼时,砼入模的起点没变化。一般来说,操作平台将向先浇灌一方倾斜。同时还有风力影响等因素。

处理办法:在施工过程中,应尽量使操作平台的荷载布置均匀,及时改变砼浇方向,同时采取措施进行纠偏。

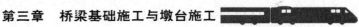

①垂直度的观测。垂直度观测采用的方法有激光铅直仪法。一般采用大线锤进行直接观测。在平台外侧也要设置一定数量的观测点。在进行操作平台的扭转观测时，也可以推算或直接观测出建筑物的垂直度，观测墙体外角的垂直度和平直度。

激光铅直仪安装前应校正好光束的垂直度，安装时调整好经纬仪的底座的水平度，然后调整好激光的垂直度，调整望远镜焦距，使光斑直径最小。观测时，在滑模操作平台上安放好激光接收靶，激光铅直仪操作人员接通激光电源，光束射到接收靶上。将仪器正转一周，随光斑的移动用笔在接收靶上画出第一个圆，然后将仪器反转一周，随光斑的移动用笔在接收靶上画出第二个圆，取出两个圆的平均中心即为正确中心。把激光光斑的中心和激光接收靶的中心相比，就可以计算出滑模操作平台和建筑物的垂直度的数值和偏差方位。

垂直度的观测每班不得少于一次，必要时应增加观测的次数。观测的数值应记录，并交接给本班和下一班的工长、操作平台台长、班长和有关工程技术人员，采取相应的方法进行纠偏。

②垂直度的控制。垂直度的控制常用的方法有平台倾斜法和顶轮纠偏控制法等，同时采用混凝土上浇筑的方式的改变和荷载堆放位置的调整等方式进行配合垂直度的纠正。平台倾斜法适合所有的建筑物滑模垂直纠偏，而塔楼、筒仓等筒壁内径没有区分的建筑物滑模垂直度纠偏常常采用平台倾斜法。

平台倾斜法又称调整高差控制法，其原理是：当建筑物出现向某侧位移的垂直偏差时，操作平台的同一侧，一般会出现负水平偏差。据此，可以在建筑物向某侧倾斜时，将该侧的千斤顶升高，使该侧的操作平台高于其他部位，产生正水平偏差，使操作平台倾斜。然后，将整个操作平台滑升一段高度，在平台的倾斜重力作用下，垂直偏差可逐步得到纠正。平台倾斜度的大小要根据垂直度偏差的大小来确定：当垂直度偏差较小时，操作平台的倾斜度调整就较小些，即可达到纠偏的目的；当垂直度偏差较大时，比如中心偏差达到5 cm以上时，就应该加大操作平台的倾斜度，操作平台千斤顶的高差将达到10 cm以上，否则纠偏效果不明显。

调整操作平台的倾斜度时，应随模板的滑升而逐步增大，纠偏应缓慢进行，防止拉裂筒壁混凝土。首先应达到控制中心位移不再加大，然后逐步使中心偏差缩小，直到达到合理范围内。例如中心位移控制在2 cm以内。中心偏差达到合理范围内时，应逐步把操作平台调平。

对于千斤顶需要的高差，可预先在支承杆上做出标志，最好采用限位调平器对千斤顶的高差进行控制。

当采用平台倾斜法纠正中心垂直度偏差时，将使千斤顶和支承杆的受力不均，应及时对受力较大的支承杆进行加固，防止支承杆失稳变形。

3.水平结构施工

当墙体滑升至每层楼板标高时，沿墙体间隔一定的间距，预埋插筋及留设通常的水平嵌固凹槽。待预留插筋及凹槽脱模厚、扳直钢筋、修整凹槽，并与楼板钢筋连成一体，再浇筑楼板混凝土。凹槽的高度为楼板的厚度或按楼板厚上下加大50 mm，以便操作。先滑墙体楼板降模施工，是将墙体连续滑升到顶或滑升至8～10层作为一个降模施工层，在底层按每个房间组装好模板，用卷扬机或其他提升工具将模板提升至所需位置，再用吊杆悬吊在墙体预留孔洞中的横梁上并调整好标高后，即可进行施工。

4.混凝土常见问题的处理

（1）砼出现水平裂缝

原因：模板设有倾斜度或产生反倾斜度，滑升速度慢，砼与模板黏结在一起等。

处理措施：纠正模板倾斜度，加快滑升速度，调整砼配合比和试加缓凝剂，以控制砼的凝固速度。

对水平裂缝，可用铁抹子压实；对较严重部分，可剔除其松动后，补上高标号水泥砂浆。

（2）墙角掉角

原因：墙角处摩阻力较大、模板倾斜度过小、滑升时间过长等。

处理方法：适当放大模板倾斜度，加强振捣；对棱角残缺处，可用同标号水泥砂浆修补。

（3）蜂窝、麻面、露筋

原因：由局部钢筋过密、石子粒径过大、坍落度选择不当、振捣不密实等原因造成。

处理方法：施工时，必须选择适当的砼配合比和坍落度，选用粒径较小的石子、注意振捣质量。

对蜂窝、麻面、露筋部位，应将松动物清除，用同标号水泥砂压实修补。

5.滑模平台拆除

拆除方法采取模板滑空后分件拆除法，当滑升到顶后，且强度达70%以上即可进行装置拆除，拆除顺序如下：

操作平台清理→拆电线、电缆、灯具设备→拆油管→拆液压控制柜→解安全网→拆栏杆→门架围圈最下面一道→拆内吊架→穿脚手管→铺脚手板→拆外吊架→拆门架围圈→拆门架。

第四节　V形墩与支座

一、V形墩施工

（一）V形墩施工概况

1.V撑施工方案选择

V撑施工采用搭设满堂脚手架，支撑V撑模板，承担施工过程中的部分水平分力，并作为施工操作平台。

2.关键工序施工方法

（1）脚手架

在V撑施工过程中，仅在其顺桥的短边方向搭设脚手架，其他两个方向未搭设脚手架。在V撑长边俯面一侧模板上焊接水平向型钢及栏杆，作为操作平台。俯面一侧模板安装时，工人站在V撑钢筋骨架内辅助模板就位。

（2）劲性骨架制作、安装

劲性骨架在后场加工制作，船运至现场进行安装。由于V撑内安装有预应力束，如果先整体安装劲性骨架，后期钢绞线吊装困难、工作量大。因此，先安装三片劲性骨架主体，后焊接平联及斜撑。

（3）V撑模板及其支撑体系

V撑模板采用定型钢模板，其分段制作高度为2.0 m，并考虑翻模施工时，模板能周转使用。

由于V撑为外倾结构，其轴线与水平面夹角达63°，砼浇筑时会产生较大的水平分力，为平衡此水平分力，每节模板设二层水平拉杆，将左右肢墩身拉结。每层拉杆横桥向为四根JL32精轧螺纹钢。另外模板顶部与劲性骨架连接牢固。

（4）混凝土的浇筑

为保证混凝土浇筑密实，在施工时，人必须进入V撑内部进行振捣，特别是V撑的四个拐角要充分捣实，以保证混凝土施工质量。在砼施工过程中要注意两侧墩身混凝土浇筑的高度差，以使整个支撑体系受力平衡，确保墩身施工安全。

（二）V形墩结构形式和总体施工方案

V形桥墩结构形式上分三部分：下部是斜腿，中部为顶帽和牛腿，上部为顶板。V形的斜腿其截面为矩形。桥梁的荷载通过支座传递到牛腿，可经牛腿传到V形桥墩的斜腿，最后传到承台和基础，设计一般将V形桥墩的恒载作用下的合力接近基底中心。

根据其结构特点和受力条件，V形桥墩分两步浇注完成，下部斜腿进行一次浇注；中部顶帽和牛腿、上部顶板进行一次浇注施工。

（三）施工工序和方法

1.施工准备和场地处理

V形墩施工前，首先将基础顶面的混凝土浮浆凿除，冲洗干净，整修在基础承台上预埋的连接钢筋，并在承台顶面测量弹出V形墩的十字中线、水平高程，标出V形斜腿底面在承台上的位置。

2.V形墩模板及支架选取

考虑V形墩属于特殊结构，如采用厂制加工的装配式整体钢模板，能保证质量但无法周转和重复利用、极不经济。可采用施工现场加工钢木结合的模板，用塑面胶合板或槽钢加工而成。这样能较好地保证模板的刚度和表面光洁度。模板正式投入使用前在现场进行试拼装，检查验收合格后方可进入施工现场。V形墩模板因为是加工的大块模板，不宜采用人工安装，应采用人工配合汽车吊整体吊装，模板拼装完成后要认真检查。

3.V形墩钢筋和混凝土施工

钢筋采用现场加工，钢筋接长直径大于$\varphi 16$的采用闪光对焊机焊接，小于

$\varphi16$的采用交流电焊机焊接，墩各部分的钢筋均采用现场绑扎。

墩的混凝土采用集中拌和的混凝土，用混凝土输送车运输至现场，用混凝土输送泵灌注，墩台混凝土采用塑料薄膜覆盖养护。

（四）施工要点

1.V形桥墩下部结构施工

V形斜腿施工时，由于其呈不稳定结构，所以模板必须有内外支撑，绑扎钢筋必须强制定位，方能保证桥墩的几何尺寸和设计精度。而其外侧模板承受很大的侧压力，应选择撑拉相结合的模板支撑方式，保证模板体系的稳定。利用支撑平台用20 cm×20 cm方木做外模的斜向支撑，此外，在墩斜腿外侧和内带木上梅花交错布设不小于$\varphi12$拉筋，拉筋间距为0.8 m，使V形桥墩的内外模成为稳定结构后再进行混凝土浇筑。

V形斜腿浇筑混凝土，应注意坚持左右对称分层浇筑，并在施工技术规则的规定范围内尽量延长浇筑时间，以使下部混凝土在浇筑过程中逐步终凝，增加强度参与结构受力。因此，根据现场条件，可考虑用提升架提升灰斗车或汽车吊灰斗的方法取代混凝土泵车的输送方式，混凝土浇筑采用插入式振动棒振捣密实。

2.V形桥墩顶板和牛腿的施工

该部分的钢筋绑扎、模板支撑和混凝土浇筑同一般桥台、桥墩及帽梁的施工大体一致。当V形斜腿混凝土浇筑至具有一定强度和稳定性后，方可进行上部顶板和牛腿部分的钢筋绑扎、模板支立和加固。顶板和牛腿模板仍采用钢木结合的模板，顶板支撑采用碗扣脚手架搭满堂支架进行支撑，牛腿部分模板应加对拉螺栓进行加固。混凝土的浇筑用输送泵进行分层左右对称的连续浇注，插入式振动棒振捣密实，达到一定强度后进行拆模养护。

二、支座安设

（一）支座安设适用范围

适用于公路桥梁工程中板式橡胶支座、盆式橡胶支座、球形支座的安装。

（二）支座安设施工准备

1.机具设备

（1）主要机械

空压机、发电机、电焊机、汽车吊、水车、水泵等。

（2）工具

扳手、水平尺、小铁铲、铁锅、铁锹、铁抹子、木抹子、橡皮锤、钢丝刷、钢楔、细筛、扫帚、小线、线坠等。

2.支座安设施工作业条件

桥墩混凝土强度已达到设计要求，并完成预应力张拉。

墩台（含垫石）轴线、高程等复核完毕并符合设计要求。

墩台顶面已清扫干净，并设置护栏。

上下墩台的梯子已搭设就位。

3.技术准备

认真审核支座安装图纸，编制施工方案，经审批后，向有关人员进行交底。

进行补偿收缩砂浆及混凝土各种原材料的取样试验工作，设计砂浆及混凝土配合比。

进行环氧砂浆配合比设计。

支座进场后取样送有资质的检测单位进行检验。

（三）操作方法

1.板式橡胶支座安装

（1）垫石顶凿毛清理

应采用人工铁錾凿毛。

（2）测量放线

根据设计图上标明的支座中心位置，分别在支座及垫石上画出纵横轴线，在墩台上放出支座控制标高。

（3）找平修补

将墩台垫石处清理干净，用干硬性水泥砂浆将支承面缺陷修补找平，并使其顶面标高符合设计要求。

（4）拌制环氧砂浆

①将细砂烘干后，依次将细砂、环氧树脂、二丁酯、二甲苯放入铁锅中加热并搅拌均匀。

②环氧砂浆的配制严格按配合比进行，强度不低于设计规定，设计无规定将不低于40 MPa。

③在黏结支座前将乙二胺投入砂浆中并搅拌均匀，乙二胺为固化剂，不得放得太早或过多，以免砂浆过早固化而影响黏结质量。

（5）支座安装

①安装前按设计要求及国家现行标准有关规定对产品进行确认。

②安装前对桥台和墩柱盖梁轴线、高程及支座面平整度等进行再次复核。

③支座安装在找平层砂浆硬化后进行。黏结时，宜先黏结桥台和墩柱盖梁两端的支座，经复核平整度和高程无误后，挂基准小线进行其他支座的安装。

④当桥台和墩柱盖梁较长时，应加密基准支座防止高程误差超标。

⑤黏结时先将砂浆摊平拍实，然后将支座按标高就位，支座上的纵横轴线与垫石纵横轴线要对应。

⑥严格控制支座平整度，每块支座都必须用铁水平尺测其对角线，误差超标应及时予以调整。

⑦支座与支承面接触应不空鼓，如支承面上放置钢垫板时，钢垫板应在桥台和墩柱盖梁施工时预埋，并在钢板上设排气孔，保证钢垫板底混凝土浇筑密实。

（6）其他板式橡胶支座安装

①滑板式支座安装：滑板式支座的不锈钢板表面不得有损伤、拉毛等缺陷，不锈钢板与上垫板采用榫槽结合时，上垫板开槽方向应与滑动方向垂直；滑板式支座安装时，支座与不锈钢板安装位置应视气温而定，不锈钢板滑动应留有足够的长度，防止伸缩时支座滑出滑道。

②四氧板支座安装时，其表面应用丙酮或酒精擦干净，储油槽应注满硅脂。

③坡形板式橡胶支座上的箭头要与桥梁合成坡度的方向相对应。

2.盆式橡胶支座安装

（1）螺栓锚固盆式橡胶支座安装方法

①将墩台顶清理干净。

②测量放线。在支座及墩台顶分别画出纵横轴线，在墩台上放出支座控制标高。

③配制环氧砂浆。配制方法见拌制环氧砂浆的有关要求。

④安装锚固螺栓。安装前按纵横轴线检查螺栓预留孔位置及尺寸，无误后将螺栓放入预留孔内，调整好标高及垂直度后灌注环氧砂浆。

⑤用环氧砂浆将顶面找平。

⑥安装支座。在螺栓预埋砂浆固化后找平层环氧砂浆固化前进行支座安装，找平层要略高于设计高程，支座就位后，在自重及外力作用下将其调至设计高程。随即对高程及四角高差进行检验，误差超标及时予以调整，直至合格。

（2）钢板焊接盆式橡胶支座安装方法

①预留槽凿毛清理。墩顶预埋钢板宜采用二次浇筑混凝土锚固，墩、台施工时应注意预留槽的预留，预留槽两侧应较预埋钢板宽100 mm，锚固前进行凿毛并用空压机及扫帚将预留槽彻底吹扫干净。

②测量放线。用全站仪及水准仪放出支座的平面位置及高程控制线。

③钢板就位，混凝土灌注。钢板位置、高程及平整度调好后，将混凝土接触面适当洒水湿润，进行混凝土灌注，灌注时从一端灌入另一端排气，直到灌满为止。支座与垫板回应密贴，四周不得有大于1.0 mm的缝隙，灌注完毕及时对高程及四角高差进行检验，误差超标及时予以调整，直到合格。

④支座就位、焊接。校核平面位置及高程，合格后将下垫板与预埋钢板焊接，焊接应对称间断进行，以减小焊接变形影响，适当控制焊接速度，避免钢体过热，并应注意支座的保护。

（3）盆式橡胶支座安装要求

①盆式支座安装前按设计要求对成品进行检验，合格后安装。

②安装前对墩、台轴线、高程等进行检查，合格后进行下一步施工。

③安装单向活动支座时，应使上下导向挡板保持平行。

④安装活动支座前应对其进行解体清洗，用丙酮或酒精擦洗干净，并在四氧板顶面注满硅脂，重新组装应保持精度。

⑤盆式支座安装进上、下各座板纵横向应对中。安装温度与设计要求不符时，活动支座上、下座板错开距离应经过计算确定。

第四章 道路桥梁的养护维修管理

第一节 道路的病害维修与改建

一、水泥路面病害维修

（一）裂缝与断板维修

水泥混凝土路面裂缝与断板的形式多种多样，其产生的原因也是多种多样。有施工养生不当引起的早期表层开裂，有基层脱空引起的面板全厚度断裂，有在荷载和温度应力共同作用下的疲劳开裂，有活性集料反应引起的网裂，也有板长过长的翘曲或过量收缩而产生的板角和横向裂缝等。裂缝与断板的出现如果不及时维修处置，病害将继续扩大，面板将丧失传荷作用，导致路面的严重损坏，影响行车安全。

1.裂缝的类型及产生的原因

水泥路面裂缝可分为表面裂缝和贯穿板全厚裂缝（以下简称贯穿裂缝）两种。混凝土板表面裂缝主要是由混凝土浇筑后表面未及时养生，在炎热或大风天气表面游离水分蒸发过快，混凝土体积急剧收缩和炭化收缩引起的。贯穿裂缝又有横向裂缝、纵向裂缝、交叉裂缝和板角裂缝等。横向裂缝主要由干缩、温缩和切缝不及时造成，纵向裂缝主要由路基或基础不均匀沉降及板底脱空造成；交叉裂缝和板角裂缝主要是由荷载、温度和基础不均匀沉降等综合因素造成。

2.断板产生的原因

由纵向、横向、斜向交叉裂缝发展而产生的贯穿板全厚折断成两块以上的水泥混凝土路面板称为断板。混凝土面板浇筑完成后，未完全硬化和未开放交通就出现的断板为早期断板或施工断板；混凝土面板开放交通后出现的断板称为使用期断板或后期断板。

3.裂缝与断板的维修

裂缝与断板的维修，应根据其损坏程度，采取不同的维修方法和使用不同的维修材料。

（1）维修材料

裂缝与断板的维修材料，根据其功能可分为密封材料和补强材料。当水泥混凝土路面出现裂缝或贯穿裂缝而板面强度仍能满足使用要求时，应选用密封维修材料；当路面由于裂缝断裂造成强度不足时，应选用补强材料。

密封材料宜选用聚氨酯、聚硫环氧树脂（聚硫橡胶+环氧树脂）等高分子工程材料。

高模量补强材料宜选用经过改性的环氧树脂类材料或经乳化反应过的环氧树脂乳液。

（2）裂缝维修

①扩缝灌浆法。该法适用于裂缝宽度小于3 mm的表面裂缝。其修补工艺如下：

a.扩缝。顺着裂缝用冲击电钻将缝口扩宽成1.5 ~ 2 cm沟槽，槽深根据裂缝深度确定，最大深度不得超过板厚的2/3。

b.清缝填料。清除混凝土碎屑，用压缩空气吹净灰尘，并填入粒径0.3 ~ 0.6 cm的清洁石屑。

c.配料灌缝。采用聚硫橡胶：环氧树脂=6：2 ~ 6：16。配成聚硫环氧树脂灌缝料，拌和均匀并倒入灌浆器中，灌入扩缝内。

d.加热增强。宜用红外线灯或装有60 ~ 100 W灯泡的长条形灯罩，在已灌缝上加温，温度控制在50℃ ~ 60℃，加热1 ~ 2 h即可通车。

②直接灌浆法。该法适用于宽度大于3 mm且无碎裂的裂缝。其修补工艺如下：

a.清缝。将缝内泥土、杂物清除干净，并确保缝内无水、干燥。

b.涂刷底胶。在缝两边约30 cm的路面上及缝内涂刷一层聚氨酯底胶层，其厚度为0.3±0.1 mm。

c.配料灌缝。由环氧树脂（胶结剂）、二甲苯（稀释剂）、邻苯二甲酸二丁酯（增稠剂）、乙二胺（固化剂）、水泥或滑石粉（填料）组成。采用配合比为

胶结剂＝稀释剂增稠剂：固化剂填料＝100 ∶ 40 ∶ 10 ∶ 8：（200 ~ 400）。视缝隙宽度掺加，按比例配制好，并搅拌均匀后将配料直接灌入缝内，养护2 ~ 4 h即可开放交通。

③条带罩面补缝法。该法适用于贯穿全厚大于3 mm、小于15 mm的中等裂缝。其罩面补缝工艺如下：

a.切缝。顺裂缝两侧各约15 cm，且平行于缩缝切7 cm深的两条横缝。

b.凿除混凝土。在两条横缝内侧用风镐或液压镐凿除混凝土，深度以7 cm为宜。

c.打钯钉孔。沿裂缝两侧15 cm，每隔50 cm钻一对钯钉孔，其直径各大于钯钉直径2 ~ 4 mm，并在两钯钉孔之间打一与钯钉孔直径相一致的钯钉槽。

d.安装钯钉。用压缩空气吹除孔内混凝土碎屑，将孔内填灌快凝砂浆，把除过锈的钯钉（宜采用φ6 mm螺纹钢筋）弯钩长7 cm，插入钯钉孔内。

e.凿毛缝壁。将切割的缝内壁凿毛，并清除松动的混凝土碎块及表面松动裸石。

f.刷黏结砂浆。将修补混凝土毛面上刷一层黏结砂浆。

g.浇筑混凝土。应浇筑快凝混凝土，并及时振捣密实，磨光和喷洒养护剂，其喷洒面应延伸到相邻老混凝土面板20 cm以上。

（二）接缝、板边与板角修补

水泥混凝土路面接缝包括纵向施工缝、纵向缩缝、横向施工缝、横向缩缝等。接缝是水泥混凝土路面的薄弱环节，经常出现接缝填料损坏、纵向接缝张开、接缝板边和板角碎裂等病害。由于这些病害的产生，地面水从接缝渗入，使路面基层强度降低，在行车荷载作用下，导致唧泥、脱空、断板、沉陷等病害的产生，影响水泥路面的使用质量。因此，对接缝必须加强养护和修补，使水泥路面经常处于良好状态，延长水泥路面的使用寿命。

1.接缝病害产生的原因

灌缝材料的老化、脱落，软化和溢出；垫料的老化、变形、脱落；接缝结构、机能不完善；接缝内嵌入硬物会造成接缝处剥落或胀裂；填缝材料和接缝板质量欠佳。

2.接缝的修补

（1）接缝填缝料损坏修补

清缝。用清缝机清除接缝内杂物，并将接缝内灰尘吹净。

接缝做胀缝修补时，先将建筑热沥青涂刷缝壁，再将接缝板压入缝内。对接缝板接头及接缝与传力杆之间的间隙，必须用填缝料灌实抹平，上部用嵌缝条的应及时嵌入嵌缝条。

用加热式填缝料修补时，必须将填缝料加热至灌入温度，滤去杂物，倒入填缝机内即可填缝。在填缝的同时，宜用铁钩来回拌动，以增加与缝壁的黏结和填缝的饱满。在气温较低季节施工时，应先用喷灯将接缝预热。

用常温式填缝料修补时，除无须加热外，其施工方法与加热式填缝料相同。

填缝料的技术要求应符合规定。

施工质量验收标准应符合现行规范的规定。

（2）纵向接缝张开维修

当相邻车道面板横向位移、纵向接缝张开宽度在10 mm以下时，宜采取聚氯乙烯胶泥、焦油类填缝料和橡胶沥青等加热施工填缝料。

当相邻车道面板横向位移，纵向接缝张口宽度在10 ~ 15 mm时，宜采取聚酯类常温施工式填缝料进行维修。

维修前应清除缝内杂物和灰尘；按材料配比配制填缝料；宜采用挤压枪注入填缝料；填缝料固化后，方可开放交通。

当纵向接缝张口宽度为15 ~ 30 mm时，采用沥青砂进行维修。

当纵缝宽度达30 mm以上时，可在纵缝两侧横向锯槽并凿开，槽间距60 cm、宽5 cm、深7 cm。要设置φ2 mm螺纹钢筋钯钉，钯钉在老混凝土路面内的弯钩长度为7 cm。纵缝内部的凿开部位用同强度等级的水泥混凝土填补，纵缝一侧涂刷沥青。

（3）接缝板边出现碎裂时接缝的修补

在破碎部位边缘，用切割机切割成规则图形，其周围切割面应垂直于面板，底面宜为平面；清除混凝土碎块，吹净灰尘杂物，并保持干燥状态；用高模量补强材料进行填充，其材料技术性能应符合规定；修补混凝土达到通车强度后，方可开放交通。

3.板边、板角修补

（1）板边剥落和板角断裂产生的原因

接缝或纵横缝交叉处，水的浸入易产生唧泥、脱空，导致板边或板角隅应力增大，产生破损或断裂；接缝处缺乏传荷能力或板块边缘附近的传力杆失效；路基基层在荷载和水的作用下，逐渐产生塑性变形，使板边、板角应力增大，产生剥落和断裂；面板边缘的接缝中嵌入硬物等。

（2）板边剥落、板角断裂修补

①板边修补。当水泥混凝土板边轻度剥落时，应将混凝土剥落的碎块清理干净，可用灌缝材料填充密实、修补平整；当水泥混凝土板边严重剥落时，在剥落混凝土外侧，平行于板边画线，用切缝机切割混凝土，切割深度略大于混凝土剥落深度，用风镐凿除损坏混凝土，用压缩空气清除混凝土碎屑立模，浇筑混凝土修补材料，用养护剂养生，达到设计强度后，即可开放交通；当水泥混凝土板边全深度破碎，可按全深度补块的方法进行修复。

②板角修补。板角断裂应按破裂面的大小确定切割范围并放样；用切割机切边缝，用风镐凿除破损部分，凿成规则的垂直面，对原有钢筋不应切断，如果钢筋难以全部保留，至少也要保留长20～30 cm的钢筋头，且应长短交错；检查原有的滑动传力杆，如果有缺陷应予更换，并在新老混凝土之间加设传力杆；如基层不良时，应用C15混凝土浇筑基层，并在面板1/2板厚中央用冲击钻打水平孔，深20 cm、直径30 cm、水平间距30～40 cm。每个洞应先将其周围湿润，先用快凝砂浆填塞捣实，然后插一根直径为2 cm的钢筋，待砂浆硬化后，浇筑快凝混凝土；与原有路面板的接缝如为缩缝，应涂上沥青，防止新旧混凝土黏结在一起；如为胀缝，应设置接缝板；浇筑的混凝土硬化后，用切割机切出宽3 mm、深4 cm接缝槽，并用压缩空气清缝，灌入填缝材料；待混凝土达到强度后，方可开放交通。

（三）沉陷、拱起处理

沉陷是水泥混凝土路面严重病害之一。它可导致面板的错台，严重破碎以致影响到行车安全。因此，必须设置排水措施，对严重沉陷应即时处置，其方法有板块灌砂顶升法、千斤顶顶升法和整块板翻修法等。

1.沉陷的主要原因

路基基层稳定性不够、强度不均匀，造成地基不均匀下沉。

排水设施不完善，地面水渗入基层导致基层强度减弱，唧泥、面板严重破碎造成面板沉陷。

2.沉陷处理

（1）板块灌砂顶升法

板在顶升前，应用水准仪测量下沉板的下沉量，测站与下沉处距离应大于50 m，并绘出纵断面，求出升起值。

在每块板上，钻出两行与纵轴平行的直径为3 cm的透孔，孔的距离约为1.7 m，当板需要从一侧升起时，只须在升起部分钻孔。

在升起前将所有孔用木塞堵好，一孔一孔地灌砂，充气管与板接头处，用麻絮密封，用排气量为6 ～ 10 m³/min的空气压缩机向孔中灌砂，直至砂冒出缝外时为止。

板升起后，接连往另一个孔中灌砂，直至下沉板全部顶升就位。

（2）整板翻修法

当水泥混凝土整板沉陷并产生破碎时，应进行整板翻修。

宜用液压镐将旧板凿除，尽可能保留原有拉杆，并清运混凝土碎块。

将基层损坏部分清除，并整平压实。对基层损坏部分，宜采用C15混凝土补强，其补强混凝土顶面高程应与旧路面基层顶面高程相同。宜在混凝土路面板接缝处的基层上涂刷一道宽20 cm的薄层沥青。

整块翻修的面板在路面排水不良地带，路面板边缘及路肩应设置路基纵横向排水系统。单一板块翻修时，应在路面板接缝处设置横向盲沟。路面有纵坡时，宜设置纵向盲沟，在纵坡度底部设置横向盲沟。

板块修复，混凝土施工时，配合比及所有材料宜采用快速修补材料。按配合比采用混凝土搅拌机拌和混凝土材料。将拌和好的混合料用翻斗车运送到施工现场，进行人工摊铺。宜采用插入式振捣器振捣边角混凝土，并用振动梁刮平泥浆，人工抹平，要求与原混凝土板面高低一致。按原路面纹理对混凝土表面进行处理。宜采用养护剂进行养护。相邻板边的接缝，用切缝机切至1/4板块深度。清除缝内杂物，灌入接缝材料。待混凝土达到通车强度后，开放交通。

3.拱起处理

水泥混凝土路面拱起主要是因胀缝失效，混凝土板块热胀而突然使横缝两侧的板体明显提高，其处理措施应根据具体情况，采取不同的方法。

（1）路面拱起的主要原因

非高温季节施工时，胀缝设置间距过长或失效；接缝内嵌入硬物；夏季连续高温，使板体热胀。

（2）拱起处理方法

对轻微拱起处理：用切缝机或其他机具将拱起板间横缝中的硬物切碎；用压缩空气将缝中石屑等杂物和灰尘吹净，使板块恢复原位，并灌入填缝料。

对严重拱起处理：板端拱起但路面完好时，应根据拱起高低程度，计算多余板的长度，将拱起板块两侧附近1～2条横缝切宽，待应力充分释放后切除拱起端，逐渐使板块恢复原位；将横缝和其他接缝内的杂物、灰尘用空气压缩机清除干净，并灌入填缝料。

拱起板端发生断裂或破损时，按整块路面板翻修进行。

胀缝间因传力杆部分或全部在施口时设置不当，使板受热时不能自由伸长而发生拱起，应重新设置胀缝，按胀缝施工进行。

（四）表面功能恢复

水泥混凝土路面通车3～5年，路面表面会出现磨光和露骨现象，尤其是耐磨性较差的粗集料、强度不高的水泥和混凝土强度偏低的情况下，路面表面磨损较为突出，影响路面的使用功能。为此通常采用铺薄层水泥砂浆、沥青磨耗层和刻槽的方法来改善和恢复水泥混凝土路面表面功能。

1.薄层水泥混凝土罩面

对局部板块出现的露骨，可采用薄层水泥混凝土罩面。

用风镐凿除水泥混凝土面板表面，凿除深度为1～5 cm；清除水泥混凝土碎屑和松散块，用高压水冲洗水泥混凝土板块毛面，用压缩空气清除水泥混凝土板块表面水分；在现浇混凝土板边立模；在水泥混凝土毛面上按1 kg/m² 涂上一层界面黏结剂。界面黏结剂有较好的黏结性能，黏结强度高达4.75 MPa。界面黏结剂分A、B两组分，施工时现配现用，比例为A组分：B组分=10：1.5配制快速修补混凝土。

2.刻槽

对弯道、陡坡等磨光的路段，可采用刻槽的方法进行处置。

采用自行式刻槽机进行刻槽。使用圆盘形的金刚石刀片、碳化钙冲头等，在路面上切成窄槽。这种方法可以防止雨天路面打滑现象。

防滑槽的方向主要有两种：一种是常采用的纵向刻槽，可以防止横向滑动与横向风力所造成的事故；另一种是横向刻槽，对缩短制动距离效果较好，适用于陡坡路段、交叉路口附近等。在路线纵向或横向，指定的方向上安置导向轨道，将导向轮扣在导向轨道上。

防滑槽可根据刀片的宽度来选定适宜的形状。一般常用的刻槽深度为3～6mm，槽宽为3～6mm，缝距为19～50mm。刻槽时应由高向低逐步推进。

3.沥青磨耗层

对水泥混凝土路面较大范围的磨光或露骨可铺设沥青磨耗层。

对水泥混凝土板块进行修整和处理。在沥青磨耗层铺筑前，水泥混凝土路面应做到干燥、清洁，不得有尘土、杂物或油污；在水泥混凝土路面表面喷洒0.4～0.6kg/m²（沥青含量）的黏层沥青，可采用热沥青、乳化沥青，尽可能采用快裂型乳化沥青；采用沥青洒布车喷洒黏层沥青。在路缘石、雨水进水口、检查井等局部位置与沥青面层接触处用刷子人工涂刷；喷洒黏层沥青应均匀洒布或涂刷，喷洒过量处应予刮除；当气温低于10℃或路面潮湿时，不得喷洒黏层沥青；喷洒黏层沥青后，除沥青混合料运输车辆外，严禁其他车辆、行人通过；乳化沥青破乳、水分蒸发完后铺筑沥青层；沥青磨耗层采用砂粒式沥青混凝土，厚度一般为1.0～1.5cm。

4.稀浆封层

对大面积露骨或磨光的路段可采用稀浆封层进行处置。稀浆封层的施工温度不得低于10℃。水泥混凝土路面表面要清洁、干燥。稀浆封层机施工时应匀速前进，稀浆封层厚度应均匀、表面平整，稀浆封层机摊铺时应保持槽内有近半槽稀浆，摊铺过程中出现局部稀浆过厚现象时，要用橡皮板刮平。稀浆过少应用铁铲取浆补齐。流出的乳液要用刮板刮平，摊铺起终点接头处须平直整齐。稀浆封层铺筑后应封闭交通。待乳化沥青破乳、水分蒸发、干燥、路面成形后方可开放交通。开放交通初期应有专人指挥，控制车速不得超过20km/h，并不得制动掉头。

5.改性乳化沥青稀浆封层（微表处）

普通的稀浆封层厚度一般为3～6 mm。改性稀浆封层（微表处）的厚度可达9.5～11 mm，改性沥青稀浆封层的施工程序与普通稀浆封层基本相同，但必须使用具有储料、选料、拌和、摊铺计量控制等功能的稀浆封层机。将各种原材料的储存、运输、计量、拌和、摊铺、整平及其控制系统集中于一台载重车底盘上，按比例要求，用很短时间制成混合料，并摊铺在路面上。

改性稀浆封层必须采用慢裂快凝的改性乳化沥青，在标准气温25℃时，拌和时间不小于120 s；当气温为30℃时，拌和时间应不少于180 s。拌和后的混合料、沥青能均匀地裹覆在集料表面上，没有花白现象。拌完的混合料在手中用力攥紧，能攥出水并黏成黑球，落地后不散。

施工前对原水泥路面进行修补，如水泥砂浆板下封堵，改性乳化沥青灌缝，清洗原路面等工作。在原水泥混凝土路面上按0.15～0.3 kg/m^{2}的用量喷洒黏层沥青。

改性稀浆封层现场开始施工阶段，由于现场的气候与集料的情况变化多端，室内外条件瞬息多变，混合料的破乳与凝固速度不断变化，因而在室内选下的配合比数据，必须结合现场情况，做进一步调整，然后确定现场最适合的配比，但是这个配比也随着气候在改变，操作人员必须熟练地掌握变化规律。

施工工艺流程：封闭施工路段→清洗原路面→喷洒黏层沥青→施工放样→各种原料、机械设备、训练有素的工人的准备→摊铺施工→早期养护或轮胎碾压→开放车辆通行。

刚铺完的稀浆封层，采取各种措施封闭交通，保证早期养护、禁止行车碾压。待混合料达到初凝时间或摊铺0.5 h后，可用10 t轮胎压路机碾压（不能用钢轮压路机），因为碾压后可把封层中析出的水挤出，提高封层的密实度与强度，加快开放行车时间，提高封层抗制动能力，消除纵缝与横缝的不平。混合料摊铺1 h后，可开放交通。

二、水泥路面改建技术

（一）水泥路面改建

旧水泥路面改建方案有：一是利用板的承载能力作为改建路面结构的底基

层，但不作为主要承重结构层，如组合式加铺改建、复合式加铺改建；二是不再利用板块的承载能力，而将板块打裂或破碎、稳固作为底基层或垫层，再加铺路面结构层，即破碎稳固加铺改建；三是挖走清除原有水泥混凝土路面板，重新铺筑基层和路面结构，彻底消除混凝土板块的影响。组合式加铺改建指在旧水泥路面上加铺半刚性基层后再加铺沥青面层或水泥混凝土面层，旧混凝土板利用做底基层，不起主要承重作用；复合式加铺层指在旧混凝土路面上加铺连续配筋混凝土或贫混凝土结构层再加铺沥青面层，旧混凝土板利用做底基层；破碎稳固加铺改建指在旧混凝土板破碎稳固后再加铺半刚性基层后再加铺沥青面层或水泥混凝土面层。

水泥路面改建方案应根据原有水泥路面的结构与材料情况、损坏状况、排水状况、接缝类型和布置、气候条件、交通状况、功能要求等条件来选择，水泥路面改建方案应经过专业、正规的设计，经技术经济比较后确定。

旧水泥混凝土路面板的处理分三种方案：一是换板压浆后作为路面结构层；二是打裂稳固后作为路面结构层；三是挖走废除，不再利用。而旧水泥路面板的利用方式有两种：一是换板压浆与修复，作为具有一定承载能力的结构层利用；二是打裂或碎石化后作为底基层或垫层使用。旧混凝土板废除则是对损坏严重的路段，将旧混凝土板全部挖除废弃，重新铺筑路面结构；但旧混凝土板块可破碎再生利用或做其他用途，如破碎后成为再生集料用于混凝土和基层材料，做"石块"用于砌体工程，而不宜废弃堆放占用土地资源。

将原水泥路面打碎作为底基层，实质是将带有伸缩缝的刚性路面板改造为无伸缩缝的块状路面。由于水泥路面混凝土板的整体强度偏高，抗折强度为5.0 MPa左右，抗压强度通常是抗折强度的8～10倍，可达到40～50 MPa，所以施工中要采用专门型号的重型设备才能将旧的水泥混凝土板块破碎到所需的尺寸。目前主要的破碎工艺有振裂压稳、碎裂压稳和碎石化。振裂压稳和碎裂压稳都是通过特殊设备将水泥混凝土板块纵向破碎成较短长度，然后用较大的胶轮压路机碾压三次以上，使其牢固嵌挤在基层顶面上，然后再进行加铺。振裂压稳和碎裂压稳的主要区别是振裂压稳破碎后的裂缝不明显，这与破碎时机械的冲击作用不同有关。与碎石化工艺相比，振裂压稳和碎裂压稳技术对水泥混凝土路面的结构性破碎得不够彻底。

碎石化工艺是水泥混凝土路面破碎工艺中较为常用，对消除加铺层反射裂缝也更有效的一种施工工艺。碎石化有两种设备可供使用：一种是通过重锤下落进行破碎，主要设备为多锤头破碎机；另一种是通过振动来破碎，主要设备有共振型破碎设备。

（二）旧混凝土板利用改建

1.组合式加铺改建

旧水泥混凝土板利用组合式加铺改建是对旧混凝土板进行换板、压浆与修复，作为具有一定承载能力的结构层使用；在修复的旧板上加铺半刚性基层，提高路面结构的承载能力，再加铺水泥混凝土路面或沥青路面。

（1）旧混凝土路面处理

旧混凝土板利用改建要求旧混凝土面板稳定，在加铺半刚性基层之前，首先必须对旧混凝土板病害进行调查和损坏部分维修。根据水泥混凝土路面调查结果，确定水泥混凝土路面的处理方案。

对破碎的混凝土板块进行翻修，一种是换板，另一种是挖除破碎板回填贫混凝土或水泥稳定碎石半刚性材料。最好是换板，可保持结构强度的均匀性。

对局部损坏的混凝土板块进行挖补。

对板下脱空的板块，采取板下封堵的方法进行压浆。

（2）半刚性基层铺筑

在处理好的旧混凝土面板上铺筑半刚性基层，一般宜采用水泥稳定碎石基层或二灰稳定碎石基层，基层厚度根据旧混凝土面板的承载能力、交通量、高程控制要求等条件通过设计确定。

（3）沥青面层和水泥混凝土面层施工

沥青面层和水泥混凝土面层的厚度按设计要求，施工按规范进行。

2.复合式加铺改建

旧水泥混凝土板利用复合式加铺改建是对旧混凝土板进行换板、压浆与修复，作为具有一定承载能力的结构层利用；在修复的旧板上加铺连续配筋混凝土或贫混凝土，提高路面结构的承载能力，再加铺沥青路面，形成复合式加铺结构。复合式加铺结构目前一般采用CRC+AC结构。

（1）复合式路面

复合式路面是指面层由两层不同材料类型和力学性质的结构层复合而成的

路面，复合式沥青路面一般采用高强度的刚性基层与柔性的沥青混凝土（AC）面层进行复合，刚性基础主要起承重作用，表面沥青面层起功能作用；常用的刚性基层有普通水泥混凝土（PCC）、连续配筋混凝土（CRC）、碾压混凝土（RCC）、贫混凝土（LCC）、横缝设传力杆的普通混凝土（JPC）、钢纤维混凝土（SFRC）等。旧水泥混凝土路面改造工程常用的复合式加铺结构为CRC+AC结构。

近年来，我国新建与改扩建工程中修筑了较多的复合式沥青路面，首先，是早期修筑了少量的碾压混凝土复合式沥青路面，由于当时的技术水平和结构特点（沥青面层较薄），出现了较多反射裂缝和损坏；其次，是原旧水泥混凝土路面改造工程中采用加铺沥青面层的方式，在高速公路和国道主干线工程中应用较多；最后，是为改善连续配筋混凝土路面的表面性能，采用CRC+AC复合式路面。近年来，在重载交通路段开始修筑接缝设传力杆的混凝土复合式路面、贫混凝土复合式路面，隧道中修筑钢纤维混凝土复合式路面等刚柔复合式路面结构，应用越来越广泛。复合式路面的优点也越来越明显，既充分利用了我国的水泥资源、减少了沥青用量和进口，同时又明显提高了道路的承载能力、延长了使用寿命。

CRC+AC复合式路面结合刚性路面和柔性路面的特点，柔中有刚，刚柔相济，使用中所表现的主要特点是：①充分发挥不同路面材料的作用、扬长避短，刚性部分作为路面的主要承载结构，为面层提供了可靠的支持，使弯沉、车辙减小，并能相应减少柔性面层所需厚度；②水泥混凝土材料能充分利用当地材料与资源，如水泥、粉煤灰、碎石、钢筋等，促进当地经济发展并减少对我国相对较缺乏的石油资源的依赖，降低造价；③沥青层能改善和提高混凝土路面表面使用品质，降低噪声，满足汽车高速行驶性能要求，并且方便养护维修。④沥青层能降低混凝土板的荷载应力与温度应力（温度梯度），对车辆冲击荷载起到缓冲作用，并加强了结构的防水作用，减少了雨水对混凝土板的影响；⑤混凝土板的施工技术与质量标准可适当降低，如抗滑、耐磨及平整度等指标，可通过沥青面层来保证；⑥连续配筋水泥混凝土路面在纵向配置连续钢筋，中间不设横向接缝，不仅提高了路面板的整体性，具有较高的承重能力，还克服了普通水泥混凝土路面容易出现的板角断裂、唧泥等病害，具有较好的耐久性。

（2）复合式路面结构

①CRC+AC复合式路面结构组成。CRC+AC复合式路面结构一般由沥青面层、层间界面黏结防水层、CRC板（隔离层）、基层、底基层或垫层和路基组成，并包括路肩、路面排水、CRC+AC的端部与接缝、CRC配筋等。

旧路改建加铺CRC+AC复合式路面，一般不需要再设置基层与垫层。旧水泥混凝土路面加铺时，先应对旧混凝土路面板进行处理，如破碎板更换、脱空板灌浆等；为消除旧板对加铺层的影响，应设置隔离层，如铺设厚度为2 cm～3 cm的细料式沥青混合料，再加铺CRC与AC结构层。

②CRC板的平面尺寸与接缝要求。连续配筋混凝土CRC板一般采用矩形板。纵向接缝包括纵向收缩缝和纵向施工缝。纵向接缝的间距按路面宽度在3.0～4.5 m范围内确定，一般不宜超过4.5 m。纵缝间距通常按车道宽度确定。带有左右侧路缘带的高速公路和一级公路，板宽可按车道和路缘带的宽度确定。一般四车道高速公路，其左侧路缘带一般为0.75 m，右侧路缘带一般为0.5 m，在板块划分时，左侧板宽为4.5 m，右侧板宽为4.25 m。

CRC板没有横向接缝，只有横向收缩的随机裂缝，但与其他类型路面或构造物相接时，应设端部处理机构。横向设施工缝时设置剪应力钢筋。

③连续配筋混凝土CRC板的厚度要求。现行规范对CRC+AC结构按普通混凝土板厚进行设计，以板底弯拉应力为控制指标，并考虑沥青面层对荷载应力与温度应力的影响，再确定CRC板的厚度。连续配筋混凝土面板的厚度不宜少于180 mm。

④沥青面层的厚度要求。复合式路面沥青面层的厚度，以连续配筋混凝土和横缝设传力杆的普通混凝土为基础的复合式路面中沥青面层的厚度一般为2.5～8 cm；刚性基层沥青路面，高速公路的沥青面层最小厚度不宜小于10 cm。

根据CRC+AC复合式路面结构层间剪应力的分析结果，沥青面层厚度在0 cm～5 cm时，剪应力很大；在6～12 cm时，剪应力下降较快；在12 cm以上时，剪应力降幅减小，因此建议沥青层厚度为8 cm～10 cm，应不小于6 cm，不宜超过12 cm。从沥青层的保温隔热效应来看，沥青层存在一个临界厚度。

⑤路肩和路面排水。连续配筋混凝土复合式路面的路肩、路面排水应满足规范要求。硬路肩水泥混凝土面层通常采用与行车道面层等厚的结构，其基层也宜与行车道基层相同，以提高承载能力和方便施工。硬路肩水泥混凝土路面可不配

置纵向钢筋，只须采用纵缝拉筋与行车道CRC板相连，纵缝拉筋一般为行车道CRC板的横向钢筋外延。滑模施工时，边板纵向拉杆须另外安装。

⑥结构设计。选择和确定CRC+AC复合式沥青路面结构方案。根据道路等级、性质与重要性、交通量情况、气候情况、当地材料与施工技术情况等，综合选择CRC+AC结构方案，一般宜在主干线，重载交通、大交通量条件下选用。交通量、自然环境参数确定及材料选择。根据相关的设计依据和设计资料，进行交通量、轴载分析和轴载换算，计算设计车道标准轴载日作用次数，由此确定设计年限和轮迹荷载分布系数，并计算设计基准期内标准轴载的累计作用次数；确定安全与交通等级。根据道路所处的自然区划，调查当地的气候与温度状况，确定路面结构内的温度梯度；调查当地降雨情况、路基潮湿状况，为路面结构防排水设计提供依据。调查当地材料情况，了解当地筑路材料供应与分布，主要了解水泥、钢材、沥青等材料的质量与供应情况。进行CRC+AC复合式沥青路面结构组合设计，初拟路面结构各层次的类型和厚度，确定路面材料设计参数。进行沥青面层的厚度设计。进行CRC板的厚度设计、CRC板的配筋设计。进行CRC板的平面尺寸设计、CRC+AC结构端部设计与接缝设计。最终确定CRC+AC复合式沥青路面结构。

（3）CRC+AC复合式路面的端部处理

①CRCP端部结构。连续配筋混凝土路面CRCP存在热胀冷缩变形，当连续配筋混凝土面层与其他类型路面或构造物相连接时，应设置端部处理结构，以约束、消除或调节CRGP纵向位移，以免对其他结构产生破坏，其结构一般有两种方式：一是固定设置端部锚固结构，约束连续配筋混凝土路面端部的膨胀与收缩位移；二是放开设置端部滑动结构，预留足够的空间满足端部膨胀和收缩时的位移量。

a.端部锚固结构。设置端部锚固结构，约束连续配筋混凝土板端部的膨胀与收缩位移。其主要的形式有凸形钢筋混凝土地锚梁、钢筋混凝土灌注桩锚固等。采用此方法约束纵向位移的措施不是很成功，容易造成CRCP与其他路面或构造物的损坏。

b.端部滑动结构。设置端部滑动结构，预留足够的空间满足端部膨胀和收缩时的位移量。其主要的形式有宽翼缘工字钢梁接缝、连续设置胀缝、桥梁伸缩缝等。宽翼缘工字钢梁是一种较好的、经济的方法，且施工方便。连续设置几道胀

缝是利用胀缝的工作性能，调节连续配筋混凝土路面的胀缩纵向位移。该方法往往会因胀缝处理不好，造成许多接缝损坏，如接缝处剥落严重，影响行车，使用效果不理想。桥梁伸缩缝采用桥梁结构的伸缩变形机制来调节连续配筋混凝土路面的纵向位移。桥梁伸缩缝是比较成熟的技术，设备和材料都有定型的产品，施工技术成熟，使用寿命长，使用效果好。

②CRC+AC端部处理方式。凸形钢筋混凝土地锚梁端部锚固结构；宽翼缘工字钢梁端部滑动结构；桥梁伸缩缝端部滑动结构。

根据端部位移分析结果，一般变形量为2～3 cm，选用桥梁伸缩缝中的毛勒缝形式，其适用性较强，可根据变形量选用不同的型号，施工技术也相当成熟，使用质量好，使用寿命较长。

CRC+AC与桥梁、明涵相接时，可取消桥头搭板，将CRC板直接延伸至桥台，与桥梁伸缩缝合并，统一采用桥梁伸缩缝相接，不单独设置CRC+AC的端部处理。根据梁跨结构的变形量与CRC的变形量，选用毛勒缝的型号（变形范围）。

根据CRC板的厚度、AC层的厚度及桥面铺装、桥面高程进行综合桥台设计。桥头部位往往不均匀沉降较大，取消搭板后，为减少桥头的变形，一方面，加强桥头路基的密实，选择良好的填料、加强压实；另一方面，将路面结构中的基层改为贫混凝土材料，提高地基的强度。使用过程中如发现板下脱空现象，可进行注浆处理。

CRC+AC路面须进行端部处理的主要是桥梁与明涵（一般是盖板涵，少数是箱涵），采用取消搭板的方式，将CRC板直接与桥台对接，将CRC+AC的端部与桥梁伸缩缝合并处理，既减少了搭板的工程量，又减少端部处理的工程量，且路表面接缝减少，使用性能提高。为减少桥台不均匀沉降，可将路面基层结构改为贫混凝土，对路面结构进行加强。

CRC+AC与其他路面结构相接，只是在结构两端，也就两个接缝处，采用桥梁毛勒缝的形式，既保证了端部接缝的质量，又保证了接缝的平顺，进而提高了路面的使用性能。

（三）旧混凝土板破碎改建

当旧混凝土面层损坏状况等级为差时，宜将混凝土板破碎成小于40 cm的小块或碎石化，用作新建路面的底基层或垫层，并应按新建水泥混凝土路面或沥青路面类型进行设计。旧混凝土板破碎改建方案有两种：一是打裂；二是破碎或碎石化。

1.旧混凝土板打裂改建

旧混凝土板打裂改建是将旧混凝土板致裂、稳固后，再加铺沥青面层结构。水泥混凝土路面打裂压稳技术是利用门板式破碎机或冲击压路机将旧水泥混凝土路面板打裂，经压实稳固后在上面摊铺沥青混凝土面层。该技术可以延缓水泥路面反射裂缝的出现，并能充分利用原路面的强度，根据交通量和公路等级的不同，铺筑不同厚度的沥青混凝土面层。该技术具有破碎颗粒大、生产效率高、施工速度快、节约路面改造费用及环境保护的特点。

（1）旧混凝土板致裂方式

旧混凝土路面打裂有两种方式：一是门板式打裂；二是冲击压裂。

门板式打裂是采用门板式破碎机将旧混凝土路面板每隔40～60 cm横向打裂；冲击压裂是采用多边形冲击压路机，通过调节冲击压路机的行走速度和冲击压实遍数，冲击破碎旧混凝土板。

（2）旧混凝土板致裂施工要求

①施工前，应对施工路段的桥涵、给排水管道、暗沟、通信电缆等查清并标实。施工前清除原有的填缝料、沥青修补罩面材料等。在施工路段应设置隔离和安全警示标志。冲压路段一般要避开桥涵两端5～10 m，并选在高填方路段。同时，注意避开公路两侧的居民房屋和厂房、上跨桥等建筑物。②破裂要求。破裂效果应使75%以上的路面不规则开裂，相邻裂缝围成的面积为0.4～0.6 m²。冲击强度由锤头高度和锤头间距确定，锤头间距一般不大于60 cm。为避免过度破坏，破裂时不应使路面板产生过大位移，并不应使混凝土板由于破裂产生大量的碎屑。③破裂尺寸的检查。由于裂缝极为细小，破裂前须在前方路面一定范围内均匀洒水到可以看见自由水的程度，然后破裂施工。应可以看到开裂痕迹并伴有气泡。在路面的水自由消失后，应可看见清晰的裂缝痕迹，并由此鉴别开裂的程度是否满足要求。④稳压施工。在确定破裂程序满足要求后，应确定稳压程序。一般采用重型胶轮压路机，稳压遍数为3～5遍，控制标准为：在按确定程序施工的路段，每25 m取一点，在破裂完成后对这些点进行水准测量，并在每压稳一遍时测量每点的沉降量变化，如果每次压稳后最大沉降变化量小于5 mm，则

认为压稳施工达到要求。

（3）旧混凝土板致裂后处理措施

①清扫。在旧混凝土路面板破裂后，应清除破碎的混凝土尘土和杂物。

②挖补。如果原有混凝土路面局部在施工中发现已不稳定或暴露出软弱或损坏的基层，应清除不稳定路面板和软弱基层，并全深度用适宜材料填充压实。

③钢筋混凝土路面的破裂和压实。钢筋混凝土路面的破裂和压实采用相同的设备和程序。但路面的破裂程度应达到使80%的破碎板的尺寸小于50 cm，且最大不超过60 cm。

④清缝和封缝。在洒布黏层油前，应清除接缝中的松散料；如果接缝宽度较大应采用许可的封缝料进行封缝。

⑤洒布黏层油。在沥青面层施工前，在打裂的旧混凝土路面板表面洒布沥青黏油层，数量为0.2 ～ 0.5 L/m^2。如有必要，可以改变材料类型和洒布量，以保证混凝土路面和沥青面层的结合，同时以起到临时防水的作用。

⑥排水边沟设置。在以下情况下必须设置排水边沟：竖曲线底部、原路面翻浆处、平曲线超高低侧和所有存在排水问题的地段。

2.旧混凝土板碎石化改建

旧混凝土板碎石化改建是将旧混凝土板破碎、稳定后，加铺沥青面层或半刚性基层与沥青面层结构。碎石化是指在旧水泥混凝土路面大面积破坏已丧失了整体承载能力，并且通过局部挖除、压浆等处置方式已不能恢复其使用功能，或已不能达到结构强度要求的情况下，为了解决通常情况下的加铺方式存在反射裂缝等问题，而对旧水泥混凝土板块采用的一种最终处理方法。该方法一般是利用特殊的施工机械（如多锤头水泥路面破碎机），在对局部破坏严重的基层进行处置后，将旧水泥混凝土板块破碎成较小的粒径（底部不超过37.5 cm，中间不超过22.5 cm，表面不超过7.5 cm），碾压后作为新路面结构基层或底基层，然后再加铺新的路面结构。

（1）旧混凝土板碎石化方式

旧混凝土路面碎石化有三种方式：一是多锤头碎石化；二是共振破碎；三是小型机械（镐凿式）破碎。

旧水泥路面碎石化技术，是指在旧水泥混凝土路面大面积破坏已丧失了整体承载能力，并且通过局部挖除、压浆等处置方式已不能恢复其使用功能，或已不能达到结构强度要求的情况下，为了解决通常情况下的加铺方式存在反射裂缝等问题，并产生一个用于HMA罩面的均匀基层，而对旧水泥混凝土板块采用的一种最终处理方法。该方法一般是利用特殊的施工机械，在对局部破坏严重的基层进行处置后，将旧水泥混凝土板块破碎成较小的粒径，碾压后作为新路面结构基层或底基层，然后再加铺新的路面结构。碎石化起初是为了方便清除水泥混凝土路面和分离路面中的钢筋而进行的。

（2）旧混凝土板碎石化施工要求

①在碎石化前，应清除水泥混凝土路面上的沥青修复材料，因为这些材料的存在会影响到破碎的效果。②破碎前，结合设计图纸及业主单位提供的有关隐藏构造物，如暗涵、底下管线等情况进行调查，以确定破碎是否会对这些构造物造成损坏。通常，构造物埋深在1 m以下的不会由于破碎带来损坏，不满足以上条件的可以降低锤头高度对水泥路面进行破碎，或采用监理工程师认为可行的其他方案。③选择路段进行碎石化破碎。破碎后进行试坑检查，以确定破碎机施工工艺参数。④碎石化要把75%的混凝土路面破碎成表面最大尺寸不超过7.5 cm、中间不超过22.5 cm、底部不超过37.5 cm的粒径。⑤破碎一个车道的过程中，实际破碎宽度应超过一个车道，与相邻车道搭接一部分，宽度至少是15 cm。与桥梁连接段应标明破碎的位置，根据实际情况，可以破碎到桥头搭板的后端，或根据路面设计线的高程破碎到监理指定位置。未破碎的路面应铣刨到可以摊铺同样厚度沥青罩面的程度。⑥不应修整破碎后混凝土路面或试图平整路面以提高线形，这样将破坏混凝土路面碎石化以后的效果。在压实前发现的5 cm的凹地应用密级配碎石料回填并压实到符合要求。破碎时最好是从混凝土路面的高处向低处破碎，以免摊铺沥青混凝土后影响排水。⑦碎石化后的路面在没有摊铺完沥青混凝土面层之前不允许开放交通，所以对交通管制的要求比较严格，建议在条件允许时一次性全封闭施工路段；若条件不允许，应至少实行半封闭施工。任何与施工期间维持交通无关的路面加宽或路肩修复，也应在施工之前修复到混凝土路面的高程。

（3）旧混凝土板碎石化后处理措施

①在铺筑沥青面层前，所有松散的填缝料、胀缝材料或其他类似物应进行清除。②用专用压路机（Z形轮压路机）振动压实2～3遍后，再用振动压路机振动压实2～3遍。③施工车辆的通行次数和载重量应降低到最低程度。除了必须

开放的横穿交通外，破碎后的混凝土路面的任何路段均不得开放交通（包括不必要的施工运输）。如果破碎后的混凝土路面表面已被运料车辆部分或全部破坏，应进行再次压实。④为使表面较松散的粒料有一定的结合力，一般在破碎压实后的表面洒布乳化沥青透层油，按 2.5 ~ 3.5 kg/m^2 用量洒布 50% 慢裂型乳化沥青，也可在松散表面均匀撒少量石屑，对表面松散颗粒进行嵌缝，并开放少量交通进行碾压，使表面形成整体。

第二节　桥梁的日常养护

一、桥梁养护管理的基本内容

每座桥梁在运行过程中，其结构的功能和使用性能都会因行车荷载和环境等因素的不断作用而逐渐被减弱；如果遭遇突发事故和自然灾害，则还会发生破坏甚至毁坏。因此在运行期内需要对桥梁进行养护管理，使每座桥梁保持一定的服务水平，经常处于完好的技术状态，以延长其使用年限。桥梁养护管理工作一般可分为以下六个方面：

（一）技术状况检查

为了保证城市道路畅通无阻，必须加强对桥梁的检查，以便及时、系统地掌握桥梁的技术状况，及时发现结构物存在的缺陷和环境变化，以及可能导致桥梁损坏的因素，有针对性地对桥梁实施养护或维修和加固。

（二）建立技术档案

桥梁技术档案管理应依托信息化管理系统，根据桥梁检查结果，做好桥梁技术状况的评定，并建立技术档案。特别是要做好重要桥梁和危旧桥梁技术档案的管理工作。同时还应按照"一桥一档"的要求建立纸质桥梁技术档案，尽量做到内容完整、更新及时、方便实用。桥梁技术档案信息化管理应包括规划设计、项目建设、结构检测与监测、养护与维修四个方面。

（三）保护结构物措施

桥梁结构物如遭受缺损等，应立即进行维护、更换和修复；特殊时期，如在流冰和洪水期间应采取防护措施；重要大桥应考虑设有消防设施；特大桥梁还应设立专门的桥梁养护机构。

（四）日常养护与小修工程

日常养护与小修是为保证桥梁及其附属设施的使用功能正常而安排的经常性养护和修补其轻微损坏部分的作业，使之经常保持完好。对一些特大型、特殊桥梁，这样的养护作业尽管每天都在轮回进行，但仍存在不可预见的因素，即在每日的养护作业中还会常常发现新的问题和缺陷，如果不及时处理这些问题和缺陷，将对行车安全造成威胁。

（五）中修、大修工程

中修工程是在保证交通的情况下进行的规模性养护施工，是对桥梁各部分，包括设计规定的引桥、引道，以及各种设施的一般性自然磨损和局部损坏进行修复的作业。中修工程可以使桥梁保持符合载重等级的要求，保证车辆安全通行。此类修复工程可根据资金状况进行预测与安排，一般情况宜定期按计划进行。

大修工程是对桥梁各部分，包括设计规定的引桥、引道，以及各种设施的较大损坏进行周期性的综合修复的作业，以全面恢复到原设计标准水平，或在原技术等级范围内进行局部改善和个别增建，并逐步提高其通行能力。此类修复工程应每隔数年（如10～15年）进行，一般按年度计划进行。

（六）遭遇灾害及恶劣天气的应急抢险

城市桥梁在运行中，会遭遇灾害天气的侵害，例如台风、暴雨、冰雪天气等，尽管这种情况发生的机会较少，但造成的危害很大，城市交通可能会陷入瘫痪。因此，对上述危害应做好充分的物资准备及备选方案，制订切实可行的抢修预案，建立快速反应机制，有条不紊地应对。此项工作也是城市桥梁养护管理不可缺少的重要内容之一。

二、桥梁日常养护

桥梁病害是指受外界荷载的影响，使原来桥梁结构整体的承载能力有所下降的病害。这里的外界荷载可以是桥梁所承受的车辆荷载，也可以是自然灾害给桥梁带来的影响（如风荷载、地震和船舶的冲撞等）。这种病害最大的特点就是它的存在会使整个结构的承载能力受到很大的影响。

按照"预防为主，防治结合"的原则，以桥面养护为中心，以承重结构和部件为重点，是桥梁养护维修的重要技术政策。城市桥梁养护应坚持日常保养，及时修复损坏构件，保持桥梁状态良好、结构安全外观整洁，各类标志齐全、清晰，桥面铺装坚实平整，桥头连接平顺，附属设施完备，夜间照明符合相关规范要求。

（一）桥面系及支座的日常养护

桥面系一般由桥面铺装层伸缩装置如防排水设施、栏杆及防撞墙等组成。桥面系各部分的使用性能，直接影响桥梁的服务质量（包括车辆行驶的安全性、舒适性等）。根据多年的使用经验，桥面系是桥梁结构使用中养护维修最频繁的部位，也是桥梁结构早期病害和损伤的多发部位。为保障车辆通行安全，延长桥梁结构使用寿命，必须进行及时和正确的养护，对出现病害的部位也必须及时维修或加固。

1.桥面铺装层

桥面铺装层的主要功能是保护属于主梁整体部分的行车道板，使其不受交通荷载冲击产生的磨耗和剪切作用，并防止桥面板因雨水等自然条件的作用而产生侵蚀，同时对车辆轮重的集中荷载起到一定的分配作用。由于桥面铺装层承受着繁重的交通轮载，受桥梁结构的影响，其受力性能比较复杂。因此，对其养护质量提出了较高要求。桥面铺装一般选取能够与主梁有效结合的材料，并对车辆轮重的集中荷载起到一定的分配作用，且具有防止渗透、抗滑、抵抗振动变形、抵抗温度作用等功能，同时也应选取便于施工及养护的铺装种类。

现有桥面铺装层按材料的组成，一般分为热拌沥青混凝土铺装层、冷拌沥青混凝土铺装层、改性沥青混凝土铺装层、水泥混凝土铺装层。以下仅介绍常用的热拌沥青混凝土铺装层和水泥混凝土铺装层。

沥青混凝土铺装层。沥青混凝土铺装层必须进行经常性和预防性养护，当铺装层出现泛油、拥包裂纹、波浪、坑槽及车辙等病害，应及时进行保养小修；出现一般性麻磨损和局部损坏，宜进行中修；出现较大损坏，宜进行大修。修补采用的热拌沥青混凝土应拌和均匀，外观色泽一致，无明显油团、花白或烧焦。铺装时大气温度宜在10℃以上，如果是低温铺装，应有保证质量的相应技术措施，雨天时不得铺装。在铺装层损坏面积较小的情况下，可采取局部修补方法；损坏面积较大时，可将整块铺装层凿除，重做铺装层；桥面防水层如有损坏也应及时修复；因构件连续处沉陷不均引起桥面凸凹不平时，可采用在桥下以液压千斤顶顶升，调整构件连续处高程，使其顶面具有相同高度的方法维修。

其主要施工方法有局部修补、表面封层及铺装层翻修三种。

第一种，局部修补方法。所谓局部修补主要是修复裂缝、坑槽等面积比较小的损伤部位，以沥青混凝土或只以沥青填补。填补用的沥青混凝土应与原铺装材料类型相同。

此类坑洞修补前应切除损伤周围的不良部分，通常做法是按圆洞方补、浅洞深补的要求进行整形、清理。如果清理之后的切除部位比较潮湿，须采用燃烧器等加热设备加热，使其干燥后，方可均匀地喷涂沥青黏结层；此后可倒入沥青混凝土并进行摊铺、压实。当新修补的桥面温度达到手能触摸的程度，即可开放交通。整个修复过程要把握三个关键事项，即：桥面损伤的范围应沿四角形切齐，并要求垂直于路面切除，在切除或离散物清理时不得伤及桥面板；不仅在桥面板顶面上，而且在坑槽侧壁、在各个角隅都要均匀地喷涂沥青黏结层；沥青混凝土压实后的表面应与周围的铺装表面平顺地连接，接茬高度一般应小于5 mm。

第二种，表面封层方法。沥青混凝土铺装层出现裂缝，或因水和空气等介质的侵蚀而产生沥青剥离现象，失去黏结力，缩短铺装层的使用年限，如果是钢板桥则会生锈。采取表面封层可以密封表面的微小裂缝，防止水从表面渗入路面结构层，能延缓表层沥青材料的老化，重新建立路面抗滑阻力，防止集料从表面脱落、崩散。

这类表面封层养护方法是采取一层用连续方式敷设在整个路表面的养护层，封层材料可以是单独的沥青或其他封层剂，也可以是沥青与集料组成的混合料，目前常用的表面封层技术有雾状封层、还原剂封层、石屑封层、稀浆封层（微表封层）等。

第三种，铺装层翻修方法。根据铺装层的损伤程度，可以采取翻修桥面板上铺装总厚度、仅翻修面层、翻修局部的铺装层三种方法。在重新铺装沥青混凝土前，应先凿除已损坏桥面，并对桥面进行检查，老桥面应平整粗糙、干燥、整洁，桥面横坡应符合要求。当老桥面清理完成后应洒布黏层沥青，洒布量为0.3 ~ 0.5 L/m。沥青混凝土配合比的设计，以及铺筑碾压等施工程序应按现行技术规范规定进行。

水泥混凝土铺装层。水泥混凝土铺装层易产生表面裂纹、表面磨耗、露骨、坑槽等病害，其中桥面因温度应力和荷载应力超过混凝土强度而出现的裂纹最为常见。此类裂纹一般是呈均匀分布的龟状细裂纹，通常是在水泥混凝土铺装过程中，表面收水不当、气温较高、养护不周等，造成混凝土桥面因失水过快引起表面收缩而产生裂纹。这种裂纹一般仅深入混凝土表面几毫米，不会随时间延长而发展。

另外，由于混凝土材料的不稳定性，如采用的材料产生了碱骨料反应等，也会引起桥面铺装层大面积开裂、裂纹呈不规则状，有些会引起翘曲等。

水泥混凝土桥面养护的主要施工方法有老桥面补强和局部修补两种。第一种，老桥面补强。铺装层补强方法是在老桥面重新加铺一层水泥混凝土或钢筋混凝土补强层。该方法既能修补已出现的裂缝、剥离等缺陷，又能加大原有梁板的有效厚度，增强板的抗弯能力，改善校接梁的横向分布，从而提高梁的承载能力。铺装层补强是否能达到预期的效果，关键取决于新老混凝土能否牢固地形成一个整体。因此，在补强前老桥面应进行凿毛处理，一般先凿去桥面铺装及部分梁顶混凝土，使此表面粗糙，呈齿形状，箍筋外露，并进行必要的清理。为提高新老混凝土的黏结性，宜在凿毛后的混凝土结合面上涂一层胶结剂，例如铝粉水泥浆、铝粉水泥砂浆、环氧树脂等，也可加设新老混凝土之间的联系钢筋。铺装层补强宜采用干硬性混凝土或钢纤维混凝土，以减少新浇筑混凝土的收缩，减少新老混凝土之间产生的收缩力而错动，提高补强效果。第二种，局部修补。桥面铺装层出现孔洞、坑槽及部分形成磨光面宜采取局部修补方法进行修复。修补时应先将孔洞及坑槽凿成形状规则的直壁坑槽，然后用钢丝刷和吸尘器清理坑槽，填上混凝土，最后延伸至规定的通车强度时即可通车。部分磨光面可采用刻槽机对磨光的部分进行刻槽处理，改善水泥混凝土铺装层的防滑性能。

2.桥面伸缩缝

伸缩缝装置的主要功能是适应由温度变化、混凝土徐变、干燥收缩及荷载等作用引起的梁端位移，以保证车辆行驶的舒适性和安全性。但设置伸缩缝装置的桥梁端部是构造上的薄弱部位，所以除满足承受车轮荷载的反复作用和适应梁端位移外，还应具备良好的平整度及防水性能，保证正常伸缩，并处于良好的工作状态。车辆通过时不会产生过大的噪声和振动，确保桥面坚实、平整、清洁，防止桥头跳车，保证行车顺畅。

桥面伸缩缝分类及养护维修。常见伸缩缝的构造形式有钢板伸缩缝、梳形钢板伸缩缝、橡胶板式伸缩缝、型钢伸缩缝、填充式伸缩缝及模数式伸缩缝。伸缩缝损坏形式可以归类为伸缩缝组件退化、伸缩缝锚固及填缝料破坏。根据伸缩缝装置的不同种类，日常养护中应采取相应的措施。当桥面加铺沥青混凝土结构时，伸缩装置必须重新进行处理，禁止用沥青混凝土覆盖伸缩装置。日常养护中应及时清除堵塞的杂物等，出现渗漏、变形，连接部位开裂、跳车，行车有异常噪声时应及时维修。

（1）伸缩缝分类

对钢板伸缩缝，应经常清除自由端缝内塞进的硬物、杂物，保持伸缩缝自由伸缩，保证伸缩缝内排水通畅；钢板焊接部位应保持清洁，钢板开焊、翘曲和脱落时，应及时补焊；日常检查中应及时发现角钢与钢筋混凝土梁锚固不牢的情况，防止在车辆荷载冲击作用下加速伸缩缝破坏。

对梳形钢板伸缩缝，应观察梳齿与承托连续处是否牢固，并经常清除缝内塞进的硬物和杂物，保证排水及自由伸缩。同时检查紧固螺栓，防止梳齿板转动外翘。

对橡胶板式伸缩缝，应保持表面清洁、行车平顺，防止硬物使橡胶块产生破坏，并经常清除伸缩缝内垃圾和杂物，保证伸缩缝自由伸缩。及时紧固松脱的固定螺栓，防止橡胶剥离；橡胶板丢失应及时修补，大面积破损时应全部更换，防止伸缩缝局部下陷或凸出而产生噪声；保证钢板焊接部位牢固，防止密封橡胶带老化、严重漏水。

填充式伸缩缝填充的弹塑体伸缩装置出现脱落、翘曲时，应及时清除，并重新浇筑弹塑体混合料。当弹塑体混合料与桥梁连接处界面开裂时，应及时进行修补；如果弹塑体伸缩装置局部沉陷过大，应修理平整。日常养护中应防止密封橡胶带老化，如有漏水，则应及时更换。伸缩装置若有损坏或功能失效需要修理、更换时，应先查明损坏原因，同时依据伸缩装置的类型和缺陷程度，采取行之有

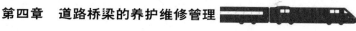

效的修补办法，并决定部分修补、部分更换甚至全部更换。

（2）伸缩装置养护维修

伸缩装置的维修方法主要包括锚固修补、密封层和密封条更换，钢板伸缩缝的焊接修补、伸缩缝整体更换及锈蚀处理等。

锚固修补。检查中发现松动的保护角铁或平板及松动的底板，可以安装附加锚具（如化学锚具）重新锚固，或浇筑钢筋重新把底板、保护角铁或平板与混凝土中的钢筋连接牢固。如果是过分松动，则必须更换。

密封层和密封条更换。密封层和密封条的使用寿命很短，且不能修补，一旦退化就应该更换，并应采用优质的替代材料。当其填料老化脱落时，在扫清原缝隙内的泥土后，可重新注入新的填缝料。当周围铺装层损坏时，宜按桥面铺装层的养护维修方法进行修补，如果采用水泥混凝土修补，应考虑采用快硬水泥并留意新老混凝土接缝的平整性。同样，对铺筑部分应加以初期养生。

焊接修补。钢板伸缩缝的钢板与角钢焊接脱落时，应清除污垢后重新焊牢；当梳齿断裂或出现裂缝后，也应采取焊接方法进行修补。但是，如果钢板伸缩缝的钢板变形、螺栓脱落，不能正常运行，则应及时拆除并更换为新型的伸缩装置。

锈蚀处理。对于锈蚀，可以通过喷防锈溶剂处理不可触及的区域，然后使用润滑剂或油脂涂抹整个表面，或者采用其他适当的防锈措施。

最后是整体更换。经检查发现伸缩装置严重损坏，广泛分离和渗漏，以及混凝土桥面板或桥台台背开裂、碎裂，宜采用新的伸缩缝进行整体更换。实施整体更换通常需要拆除和重建桥面板端部，以便提供足够的锚固。

（3）伸缩缝整体更换

伸缩缝整体更换的步骤，以模数式和填充式伸缩缝的更换步骤为例。

模数式伸缩缝的更换步骤：第一步，清除原有伸缩缝，将槽内清扫干净，按照设计留槽尺寸，预埋锚固筋；第二步，伸缩装置安装前，应按照气温调整安装时的定位值，用专用卡将其固定；第三步，安装时，注意伸缩缝中心线与桥梁中心线应重合，并使顶面高程与设计高程相吻合，桥面横坡定位后实施焊接；第四步，浇筑混凝土前，将梁间缝隙填塞，以防止浇筑时混凝土渗漏而将间隙堵死，并防止浇筑时混凝土灌进伸缩缝位移控制箱内；最后待伸缩缝两侧的混凝土强度满足设计要求，方可开放交通。

填充式伸缩缝的更换步骤：第一步，开槽，按已标出要开挖沟槽的边线切割，一般开槽的宽度为50 cm，深度不小于6 cm，然后挖除槽内混凝土。第二步，清理及修整沟槽，通常用水冲洗砂和浮土，清除后必须用喷灯吹干沟槽内的水汽，使沟槽充分干燥。第三步，涂底油与界面处理。此项步骤是采用泡沫海绵塞住桥面接缝，将T形搭接钢板平稳地置于接缝当中。T形搭接钢板的厚度为5～8 mm，宽度以离缝口两侧各50 mm左右为宜。此时，在沟槽底面均匀地涂一层沥青结合剂，并用喷灯对梁端进行预热，预热后在梁端面（沟槽侧面）也涂一层沥青结合剂。第四步，铺筑沥青混凝土，要求用粗沥青混凝土作为底层摊铺、压实，压实后的表面应距沟槽顶10 mm左右；再用细沥青混凝土摊铺上面层，压实后的表面应与路面平齐。

3.桥面附属设施

桥面附属设施包括防护设施、桥上照明、航空灯、航道灯，以及交通标志、标线等。

防护设施、人行道应经常保持完好状态，如有缺损应及时修复；栏杆、护栏、防撞墙应经常保持完好状态，栏杆柱应竖立正直，栏杆或护栏及声屏障跨越伸缩装置，应在结构上采取设置活动套筒、钢管螺栓处设置滑槽等措施，以满足桥梁随温度变化伸缩位移活动的需求。

石栏杆不宜跨越伸缩缝，应在伸缩缝处设置双立柱将石栏杆分开。栏杆因车辆撞击或其他原因损坏时，应及时采取防护围栏等临时措施，避免行人或车辆落入河中，临时防护措施应牢固、安全、醒目，并应尽快修复栏杆。钢栏杆应经常清刷除锈，一般每年一次。护栏、防撞墙应牢固可靠，若有损坏应及时修复。护栏上的外露钢构件应与钢栏杆一样防护。

桥梁照明不同于一般的道路照明，它的照明必须满足道路照明规范以保证交通安全，同时还必须考虑到能源节约及设备维护等方面因素，亮度既要符合相关规定也要注意防止眩光。作为城市景观的一部分，桥梁照明还必须具备观赏性和装饰性。所以，桥上的灯柱应保持完好状态，如有歪斜等应及时扶正，灯具损坏应及时更换，保证夜间照明。桥上设置的航空灯、航道灯及供电线路应保持完好，如有损坏应立即修复。

桥上的交通标志应齐全、醒目、牢固，标志板应保持整洁、无裂纹和残缺，如有损坏应及时整修。交通标线应经常保持完好、清晰，定期进行标线重涂。

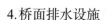

4.桥面排水设施

桥面排水设施是为了迅速排除桥面上的雨水，防止渗入梁体引起腐蚀影响桥梁结构的耐久性、稳固性而配置的，用以确保桥梁正常运行。

桥面排水设施一般由桥面排水槽、盖等组成，与排水管、支撑构件、地面集水槽等附属设施组成排水系统。实行排水设施的养护，目的是保证路面纵横坡符合设计要求、泄水孔通畅，能够迅速排除桥面上的雨水。因此，在日常养护工作中应及时修补或更换损坏的排水槽等设施，避免因桥面积水而造成交通事故；经常疏通排水管，及时清理管内的淤泥和杂物，确保排水通畅；及时维修排水系统中的管道支撑构件及连接件，防止由于支撑构件及连接件损坏而影响排水。管道锈蚀、破损严重的应及时更换。

城市立交桥面除从泄水管排水外，不得从其他地方往桥下排水；跨线桥高架桥、立交桥设置的引流排水管在折弯处应设置清淤口；泄水管、排水槽如有堵塞，应及时疏通、泄水管如出现渗漏应及时处理；平进式泄水管上口顶部应低于桥面铺装，下口露出梁体长度不小于10 cm。

5.桥头跳车的治理

桥头跳车是路堤与桥台本身不均匀沉降而导致该处路面纵断面线性发生突变。相对桥台而言，路面发生沉降，即在台背附近形成台阶或陡坡，车辆行驶会发生明显颠簸现象，影响行车速度和安全性、舒适性，也影响了桥梁使用寿命。桥头跳车的原因是多方面的，但引起桥头跳车的物理原因应考虑结构突变、土质不良、台背回填土沉降等因素。

因此，按有关理论计算桥梁与路堤沉降的差值，并以此差值采取相应的结构处理措施，从理论上解决桥头跳车这个病害。具体措施如下：若遇软土、沼泽等不良地质地段，应按特殊地质采用砂井、板桩、灌浆等方法处理，使地基达到足够的强度和密度。选择渗水性好、强度高、易压实的回填材料。按施工技术规程的要求，严格控制填筑质量。设置枕梁和搭板。一般搭板一端支在桥台牛腿上，另一端与路堤相接，下方设一根以上的枕梁。搭板按简支梁进行内力计算配筋，枕梁可按弹性地基梁计算，其关键问题在于确定地基应力的分布规律。

当桥台台背出现明显下沉，导致搭板脱空、桥头跳车、挡墙开裂时，应及时修复。修复方法可采用破除重修、压力注浆法等。采用注浆法时，注浆应采用活塞式压浆泵，压浆的终压宜为0.5 ~ 1.0 MPa。注浆管可采用中空注浆锚杆，也

可采用 φ32 mm 焊接钢管或 φ40 mm 无缝钢管制作，长度宜为 3 ~ 5 m，管壁每隔 10 ~ 20 cm 交错钻眼，眼孔直径宜为 S8 mm。注浆孔宜按梅花形排列，孔距视土层密实和裂缝情况确定，一般为 1 ~ 2 m，不宜大于 2 m。进入较稳定密实土层的径向孔深应为 0.5 m，注浆压力的控制应根据土基的密实情况及注浆孔的临空面等因素确定，初始压力为 0.3 ~ 0.5 MPa，检查压浆压力为 0.6 ~ 1.0 MPa，但不宜超过 1.2 MPa。如第一次注浆效果欠佳，进行第二次注浆时，注浆压力可取 1.2 ~ 2.0 MPa，但不宜低于 1.2 MPa。压浆顺序应为从下而上，从无水、少水的地段向有水或多水的地段，从下坡方向往上坡方向，从两端向中间。注浆后必须对注浆效果进行检查，如未达到要求，应进行补孔注浆。

（二）桥梁混凝土结构的养护

这里提及的混凝土桥梁是指混凝土梁桥、混凝土拱桥和钢管混凝土拱桥，其重要构件均可采用钢筋混凝土和预应力混凝土进行预制或现浇。由于自身优点，此类桥梁被广泛应用于公路、铁路和城市，约占桥梁总数的 90% 以上。此类桥梁的缺点是由于钢筋混凝土和预应力混凝土的某些特征，加上人为和自然环境的因素，会不可避免地发生材料退化而产生各种病害，如混凝土开裂、钢筋锈蚀碱骨料反应、化学侵蚀及表面磨损等。这些病害分别为物理作用、化学作用或者两者共同作用的结果。

1.混凝土梁桥的病害处置

梁式桥结构是指在垂直荷载作用下，支座只产生垂直反力而无推力的梁式体系桥梁。城市桥梁以梁式桥为主，除小部分大跨径桥梁外，大多采用钢筋混凝土和预应力混凝土梁式桥两种形式。通常桥梁上部结构或称桥跨结构指的是桥梁支座以上跨越桥孔部分的总称，包括主要承重构件及一般承重构件。这部分的构造由于大多敞露在外，受车辆及大气影响十分明显，因此，桥梁的桥跨结构和缆索体系应作为重点养护的对象。

（1）梁桥的桥跨结构形式

现有梁桥的桥跨结构具有多种不同的构造类型，如按承重结构的截面形式划分，梁桥的上部结构形式，可分为板桥、肋板式梁桥和箱形梁桥；按承重结构的静力体系划分，梁桥的上部结构形式，可分为简支梁桥、连续梁桥和悬臂梁桥。

①板桥的承重结构一般是矩形截面的钢筋混凝土或预应力混凝土梁桥，其主

要特点是形状简单、施工方便，而且建筑较小。从力学角度分析，位于受拉区域的混凝土不但不能发挥作用，反而增大了结构的自重，当跨度稍大时就显得笨重而不经济。所以，简支板桥的跨径只在20 m以下。

②肋板式梁桥的梁肋与顶部的钢筋混凝土桥面板结合在一起作为承重结构，由于肋与肋之间处于受拉区域的混凝土被最大限度地挖空，显著减轻了结构自重。特别是对于仅承受正弯矩作用的简支梁来说，既充分利用了扩展的混凝土桥面板的抗压能力，又有效地发挥了集中布置在梁肋下部的受力钢筋的抗拉作用，从而使结构构造与受力性能达到理想的配合。目前，中等跨度的梁桥，通常是肋板式梁桥。

③箱形梁桥的横截面呈一个或几个封闭箱梁，这种结构除了梁肋和上部翼缘板外，在底部尚有扩展的底板，因此它提供了能承受负弯矩的足够的混凝土受压区。箱形梁桥的另一重要特点是在一定的截面面积下能获得较大的抗弯惯矩，而且抗扭刚度也特别大，在偏心的活载作用下各梁肋的受力比较均匀。因此，箱形截面能适用于较大跨径的悬臂梁桥和连续梁桥，也可用来修建全截面均参与受力的预应力混凝土简支梁桥。

（2）梁桥的裂缝形态及处置

梁桥的裂缝形态又可分为结构裂缝与非结构裂缝两种类型。结构裂缝包括弯曲裂缝与剪力裂缝，是由静荷载及动荷载造成的。其中，弯曲裂缝易发生于构件最大拉应力区，呈垂直状，往压力区发展。一般在构件跨中底部，如梁底或桥面板底，或连续梁在桥墩处的梁体上部，最易发生这种弯曲裂缝。而剪力裂缝则易发生于主梁支点附近的梁腹底部。非结构裂缝虽不影响构件的安全，但如果裂缝深入构件内部，也可能损及构件。这类非结构裂缝主要包括温度裂缝、干缩裂缝、大体积裂缝、施工缝裂缝、钢筋锈蚀裂缝。

①钢筋混凝土梁桥易产生以下五种形态的裂缝：

第一种是网状裂缝，多发生在各种跨度的梁侧，裂缝较细小，宽度为0.03 ~ 0.05 mm，如果用手触及有凸起的感觉，裂缝形态无固定规律变化。

第二种是简支梁下缘受拉区出现的裂缝，多发生在梁跨中部，梁跨跨度越大，裂缝越多，多为受力裂缝。一般是自翼缘向上发展至翼缘与梁肋相接处停止，裂缝的间距为0.1 ~ 0.2 m，宽度为0.03 ~ 0.05 mm。对跨度小于10 m的梁，其裂缝少而细小。

第三种是简支梁腹板上的竖向裂缝，当跨径大于12 m时，其裂缝多处于薄腹部分，且在梁的半高线附近裂缝宽度较大；当跨径小于10 m时，其裂缝较细小，且多数裂缝是由梁肋向上延伸，越上越细。

第四种是简支梁腹板上的斜向裂缝，是钢筋混凝土梁中出现最多的一种裂缝，且多在跨中两侧，离跨中越远倾斜角越大；反之较小。一般第一道裂缝多出现在距支座0.5 ~ 1.0 m处。

第五种是简支梁侧水平裂缝，为近似水平方向的层裂缝。

②预应力混凝土梁桥易产生以下八种形态的裂缝：

第一种是先张法简支梁端锚固处的裂缝。该种裂缝均起始于张拉端面，宽度约为0.1 mm，长度一般只延伸至扩大部分的变截面处。如果在两组张拉钢筋之间，梁端混凝土处于受力区，则梁端易发生水平裂缝；又因锚头处应力集中和锚头产生的楔形作用，锚头附近也容易产生细小水平裂缝。

第二种是后张法简支梁端锚固处的裂缝。通常发生在梁端或预应力筋锚固处，裂缝一般比较短小，与钢丝束方向垂直，在锚固处时与梁纵轴多呈30° ~ 45°；该处裂缝在桥梁运营初期会有所发展，后期逐渐趋于稳定。

第三种是简支梁腹板的收缩裂缝。大多发生在脱模后2 ~ 3 h内，裂缝通常从上梁肋至下梁肋，整个腹板可能裂通，宽度一般为0.2 ~ 0.4 mm，施加预应力后大多会闭合。该处裂缝多为混凝土收缩和温度所致。

第四种是悬臂梁剪力裂缝。剪力裂缝出现在腹板上，在支点与反弯点之间的区域，看起来近似45°角倾斜。裂缝的产生为预应力不足、永久荷载超载、二次应力及温度作用等，也可能是设计原因。

第五种是悬臂箱梁锚固后接缝中的裂缝。即在悬臂箱梁连续力筋锚固齿板后面的底板内会产生裂缝，并有可能向着腹板扩展，与梁轴呈30° ~ 45°角。此类裂缝为预应力筋作用面很小，产生局部应力，或者由于顶底板中力筋锚具之间的水平方向错开的距离太小所致。

第六种是底板裂缝，箱梁底板上发生这种不规则裂缝。这是由于梁横向受力性能与横向不变形截面有很大的不同，即腹部与底板受力不均所致。

第七种是箱梁弯曲裂缝。箱梁弯曲裂缝一般出现在分段式箱梁的接缝内或接缝附近，梁底裂缝可达0.1 ~ 0.2 mm，原因是混凝土抗拉能力不足。这类裂缝很小，结构不会受到损伤，但在外荷载反复作用（汽车动力荷载及温度梯度）下，

可能扩大。

第八种是连续梁弯曲裂缝。在连续梁正弯矩区的梁底部和负弯矩区的顶部可能会出现这种裂缝，主要原因是混凝土抗拉能力不足。

除混凝土结构破坏外，梁式桥的病害主要表现为钢筋混凝土或预应力混凝土梁体裂缝和钢筋锈蚀。这些病害的重要特征，主要是桥梁受车辆荷载、风、地震、船撞、火灾、水灾等导致混凝土结构破坏或损伤，拉应变超过极限而出现开裂、破碎。

③对于上述原因引起的混凝土桥梁开裂，维修方法一般有以下三种：

表面处理法。该方法包括表面涂抹和表面贴补法。表面涂抹适用于浆材难以灌入的细而浅的裂缝、深度未达到钢筋表面的发丝裂缝、不漏水的裂缝、不伸缩的裂缝，以及不再活动的裂缝。表面贴补法适用于大面积漏水（蜂窝、麻面或不易确定具体漏水位置、变形缝）的防渗堵漏。

填充法。该法指用修补材料直接填充裂缝，一般用来修补较宽的裂缝（≥0.3 mm）。该方法作业简单、费用低。对宽度小于0.3 mm、深度较浅的裂缝及小规模裂缝，可做简单处理，先开V形槽，然后做填充处理。

灌浆法。此法应用范围广，从细微裂缝到大裂缝均适用，且处理效果好。

（3）梁桥的表面缺陷及处置

①混凝土结构出现表面缺陷的主要原因是施工不当（如振捣不密实、漏振、严重漏浆）或结构不合理（如配筋过密、集料粒径过大、坍落度偏小等）造成蜂窝、麻面、漏筋、空洞及构件变形；车辆或水流冲刷造成的磨损；外界作用造成的表层成块脱落等。

②混凝土表面缺陷的维修，一般是先把混凝土表面的蜂窝、空洞缺陷部分尽可能凿除，并进行凿毛、清洁处理，使混凝土表面保持湿润。之后，在界面上涂抹一层水泥砂浆或其他界面剂，可将混凝土直接灌注喷射或压浆，面积较大时应立模板修补，并加强后期养生。

面积较小的缺陷，特别是损坏深度较浅时可采用简易修补法。即在经处理后的修补处，用铁抹将水泥拌料抹到修补部位，并按普通混凝土养生，过一段时间后再在修补的区域周围涂上两层环氧树脂液或铝粉水泥浆液，封闭细微裂缝。

对于重要混凝土结构物或大面积的混凝土表面缺陷和破损的修补，首先凿毛面应有一定深度，但凹凸不宜过大，否则会影响其与老混凝土之间的黏结。修补要求挂网时，应先制作钢筋网并将其安装固定；而在喷浆前1 h，也需要对受喷面进行洒水湿润，使之无水珠存在，以保证喷浆与原混凝土的良好结合。

2.混凝土拱桥的病害处置

常见拱式桥包括双曲拱桥、混凝土桁架拱桥、钢管混凝土拱桥、与工拱桥。它们的主要构造有拱肋、拱座、桥面系、系梁、吊杆与系杆等。除部分可能受弯或受拉的构件外，其混凝土拱桥部分以受压为主，特别适宜于用砖石、混凝土等抗压能力强的材料建造。同时，拱结构也是一种跨越能力很强的桥型。

（1）双曲拱桥

双曲拱桥的拱圈由拱肋、拱波、拱板和横向联系杆等部分组成，作为组合截面的受力构件。其中拱肋是拱圈的重要组成部分，它不仅参与拱圈受力，而且在施工过程中，又在砌筑拱波和浇筑拱板时起着支架作用，因此拱肋应具有足够的强度、刚度及纵横向稳定性。该桥型自重较大，主要病害为拱圈变形、开裂，拱圈与拱波分离，侧墙与拱肋分离，腹拱开裂或立柱出现严重裂缝等。

①拱圈截面不足或设计强度偏低，造成拱圈变形较大，一般会在拱脚附近出现横向裂缝。这些裂缝通常是由负弯矩引起的，上宽下窄，垂直于拱轴线，最宽的一条裂缝在拱脚处并向1/4跨方向逐渐减小。当拱背无钢筋时，裂缝宽度往往会很大，但缝数较少。而拱顶附近出现的横向裂缝，通常是由正弯矩引起的，裂缝下宽上窄，向1/4跨方向逐渐减小直至消失。

②当拱圈宽度较大（一般8～10 m）会出现纵向裂缝，这种裂缝通常在桥面中线附近顺跨径方向延伸，严重时可将桥面贯通。当拱圈宽度很大（≥20 m）时，还可能出现第二条纵向裂缝。其主要原因有以下两点：一是拱圈截面形式不够合理，截面不能适应热胀冷缩的变化。因此，拱圈宽度达到一定长度后，宜考虑设置伸缩缝。二是拱圈的横向联系比较薄弱、荷载横向分布不均匀。通常拱桥设计不考虑荷载横向分布的影响，横系梁断面尺寸和配筋也相对偏小，使得全桥结构的横向联系不足，整体性差，造成波峰开裂，而以拱顶截面最为严重。

③拱圈环向裂缝一般是在拱脚和拱顶最大，从拱脚和拱顶向1/4跨逐渐减小以至消失。拱脚附近的环向裂缝，主要是由于肋、波之间的抗剪能力很弱，而拱脚剪力较大引起的。拱顶附近的环向裂缝，则是由于拱肋受拉产生了径向拉力，而肋波间抗拉能力很小所产生的。

④腹拱开裂主要有腹拱横向开裂和环向开裂两类，又以横向开裂最为普遍。

从结构上来说，横向开裂是由于腹拱多为混凝土板拱，多孔构成连拱，如没有按主拱变形的需要设铰，或设置的简易铰未起到铰的作用，则可能在使用过程中，荷载作用、温度变化、主拱变形、混凝土收缩等，使腹拱内产生较大的内力而引起开裂。腹拱的环向开裂是受混凝土收缩、温度变化等多种因素影响，其中最主要的是主拱横向不均匀变形，使腹拱支撑发生不均匀下沉和位移变形而引起腹拱的环向开裂。

双曲拱桥是拱式桥中最为典型的拱桥结构，它既有其他形式拱桥的结构特点，又有自身的特点。因此，双曲拱桥病害的防治措施，其实也包括了其他形式拱桥的防治措施。当拱肋（拱圈）结构承载力不足而出现严重裂缝时，可采用从拱圈上方或下方增设新拱圈，或在原拱圈两侧增设新拱肋等方法达到增大拱圈的目的。而当拱板顶或拱肋与拱板连接处出现纵向裂缝，应加强或增设横向联系，增大拱肋或拱板截面，或者增加拱肋数量，减轻拱上建筑自重，如更换腹拱和实腹段的填料，改横墙式腹孔墩为立柱式腹孔墩，改拱式腹孔为梁板式腹孔等；如果是墩、台横向不均匀沉降引起的开裂，则应先加固地基。

（2）桁架拱桥

桁架拱桥又称拱形桁架桥，是一种有水平推力的桁架结构，具有自重轻、整体性好、刚度大及经济指标优异等特点。一般情况下，钢筋混凝土和预应力混凝土桁架拱桥具有双曲拱桥部分病害外，还存在杆件开裂破损、节点开裂破损钢筋锈蚀等病害。此外，预应力混凝土桁架拱桥还可能存在与预应力结构相关的病害。

①通常桁架拱桥的上弦杆与墩台是由拱片端部伸出的牛腿连接，牛腿上设置吊梁，连接墩台与拱片。因恒载及活载产生的水平推力作用，吊梁与拱片的弦杆产生相对位移，由此会使吊梁的搁置面积减少，吊梁对牛腿产生了拉力，在行车冲击力作用下，牛腿混凝土易开裂破碎。而裂缝的产生、扩展又进一步引起上弦杆、端弦杆内钢筋锈蚀。

②桥台及路基回填土完成后，地基开始固结。因为初期沉降主要是表层土固结所造成，当结构基础不够稳定时，桥台初期沉降表现出很大的不均匀性，所以桥台初期位移不仅有垂直沉降和水平位移，而且还有转动。

③下弦杆与桥台结合处，即拱脚容易产生裂缝，裂缝呈垂直状，上宽下窄。一般在已建的大多数桥梁中，拱脚处下弦杆与端杆不同程度地存在裂缝。

④因桁架拱片实腹段厚度较小、弯矩较大，使实腹段比较容易产生裂缝，而裂缝又招致雨水、潮湿空气的侵入，导致钢筋锈蚀。钢筋锈蚀体积膨胀使裂缝扩大，进一步促使钢筋锈蚀，甚至产生顺筋锈胀现象。

⑤桁架拱桥许多小节点为固结结构，竖杆不但受压还承受着次力矩作用。若桁架杆件和节点过于薄弱，竖杆的抗弯能力不足，竖杆两端容易产生横向裂缝。出现上述病害应及时处置，但一般不推荐对损伤、病害混凝土构件进行简单的修补复原处理，以免修复病害部位时又损伤构件，危及结构安全。通常对于混凝土开裂，当缝宽 ≥ 0.01 mm时，可进行压浆处理；缝宽 ≤ 0.01 mm时，宜进行表面封闭处理；对于杆件和节点的破损，可采用外包碳纤维布加固，也可用外贴钢板或加钢筋箍法加固。

第三节　桥梁加固与设施维护

桥梁加固是通过改善桥梁受力性能，提高桥梁局部或整体承载能力的技术措施。桥梁加固应以保持原结构受力体系为原则，如确须改变原结构受力体系，须进行严格的结构分析与验算。

一、桥梁加固的原则

桥梁加固是一项十分重要而又极具专业性的工作，要求将专业基础理论与桥梁病害情况有机结合在一起，需要考虑许多方面的因素。从某种意义上说，无论是加固方案的拟订与设计计算，还是具体实施，难度往往比新建桥梁还大。

（一）加固的基本原则

一般桥梁加固是针对 $\text{II} \sim \text{V}$ 桥梁，或需要临时通过超重车的桥梁，有时也可与桥梁拓宽、抬高等技术改造工程同时进行，以满足并适应城市交通发展的需要。加固措施所涉及的内容很广，包含桥梁检测鉴定、设计计算、加固方案比较选择及经济效益的优化等方面。所以，桥梁加固工作从开始至实施阶段还应遵循以下原则：

1.结合现场条件，制订加固技术方案

桥梁加固前，应对原结构受力体系的承载能力、使用性能进行全面的鉴定，对桥梁结构的各种病害、缺陷等实际状况进行客观准确的把握和评价，并分析桥梁结构病害的原因。设计时的分析计算模式、材料性能指标应尽量与实际一致，制订加固实施方案应充分考虑对既有交通的影响，使其具有较强的可操作性，而所采用的施工工艺、设备机具应与现场条件相结合。

制订加固方案时，应先考虑温度变化、地基沉降、腐蚀及振动等因素对桥梁结构耐久性及使用性能的不利影响，并适当考虑交通流量增大超重超载车辆及施工荷载等因素对结构受力的影响，以及对其可能造成的损坏提出对策措施，避免这些不利因素再次影响桥梁加固的效果，消除各种隐患。同时，根据桥梁结构的实际状况、历史变迁、荷载变异、功能要求、加固效果交通状况、施工条件及资金投入等方面的因素，经比较、论证、优中选优，最终确定加固技术方案。

2.采取有效措施，防止对结构造成新的损害

桥梁加固过程中，如果发现原有结构或构件存在新的缺陷等问题，应立即停止施工，并会同设计、监理单位采取有效措施，防止对原有结构造成新的损害。对于可能存在倾覆、失稳、滑移、倒塌的结构，应采取有效的临时加固措施，防止在加固期间产生新的病害或损伤。此外，应尽量不损伤既有结构，保留其具有利用价值的部分，避免不必要的损伤、拆除或更换。

3.满足安全性、可靠性、耐久性要求

与此同时，桥梁加固还应考虑新旧结构的强度、刚度与使用寿命的均衡与匹配，尽可能地保证新增加的截面和构件与原有结构能够可靠地协同受力，有序加固，共同承担外荷载，满足结构安全、可靠、耐久的要求。一般说来，在这项加固过程中，结构受力形式、荷载大小及作用位置等都在不断变化，因此，桥梁加固工作必须依据加固技术与工艺设计的要求，尽量减少作用在原有结构上的施工荷载，避免在某个阶段产生过载现象，导致对原有结构造成新的损害。

（二）选择加固的六种情况

考虑桥梁加固的内容及范围，应根据桥梁评估结论并通过充分比较，才能决定是否需要采取加固措施。通常加固措施可分为一般性维修加固和结构性加固两种。

一般性维修加固，如加厚桥面铺装层、油漆涂装、裂缝封闭与灌浆处理、支座更换等，这些也是桥梁养护的日常内容，目的是保证桥梁结构的使用性能和耐

久性能不受大的影响；结构性，加固如地基基础及上部结构的加固等，一般用来弥补桥梁结构先天缺陷，恢复受损构件的承载力或使其满足新的使用条件下的功能要求。

当加固费用比新建费用节省一半时，应优先考虑加固。一般确定桥梁加固可以包括整座桥梁，亦可以是指定的区段或特定的构件，同时要求加固技术可靠、耐久，养护方便。若发现以下六种情况宜考虑采取加固措施：

1.桥梁承载能力不足

按照现行通行车辆荷载进行验算，并采用实际计算应力与容许应力比较分析的方法，即若实际荷载作用下构件所产生的计算应力大于材料实测容许应力时，则需要加固；反之，则仅采用维修养护措施即可。

2.桥梁局部损坏

桥梁因车辆超载局部产生破损，若破损严重，已不能满足承载要求时，应尽早对个别受损构件进行加固；若破损不严重，对正常车辆通行影响不大，对受损构件进行维修即可。

3.车辆通行能力不足

现代城市交通量日益增长而造成桥面宽度不够，影响车辆通行能力，宜考虑采取拓宽的加固形式，满足通行能力的要求。

4.结构使用性的影响

桥梁局部或整体刚度不足，已影响正常使用时，可采取提高桥梁刚度的加固措施，改善桥梁结构的使用性能。

5.战争或自然灾害的影响

因战争或遭受特大自然灾害，受损桥梁须进行抢修，以及为保证重车临时通过桥梁时的安全，须对桥梁采取临时加固措施。

6.保持路段内载重一致

为了使整条路线上或一个路段内桥梁的承载能力保持一致，对个别载重能力较低的桥梁，应按当前载重要求进行加固。桥梁加固是一项探索性、实践性、技术性很强的工作，需要在实践中不断积累经验，总结分析后期桥梁运行效果，采取更科学、更适用的方法，实施桥梁加固。

二、桥梁加固的常用方法

桥梁加固可采用多种方法，一般应根据旧桥的实际状况、承载能力下降的程度及日后交通量而定。但不论采取哪种加固方案，都应考虑投资省、工效快、交通干扰小、技术可行、安全可靠和有较好耐久性等方面要求。若采用扩大或增加桥梁构件断面的方法加固，应考虑增加断面的部分与原有部件的结合效果。如果通过这种维修加固的桥梁仍达不到车辆交通的要求，则必须考虑桥梁部分或全部改造重建。

（一）上部结构加固方法

桥梁上部结构常用的加固方法，通常包含增大构件截面加固法、粘贴加固法、体外预应力加固法、改变结构体系加固法、增加辅助构件加固法等，而如果是拱桥，可根据其受力特点采取顶推法等专门的加固方法。

1.增大构件截面加固法

增大构件截面加固法又称为"外包混凝土"加固法，即通过扩大结构截面尺寸、增加配筋、提高配筋率等加固方法来提高桥梁的承载能力。该方法可加固梁式桥，也可加固拱式桥，并按构件的截面可分为单侧、双侧、三侧或四周外包的加固；又根据加固目的和要求的不同，还可以分为以增大断面为主，或以增加配筋为主的加固。一般来说，增大构件截面是中小跨度桥梁常用的加固补强方法之一，其优点是可以提高结构承载能力、增大结构刚度，缺点是恒载增加较多、新旧材料的受力性能可能会存在差异。增大截面的途径包括增加受力主筋、增加混凝土断面，加厚桥面铺装层和喷射混凝土加固等三种方法。

（1）增大梁肋断面加固

有相当一部分既有桥梁属于多梁式结构，如装配式T梁桥、钢筋混凝土肋拱桥等。对于这些桥梁的加固，通常是将梁肋的下缘加宽，扩大截面，并在新增混凝土截面中增设受力主筋与箍筋，以提高混凝土梁（肋）的有效高度和抗弯承载力。

（2）加厚桥面铺装层加固

将原有桥面铺装层拆除，重新铺设一层钢筋混凝土补强层，用以增大主梁有效高度和抗压截面，改善桥梁荷载横向分布性能，从而提高桥梁整体承载能力。由于这种方法会使桥梁自重和恒载弯矩增加较多，可能造成既有结构下缘受拉钢筋的应力超出规范的限值，所以这种方法只适用于跨径较小的T梁桥或板梁桥。

（3）喷混凝土加固

当既有梁体截面过小，下缘应力超过规范允许值而使其出现裂纹，且桥下净空又允许时，宜借助高速喷射机械，将新混凝土连续地喷射到已锚固好钢筋网的受喷面上，凝结硬化而形成钢筋混凝土。通过增大梁体受力断面与增加受力钢筋数量的技术手段，加强桥梁结构的整体性，实现提高桥梁承载能力的目的。

2.粘贴加固法

当桥梁结构构件的抗弯、抗剪能力不足，受拉部位开裂时，可以采用环氧树脂胶黏剂将钢板、钢筋及纤维布等材料，粘贴到钢筋混凝土结构构件的受拉丝或薄弱部位，使之与原结构形成整体，用以代替须增设的补强钢筋。此法可实现增强结构的抗弯抗剪能力，改善结构的受力状态，以防止结构裂缝进一步扩展。

（1）贴钢板加固

根据混凝土构件受力部位的应力状态，选择粘贴钢板加固的形式。一种是沿主钢筋方向或分布钢筋方向单个方向的加固，采用带状钢板加固的形式；另一种是沿主钢筋方向和分布钢筋方向同时加固，采用板状钢板加固的形式。粘贴钢板的用量可通过换算成钢筋用量的方法获得，如果计算求得的钢板厚度很小，一般最小厚度宜取4.5 mm。粘贴钢板加固的优点是施工简便、周期短；粘贴时所占空间小，不减桥下净空；加固的部位、范围与强度可视需要灵活设置，可在不影响或少影响交通的情况下作业。其缺点是黏结剂的质量及耐久性是影响加固效果的关键因素，应充分重视；另外钢板容易锈蚀，应做好防锈处理。

（2）粘贴钢筋加固

粘贴钢筋加固常用于中小桥的加固。由于与粘贴钢板可以互换，一般加固工程应用较少。其优点主要是与结构物粘连性能较好、加工成形容易、加固效果明显；缺点是与粘贴钢板相比，加固可靠性稍差、耐久性有所不足，故宜依据其自身的特点合理采用。

（3）粘贴碳纤维布加固

粘贴碳纤维布加固是一种新型的结构加固技术，它是利用树脂类黏结剂将碳纤维增强复合材料（CFRP）粘贴在混凝土构件表面粘贴时应沿构件主拉应力

方向（或与裂缝正交方向），两端应分别设置锚固端，可以约束裂缝的扩展。当结构荷载增加时，碳纤维布因与混凝土协调变形而共同受力，从而提高混凝土构件的承载能力与刚度，对构件起到加固作用。碳纤维的拉伸强度一般在2400～3400 MPa，与普通钢板相比，具有拉伸强度高、自重小、化学结构稳定的特点。碳纤维布补强加固施工方便，无需任何夹具、模板，能适应各种钢筋混凝土结构外形，但也存在难以改善原有结构的应力状况、减弱钢筋塑性对构件延性产生的影响、黏结剂耐久性不足等问题。

3.体外预应力加固法

桥梁使用应力过大，混凝土梁体容易产生开裂，并可能产生过大的下挠变形，而采用体外预应力加固法对其进行加固，是按照预应力的原理，在预应力拉杆或钢束的张拉作用下，对混凝土梁的受拉区施加一定的初始压应力，尽量减少混凝土的应力对该受拉区的影响，避免梁体再受力开裂，以改善桥梁使用性能及耐久性。体外预应力拉杆加固，又可根据加固对象的不同，分为水平拉杆加固、下撑式拉杆加固和箱梁体外预应力加固三种形式。

一是正截面受弯的构件采用水平拉杆进行加固。这种加固方法能提高构件的抗弯能力，如可在预应力混凝土T形梁或工字梁断面的受拉侧安装水平拉杆，通过紧俏螺栓实施横向张拉，使拉杆内产生较大纵向拉力，此刻梁体下缘受拉区受到拉杆预应力的作用，梁的挠度将逐渐减小，原有的裂缝也随之缩小。

二是使用下撑式拉杆对斜截面受剪、正截面受弯的构件进行加固。这种加固方法能同时对受弯构件的抗剪、抗弯强度起到补强作用。

三是箱梁体外预应力加固。这是针对箱梁抗弯、抗剪强度不足、主拉应力过大而采用的一种加固技术，可有效解决预应力连续箱梁跨中区段梁体开裂等问题。在制订此种加固技术的设计方案时，应考虑把体外预应力束设在箱室内对称布置并在中墩处尽量靠近顶板，以增强中墩附近截面的抗剪能力。同时，跨中区域还应考虑设置型钢转向块，通过转向块将体外预应力束的效应传至腹板，并利用转向块在纵桥向位置调整体外预应力，对箱梁中跨区域施加较大的压应力，以满足加固效果。

而在实施张拉加固时，应估计预应力的损失，因为它将影响预应力拉杆加固的效果。估计预应力的损失时应考虑加固件本身和承受加固件的结构变形。这两方面的结构变形主要包含承受加固件的收缩、加固件的徐变及节点、传力构造的变形及温度应变等。为了减少这些预应力损失以保证加固效果，宜在加固时预留构造设施，以便调整加固工作应力。

4.改变结构体系加固法

改变结构体系加固法是通过改变桥梁结构的受力体系，以减少梁的内力或应力，提高承载能力的一种加固方法，其加固效果较好，特别适用于解决超重车辆的临时通行。通常桥梁改变结构体系都会在桥下操作，所以采用这种加固方法，还必须考虑尽量减少对桥下船舶通行和排洪能力的影响。

以下简单介绍三种常用的加固方法：

（1）简支梁的连续加固

根据简支梁与连续梁的特征，增加纵向钢筋，将简支梁与简支梁连接转换成连续梁，或将多跨简支梁转换成多跨连续梁，或将多跨简支梁改造成桥面连续体系，从而减小原桥梁跨中截面的弯矩和挠度值，改善多跨梁桥的受力特性。

（2）增设加劲梁或叠合梁加固

该加固法的力学计算，应根据被加固的结构体系转换形成的新受力状态，得出计算图式，并通过补强计算。而实际运用中，桥梁结构的受力体系比较复杂，各结构部分之间存在多种多样的联系，而决定每个部分联系性质的主要因素是结构的刚度比值。所以，为了获得简明的计算图式，可依据相对刚度大小，把桥梁的结构受力体系分解为基本部分和附属部分，分开计算其内力，如分成主梁与次梁、主跨与附跨，并考虑略去结构的次要变形。

（3）增设八字撑架加固

原有主梁下增设八字形斜撑做支承。斜撑为型钢或钢筋混凝土预制构件，其下端支承在桥墩上或承台顶面，上端支承于梁底，中部有时可加设托梁。如果通过设计计算，增设八字形斜撑仍不能满足桥梁加固所要求的承载能力，还可采取对原有主梁增设主筋或增厚桥面板等措施。

增设八字形斜撑时，对主梁支撑点的位置选择应适当、合理。若原结构为简支梁，那新增设支撑点的位置应考虑恒载与活载组合作用不得超过主梁上缘配筋容许的负弯矩，单跨梁则按三跨弹性支承连续梁进行验算；若原结构为连续梁，该支撑点的位置应通过计算确定，且控制主梁在增设支撑点的负弯矩与原有主梁由恒载产生的正弯矩相近，使每个截面工作时的应力小于容许应力值。而此时的恒载宜按原有结构受力体系计算，活载应按原有结构与八字形斜撑组成的受力体系进行计算。

5.增设承重构件加固法

当桥梁承载能力不能满足要求，但梁体结构基本完好，桥梁墩台、地基又具备足够的承载能力时，可考虑采用增设纵梁或横梁的加固方法，以提高原有桥梁的荷载等级。该方法对于活载内力占总内力比例较大的中小跨度梁桥、拱桥，具有比较明显的加固效果与经济优势。

（1）增设纵梁加固

增设纵梁加固的方式可根据原结构承载能力、加固需求及施工条件等综合考虑。一般情况下，对普通钢筋混凝土梁桥，可以利用原结构设置悬挂模型板，现场浇筑新增加的纵梁，也可以安装预制纵梁。预应力钢筋混凝土梁桥因无法在桥上进行张拉，所以新增加的纵梁也应先预制、后安装。

增设纵梁加固的同时，可以采取桥面拓宽和不拓宽这两种设计形式。若不拓宽桥面而增设纵梁，所新增的纵梁宜设置在原内梁的两侧，又由于原内梁比较密集，个别梁体技术状况又不好，可考虑更换其中的几个梁。而为了使新旧梁体形成整体共同受力，应将这些新旧纵梁都通过横隔梁内的钢筋焊接起来，或预埋钢板焊接。如果横向受力需要，还可将横隔梁加宽、加高并相互贯通。

（2）增设横梁加固

增设横梁的方法常用于因横向整体性差而降低了承载能力的梁桥，或受力整体性较差的双曲拱桥、桁架拱桥。增设横梁可以使各纵梁之间增强横向联系，改善荷载横向分布。其加固特点是需要在纵梁上新增横梁的部位钻孔，并设置贯通桥梁宽度的连接钢筋，而连接钢筋的两端应采用螺帽锚固在纵梁上，以及采取必要的防护措施。之后，悬挂模板浇筑混凝土，便形成了新旧纵、横梁相互间的受力整体。

（二）下部结构加固方法

桥梁的承载能力是否满足正常运行的需求，不仅与上部结构的技术状况相关，也与桥梁重要组成部分的下部结构相关。而桥梁下部结构主要包括墩台和基础，这两部分结构将直接承受上部结构的恒载与活载作用，并将荷载传递到基础。因此，桥梁下部结构的技术状况同样也直接影响桥梁的承载能力与桥梁的正常运行，且部分桥梁有些病害还是由下部结构的原因引起的。

桥梁下部结构的加固技术，一般采用对墩台的补强、限制，减小墩台的位移，或增加基础的承载能力如采取加桩，增大基础面积等措施。如果墩台和基础结构技术状况特别差，或加固的施工工艺复杂、把握性不大，工程经费又较高，则不宜考虑加固利用。

1.扩大基础加固法

扩大基础加固即为桥梁扩大基础底面积的加固方法。该方法适用于桥梁基础承载能力不足，或基础埋深不够，而且砌筑的墩台为刚性实体基础。通常情况下，地基的承载力满足要求，而发生的缺陷或病害仅是基础不均匀沉降变形过大引起的，宜采用扩大基础底面积加固的方法。所须扩大基础底面积的大小，应根据地基变形计算确定。

2.增补桩基加固法

桥梁桩基深度不够或水流冲刷过大等造成墩台倾斜、沉降或船舶漂流物撞击而导致桩端头损伤，在此情形下，采用增补桩基加固是一种比较有效的加固方法。加固时一般是在原基础周围补加钻孔桩（或打入钢筋混凝土预制桩钢管桩），扩大原承台、基础，并牢固结合，以此提高基础承载力，增强稳定性。

3.桥墩箍套加固法

桥墩因承载能力不足、水流冲刷，以及地震、火灾、船舶和漂流物撞击等造成的损坏，宜采取外围浇筑钢筋混凝土箍套加固补强，箍套的厚度一般不宜小于10 cm，并通过内部植入钢筋、布设化学锚栓与原结构形成整体。

4.桥台帽梁拓宽加固法

有时需要对桥梁进行拓宽，而随着桥梁上部结构的拓宽，下部结构中的桥墩、桥台也要加宽加大。当原有桥梁结构布置桥台或盖梁，常常采取接长盖梁的做法，如果盖梁的接长范围较大，则应在盖梁前后及侧面布设体外预应力筋，盖梁接长部分的内部须加密钢筋网，并设置螺旋钢筋网、钢板等预埋件。

三、桥梁机电设施的维护

为使桥梁机电设施处于良好的技术状态，充分发挥其使用功能，机电设施使用负责人及其他专管人员应加强对机电设施的检查和维修，正确掌握其使用性能，并根据实际情况制订维修计划，必要时安排大中修或改建计划。同时依靠科技进步，采用先进的检测技术，评价使用状况，及时提出科学的运行维护对策。

（一）机电设施故障的处置

桥梁机电设施是指为城市桥梁运行服务的相关机电设施，包括供配电系统、照明系统、排水系统、中央计算机系统、监控系统（设备监控系统、交通监控系统、防灾报警监控系统、闭路电视监控系统、通信监控系统）。当上述机电设施发生故障或病害后，相关人员应按机电设施故障处置程序，及时完成机电设施故障处置工作。

1. 一般故障处置

这类故障（病害）宜列入周月度、季度或年度维修计划实施。临时性处置宜包括下列方式：负责机电设施使用的人员及其他专管人员可按一般故障（病害）的严重程度提出处理意见，也可自行处理；或上报维修、委托厂商维修。

2. 重大故障处置

凡影响车辆通行、危及通行安全的设备设施故障，均作为重大故障处置，要求立即组织抢修。通常在岗人员发现设备设施故障，应进行必要的检查和处理，一时无法排除故障时应逐级报告，并应尽快落实维修人员和设备，按重大故障处置程序及人员分工的安排，要求维修人员于1 h内到达现场处理，24 h内组织修复；根据不同故障情况，也可采取临时应急措施，降低其危害安全的程度，之后仍按设计要求恢复正常状态。

3. 紧急故障处置

危及相关设施、人员、车辆通行安全的设备设施故障，均作为紧急故障处置，要求维修人员等相关人员在1 h内到达现场处理，24 h内组织抢修，直至修复、运行；同样也可根据不同故障情况，采取临时应急措施，降低其危害安全的程度，之后按设计要求恢复正常状态。

4. 节假日或夜间故障处置

负责机电设施使用的人员及其他专管人员发现故障（病害）后，应按紧急预案的要求，通过通信联络网通知相关人员，并采取相应措施，组织修复。

（二）机电设施使用维护

城市桥梁机电设施的运行维护是保证桥梁机电设施处于受控状态，以消除各种故障隐患，维持正常运行为目的的日常管理及维修。

1.供配电设施使用维护

城市桥梁运行管理范围内的供配电设施应具有正常的日常供配电和应急供配电的功能，并达到安全可靠、合理利用电能的水平。供配电设施的使用维护应建立岗位责任制，明确工作内容、注意事项和工作程序，按供配电设施相关运行规程进行巡视检查与维护。

（1）配电设施

配电站房应保持整洁、完好，内部灯光、排风设施应保持正常，自然通风良好；周围环境不得有腐蚀性气体，不得堆放易燃易爆物品，不得有积水现象。站房内的高压验电笔、接地线、绝缘物品及灭火器等安全用具应配置齐全；注油电气设备、照明设备、控制设备及辅助设备应保持完好、可靠；电能供给与分配应做到电压稳定、分配合理运行可靠。对变、配电站进行维护，还应按规定周期落实变压器等电气设备的测试、检验工作，特别是设备检修后，经验收合格才能投入运行。另外，如果电气设备、系统线路发生变更，应及时修正档案资料，保证设备及系统线路与实际相符。当遇阴雨、潮湿、雷雨高温、强冷气候应进行特殊检查，并做好记录。

电力电缆线路的维护人员应全面了解供电系统的电缆型号、敷设方式、环境条件、路径走向、分布状况及电缆中间接头的位置，并在正常运行情况下，控制电缆线路的温度，使其不得超过最高允许温度，电缆外观不得存有绞扭、压扁、绝缘层断裂和表面严重划痕等缺陷，保证其具有足够的绝缘强度。如果 10 KV 电缆线路停电超过一个星期，应测其绝缘电阻；停电超过一个月，必须做直流耐压试验，以上测试合格后才能重新投入运行。对于低压配电线路，不得随意增大用电设备的容量，确须增大容量的应查阅相关技术资料，在符合线路技术参数的条件下才能进行。一般 10 KV 电缆线路每运行两年，新敷设的带有中间接头的电力电缆线路投入运行三个月均应进行必要的预防性试验；而遇异常气候或外力侵害等特殊情况，则应根据需要进行特殊检查。

照明设施是城市桥梁不可缺少的基础性设施，是桥梁机电系统中较为重要的组成部分，其功能要求必须保证夜晚不间断供电，亮灯率应不低于97%。同时要求灯具必须安全可靠、完整无损，灯具与附件的安装必须正确、牢固。所有灯具的外壳均应接地可靠，接地方式应与供电系统的接地方式一致。同样照明控制柜（箱）的固定及接地也应可靠，外壳应保持清洁完好、无锈蚀，户外落地控制柜

还应做好防雨水渗漏、防地气、防小动物通风等措施。控制柜的二次回路应保持接线准确、连接可靠、标志齐全清晰，而有关光控开关、定时开关等控制装置及电气线路保护装置应保持运行正确可靠。

（2）监控设施

各监控设施通过计算机控制中心组成智能化管理平台，并接入系统平台的网络视频设备进行实时监控，检测各个设备的工作状态。预先也可对设备参数进行设置，对设备异常情况发出告警信息。

Ⅰ类、Ⅱ类城市桥梁应设置计算机监控中心，该监控中心宜包括监控计算机子系统、闭路电视（CCTV）监控子系统、多屏拼接显示子系统及附属设施，实现城市桥梁交通数据信息的存储和视频图像监控，以及对城市桥梁交通信息的拼接显示。计算机机房的环境应整齐、洁净，通风散热良好，防静电措施有效可靠。当值班人员遇到运行程序或计算机死机的情况，应按照操作指南的规定，重新启动或关闭计算机，并在每次交接班时认真检查通信机、服务器等设备的工作是否正常，及时做好计算机运行数据的备份和保存，做好每日运行记录。

交通监控闭路电视（CCTV）系统主要由桥梁上安装的摄像设备、计算机监控中心的控制设备和传输设备组成，用于收集桥梁交通信息，并通过光纤及其他方式传输，在监控中心的监视器上显示车辆通行的图像。监控中心的值班人员可以根据这些车辆通行情况的图像信息，及时采取措施，以确保城市桥梁的交通畅通。承担日常维护的专业维护人员应按规定周期检查视频图像接入，以及受其控制的功能状况；检查摄像机防护罩及外场控制箱的防尘、防雨、防震、防干扰的功能；检查摄像机云台的转动控制、雨刷除霜和自动加温的功能，定期维护摄像机的立柱、爬梯和维修工作台，确保工作正常。

监控系统软件的维护人员应保证日常监控系统软件的可靠、正常、高效运行，并根据不同的需求，规定软件的使用范围和使用权限，不得随意安装、拷贝或出借计算机网络中的软件。一般未经授权，不得擅自进行软件维护和系统参数调整，不得在任一计算机终端上从事与本职无关的操作。应考虑将计算机系统与公网从物理上断开，不允许在监控系统网络的任一计算机终端上访问Internet网。系统专网内的各个子网之间宜部署防火墙，安装经国家认可的病毒防治产品，并实施相应的通信协议、IP包和端口的过滤。严禁系统数据的非法生成变更、泄露、丢失与破坏。

维护人员应定期对计算机网络进行安全检查，更新攻击特征数据库，定期分析入侵监控记录，并根据系统已经存在或潜在的安全漏洞，及时调整策略。对一些风险较高的数据库安全漏洞应采用打补丁、升级等方式修补。同时须对数据库的运行情况进行分析，发现异常情况应进行追踪。

（3）通信系统

可根据城市桥梁的特点选择通信系统中的通信设备，并兼顾通信系统的统一性、系统性、先进性。维护人员应熟练掌握桥区内光缆、电缆的静态和动态情况，定期检查电缆屏蔽层的防雷接地，确保接地可靠性。每年对电缆的绝缘电阻、电缆线路直流环阻、电缆屏蔽接地，以及漏泄同轴电缆的环路直流电阻、内外导体间的绝缘电阻、电压驻波比VSWR等电气特性至少进行一次测试。

Ⅰ类、Ⅱ类城市桥梁通信系统采用的数字传输设备主要有准同步数字系列（PDH）和同步数字系列（SDH）等两种类型。在数字传输设备正常运行时，维护人员不得随意变动软件设置，不得随意改变电路插板的数量、规格和安装位置，不得随意插拔机盘和接插件，或拨动按钮开关。每年对数字传输设备的电气特性及PDH设备的通路特性至少进行一次测试。程控交换机是为了实现桥区内部及与外部之间的通信联络。因此，维护工作应保证电话通信的正确接收与通话畅通，随时观察交换机面板指示灯显示情况，并应利用各种输出信息和服务观察、话务测量等方法，掌握交换机的工作状态，使系统经常处于最佳运用状态。

桥梁广播通信系统可用于实现紧急情况（如火灾、车祸等）下的语音广播，亦可用于维护管理及其他服务。开始维护工作时，一般不得随意变动系统设备的型号、规格、数量及安装位置，所采用的交流电源线应与其他配线分开敷设和编扎，广播设备的开关机操作，应符合操作规程的有关要求。每季度须对系统的频率特性功能测试一次，每年测试接地电阻一次。

（4）特种设施

所谓桥梁养护行车为Ⅰ类城市桥梁特有，是供Ⅰ类城市桥梁养护的专用行车，并在运行时严禁专用行车超负重。为此，维护人员应全面了解专用行车的构造、工作原理及维护的基本要求，特别是在使用专用行车对桥梁进行养护后，应严格按规定对专用行车进行检查和维护，且不得随意变更专用行车的构造和电器线路。同时做好两年一次的安检工作，必要时检测载荷性能。

（5）除湿设备

桥梁机电设施宜长期处于密闭、干燥、低尘的工作环境。除湿设备的空气过滤网应经常保持畅通状态，出现滤网堵塞指示报警，应及时更换过滤网。在正常情况下，需要对除湿设备进行维护时，不得采用切断总电源的操作方式强行停机，并要求机组的外壳和通风管道金属部分必须可靠接地。

（6）航空障碍灯

航空障碍灯的联闪控制信号线与220 V交流电源线路应分别穿保护管敷设，安装在屋顶的航空障碍灯应设在避雷针的保护范围内，其控制器外壳、灯具的固定支座及电线管均应可靠接地。每日夜间应目测检查高光强、中光强、漫闪障碍灯发光情况，发现不亮的及时修复。每年须对障碍灯控制板进行除尘保养并检查线路、接地情况，对障碍灯支柱进行加固、除锈、涂油漆。

（7）防雷及接地设施

凡可能因绝缘损坏造成带电危险的设备金属外壳，直接危害人身安全和设备安全的电气装置、电缆线路及各种电器、机电设备都应可靠接地。而由同一台变压器供电的低压配电系统中，各种电气设备的接地方式应符合该系统的设计要求，严禁部分电气设备采用保护接零、部分电气设备采用保护接地，混用两种接地方式。

当接地线与电气设备连接时，应采用螺栓压接每个电气设备，并都应单独与接地干线相连接，严禁在一条接地线上串接几个需要接地保护的设备。如采用接地或接零装置，必须保证电气设备与接地体之间或电源变压器中性点之间的导电连续性、可靠性和热稳定性。当更换避雷器时，应尽量采用相同规格和型号的产品，其连接接口应与被保护设备接口一致，安装避雷设施应牢固，接线应正确，连接的导线应绝缘良好、无损伤。变、配电站的接地网，变压器接地装置的接地电阻值，每年按规定周期和要求宜检查测试一次；各分路低压电柜及电气设备的接地或接零每年至少检查两次，接地电阻值每年宜测试一次。

2.桥面照明设施使用维护

城市桥梁的照明是为了给驾驶车辆的驾驶人员及行人创造良好的视觉环境，美化城市环境，保障交通安全，提高交通运输效率。桥梁照明节能不是靠降低照明水平来实现的，而是要在确保不同类型的桥梁符合照明标准的前提下来考虑节能，主要是以在设计阶段合理选定照明标准作为节能措施。

（1）桥面灯光设计要素

城市中小型桥梁的照明应和与其连接的道路照明一致。当桥面的宽度小于与其连接的路面宽度时，桥梁的栏杆、缘石应有足够的垂直照度；特殊型及大型桥梁和具有艺术、历史价值的中小型桥梁的照明通常进行专门设计，必须满足这些桥梁的各项功能要求，并且考虑与桥梁风格相协调。城市小型立交的照明标准可采用道路照明标准中的常规照明，大型立交宜优先采用高杆照明。常规照明是指灯具安装在15 m以下的灯杆上，并按间距有规律地连续设置在桥梁路面两侧进行照明的方式；高杆照明是指一组灯具安装在高度大于或等于20 m的灯杆上进行照明的方式。

桥梁上的照明应限制眩光，眩光是由于视野中的亮度分布或亮度范围不适宜，或存在极端的对比，以致引起不舒适的感觉，降低观察目标的能力的视觉现象。为此，桥梁照明应按照设计标准的要求合理选择灯具的布置形式、间距、高度等，同时要求合理选择照度标准和功率密度值，确定合适的光源，以实现合理的照度，避免或减少桥面灯光设计的盲目性，从而使照明灯具达到节能的目的。

（2）桥面灯光节能措施

①桥梁运行中的灯光照度会受电网电压影响。当电网电压在负荷高峰时，也就是傍晚交通量高峰，此时电网电压低，光源光通量偏低，桥面照度低，而在负荷低谷时电压偏高，特别是接近午夜时道路交通量为低谷，此时的电网负荷也是低谷，而电网电压却偏高，光源发出的光通量也高也就是桥面照度高。这种常见的情况既影响交通安全，又严重浪费能源。如果用智能光源稳压降压调光装置进行控制，那么在电压波动较大又不需要太高的桥面照度时，该装置能降低电压，可达到节能的目的。

②合理选择照明器材是实现节能的有效手段，其中光源及镇流器的性能指标应符合国家现行有关能效标准规定的节能评价要求，灯具除满足相关产品标准及光强分布和眩光限制要求之外，一般桥面使用的照明灯具效率不得低于70%，泛光灯效率不得低于65%。

通常采用的气体放电灯，其功率因数相当低，一般为0.4 ~ 0.6，从而使得回路电流大，在线路上所产生的损耗相对也大。因此，可通过实施电容补偿或配用电子镇流器来提高功率因数。从经济合理的角度考虑，补偿后的功率因数应大于0.85。据测算，此时供电电流约为补偿前的工作电流的一半，表明该照明系统

通过无功补偿为供电电源系统腾出了一半的容量空间。另外，由于供电线路上减少了电流，必将大幅减少线路上的电压损耗和功率损耗，同时也降低了线缆的温升，可谓一举多得。

③选择合理的亮灯、关灯控制方式。采用可靠性好的控制设备也是一项重要的节能措施。多年以来，桥梁灯光的管理和控制手段主要采取时控方式，故障巡检依靠人工巡查的方式，这种传统管理方式在故障处理按需控制、节能等方面已越来越不能适应城市发展需要。要做到需要开灯时能即刻开启、需要关灯时马上就能关闭，实现了这样的控制方式，就能准确控制全年的灯具燃点时间，达到桥梁照明节能目的。现有无线控制系统的组成，已经具有无线遥控、遥测和数据信息处理等功能。它可通过无线电在桥梁控制中心用数据的形式对各灯具控制箱进行监视、测量和控制，实现智能化灯光管理，可对实行一级运行管理的城市桥梁进行准确的遥控开关灯，避免因早开或晚关造成的能源浪费。

④桥梁灯具及相关设施的维护应制订维护计划，宜定期进行灯具清洁、光源更换等。一般来说，以半年或一年为周期进行灯具清洁维护，灯具的维护系数可保持在0.65以上，即可以通过清洁灯具来提高光源光通量的利用率。这样就有可能在满足照明数量和质量的前提下，通过选用功率较小的光源达到节能的目的。

第五章　道路桥梁的运行风险管理

第一节　道路桥梁的运行风险与风险源

一、道路运行风险与风险源

（一）路基失稳风险

相比我国东部及平原地区，西部及山区地形、地质条件更为复杂，施工影响因素多，路基病害也更突出。路基病害主要表现为路基变形，变形又分为可恢复变形和不可恢复变形两种。路基的不可恢复变形将引起路基标高和边坡坡度、形状的改变，严重时将造成土体位移，危及路基的整体性和稳定性，造成路基的破坏。路基失稳是指路基在自身重力和外力作用力下失去原有平衡，出现滑坡、坍塌等病害现象，影响道路的正常使用。

1.路基失稳的原因

路基失稳对行车安全和保证道路的正常使用影响巨大，是路基病害中最严重的一种类型。因此，对路基失稳的原因进行分析研究，并提出应对方案，降低其发生的概率，就显得尤为重要。总体来看，路基失稳的原因主要有以下三大方面：

（1）设计缺陷

由于公路工程是一种带状的工程结构物，沿线地形地质情况复杂多变，前期地质勘察并不能够完全准确反映实际情况，再加上设计者的技术水平和设计经验良莠不齐，因此很多设计图纸是有缺陷的，主要表现在：路线平、纵设计时，盲目追求线形的顺适和高指标，没有到现场进行反复比选和定线，导致出现大量高填深挖路段，造成工程量增加；设计横断面时，没有针对具体地形进行横断面设

计，而是机械地套用标准图，没有结合当地的地形地质、水文条件进行支挡结构和路基边坡防护设计。

（2）环境影响

影响路基稳定的环境因素主要有地理条件、地质条件、气候条件、水文条件等。在这些影响因素中，又以温度和湿度的影响为主。研究表明，沿路基深度出现较大温度梯度时，水分在温差的影响下以液态或气态由热处向冷处移动，并积聚在该处，出现湿度积聚现象，这种现象在季节性冰冻地区尤为严重。积聚的水冻结后体积增大，使路基隆起而造成面层开裂，即冻胀现象。春暖化冻时，积聚在路基上层的冻层先融解，水分难以迅速排除，使得路基上层湿度增加，承载力大大降低，在车辆荷载的反复作用下，路基土以泥浆的形式从胀裂的路面缝隙中冒出，形成翻浆。另外，降雨或地下水渗入路基内部，使得路基土的黏聚力和摩擦强度显著降低，同时也显著降低了边坡的抗剪强度和抗剪能力，使安全系数大大降低，导致边坡失稳。

（3）排水设施不完善

路基的稳定性与水的关系非常密切，水是导致边坡失稳的主要因素之一。现在往往只重视道路路基、路面、桥涵等主体结构的设计和施工，而忽视了排水系统的重要性，常常只简单设计边沟用于排水，并没有形成综合性的排水系统，排水效果也大受影响。为了使路基能经常处于干燥、坚固和稳定状态，必须对影响路基稳定的地面水进行拦截，并排除到路基范围之外，防止漫流、积聚和下渗。同时，对于影响路基稳定的地下水，应截断、疏干、降低地下水位，并引导到路基范围以外，使全线的沟渠、管道、桥涵构成完整的排水体系。

2.特殊条件下路基失稳风险

（1）沿河道路路基失稳

沿河路基的失稳是路基岩土体与河水、地下水、地表水等多种因素长期相互作用的结果，是一个动态过程。由于经济条件、工程技术水平、地形地貌及对沿河路基失稳破坏认知水平的制约，沿河路基一旦失稳，不仅维修困难，而且会造成交通中断，将给附近地区带来经济损失或人员伤亡。

沿河路基所处的环境具有如下三个鲜明的特点：①路基受到水流冲刷与浸蚀作用；②江河水位变化使路基浸蚀部位变化，坡体内孔隙水压力、渗透压力也发生变化；③在水-岩耦合作用下，路基岩土材料的流变作用会加剧透水层孔隙水

压力变化，甚至产生超孔隙水压，使不透水层产生上浮力，导致路基失稳并形成灾害。

（2）路基沉陷

路基沉陷的主要特征是：路基局部标高降低，路面出现大量裂缝，严重时伴有边坡滑塌或路肩墙等结构物的破坏。特别是受山区复杂多变的水文、地质、降雨等环境的影响，路基沉陷灾害时有发生。

调查显示，路基沉陷地质灾害主要发生在半填半挖的路基结构形式中。其原因主要是半填半挖的路基结构形式在填挖交界面和填方与支挡构造物之间，填筑土体、施工质量等问题容易形成薄弱结构面，以致成为灾害发生的重要诱发因素。研究认为，路基沉陷地质灾害链式反应中起主导作用的因素为薄弱结构面、路基填土和外界诱发等。

在灾害早期阶段，路基填土处于自身重力的沉降及车辆荷载作用下的压密阶段，该阶段路基基本无沉陷迹象，整体处于稳定状态；在灾害中期阶段，路基填土自身重力沉降部分完成，在连续的车辆荷载尤其是重车荷载作用下，软弱结构面承载力下降，开始变形，表现为路面的裂缝、竖向沉降、路基与支挡构造物之间的裂缝及支挡构造物的滑移变形等；在灾害晚期阶段，由于车辆荷载及沿软弱结构面周围的裂缝渗入的雨水影响，路基填土承载力急剧下降，最终导致路基竖向沉降量快速增大，甚至导致半幅、全幅路基坍塌等严重后果。

3.软土路基失稳

按照软土的构成基质，软土可以分为淤泥类土与泥炭类土两种。淤泥类土的含水量非常大，土壤的天然压缩性非常高，土壤的天然孔隙比在很多情况下远远大于1，但其抗剪强度比较大，可以承受较大的变形，尤其是承受侧向变形压力的能力比较强。不同于淤泥类土，泥炭类土除了与淤泥类土一样，含水量较大、压缩性较高、天然孔隙比较大外，它的抗剪能力也比较弱，在很多情况下，其本身并不适用于软土路基，所以通常所说的软土路基是指淤泥类土。

软土路基裸露于自然界中，经常受到自重、车辆荷载及各种自然环境因素的作用。在各种因素的共同作用下，软土路基将产生变形，其中有些变形是可以恢复的弹性变形，而有些变形是不可恢复的塑性变形。那些不可恢复的变形会引起软土路基高程、边坡坡度及路基形状的改变，甚至造成路基土体的位移及横断面形状的变化，影响路基及其组成部分的完整性和稳定性，由此产生路基病害。

（二）路面功能损坏风险与风险源

沥青路面的常规损坏主要分为裂缝、变形、表面损坏和其他四类，每一类损坏又有很多不同的表现形式。

1.裂缝

裂缝是沥青路面损坏的一种常见病害。按照裂缝的方向和成因，可分为纵向裂缝、横向裂缝、反射裂缝、龟裂和块状裂缝。

纵向裂缝基本上平行于道路中心线，一般发生在距路面边缘 3～5 m 的车道内。裂缝形状有两种：一种是直线形；另一种是纵向弧形且两端向路堤边缘延伸。通常认为，地基的不均匀沉降、不良的施工搭接和过大的荷载是纵向裂缝产生的主要原因。

横向裂缝是沥青路面常见的裂缝之一，通常被看作一种早期损坏现象。横向裂缝的方向垂直于道路中心线，裂缝间隔不等且数量逐年增加。横向裂缝的主要成因是温度变化、反射裂缝和施工接缝。半刚性基层沥青路面的横向裂缝绝大部分是反射裂缝。

反射裂缝一般都是横向裂缝。不过最近的调查发现，当路面宽度很大时，反射裂缝也会表现为纵向裂缝。因为当路面很宽时，横向的收缩也足以造成基层的开裂并反射到路表面。

龟裂是指在路面局部区域内出现的龟纹状交错裂缝。龟裂常伴有沉陷和咽浆现象。一般认为，龟裂是路面结构在重复荷载作用下的疲劳损坏，是结构强度不足的体现。其初期阶段表现为相互交错的裂缝，继而发展为锐角多边形裂块。

块状裂缝是一种将路面分割成近似矩形裂块的交错裂缝，接缝间的交角近似呈直角或钝角，是纵向、横向裂缝密度较大时的结果。块状裂缝主要由温度变化、反射裂缝或沥青老化等引起。

2.变形

沥青路面变形也是一种主要的损坏现象。沉陷、车辙和推挤所导致的路面变形降低了路面平整度和道路服务水平，严重的病害甚至还会影响行车安全。

沉陷是指路面的局部凹陷，由基层或路基的局部压实不足所致。路基未充分固结或压实不足造成的路基继续沉降往往会引起路面的大面积沉降，这种沉降有时伴有贯穿整个路面的结构性破坏，这种现象通常不作为路面沉陷考虑。

车辙是指轮迹带上出现的狭长形凹槽。随着渠化交通程度的提高和车辆荷载作用次数的增加，行车道轮迹处由于沥青层的再压密或剪切变形而逐渐形成不同程度的车辙变形。车辙变形的外因是渠化交通和荷载的重复作用，内因是沥青混凝土的高温稳定性差和抗塑性变形能力差，在车辆轮载的碾压下产生横向剪切变形流动。因此，辙槽的两侧由于这种剪切流动而常常局部隆起。

在交叉路口、匝道进出口等处，因车速变化频繁，经常刹车与启动致使路面承受很大的水平力。当沥青混合料高温稳定性较差时，就会在高温和水平力的作用下产生搓板状的推挤变形。

3.表面损坏

沥青路面磨光、麻面和坑槽是路表损坏的常见现象。

磨光是指路表外露的集料颗粒在行车轮胎的摩擦作用下逐渐被摩擦光滑的现象。研究表明，车辆低速行驶时的摩阻力主要由路表构造纹理提供，而高速行车的摩阻力则主要来自集料表面的细纹理。一旦路表集料颗粒被磨光，细纹理和构造纹理都将大大减少，路面的抗滑性也将随之下降，成为交通安全的一大隐患。磨光的主要成因是集料的硬度较小、耐磨性较差，选用材质较好的集料可有效地防治磨光。

麻面是指沥青混合料的细集料或部分粗集料散失造成的路面病害。造成麻面的主要原因是酸性集料、集料中的含尘量过大等造成沥青-集料黏附性不足。

坑槽是指路面材料散失后形成的各类凹坑。造成路面坑槽的主要原因有龟裂碎块松动脱出、沉陷后损坏并脱出及层间黏结不足、表层脱落等。

4.路面泛油

路面损坏还包括路面泛油。泛油是指沥青面层中的自由沥青受热膨胀，直至沥青混凝土空隙无法容纳、溢到路表的现象。泛油可造成路表构造深度逐渐减小，抗滑性降低，从而影响行车安全。沥青混合料中沥青用量过多、稠度太小和设计孔隙率过小都会使沥青混合料的饱和度过高，也就是混凝土内没有足够的空间容纳自由沥青升温时的体积变化，引起泛油。而混合料拌和、摊铺过程中，沥青用量控制不准导致过量，离析促使细料过于集中也是导致泛油的重要原因。可以说，传统泛油病害的内因是设计或施工不当，而诱发的直接外因是高温。泛油通常在整条路段出现，路表如镜面光滑，雨天车辆易打滑，带来行车安全风险。

（三）道路附属设施运行风险与风险源

城市道路附属设施包括，用于提供出行引导和路权标识的标志标线、用于分隔或防撞的护栏及分隔栏、埋置在地下的管线设施等。表5-1列出了典型城市道路附属设施运行风险及其致因。

表5-1　典型城市道路附属设施运行风险及其致因

附属设施类别	主要运行风险	风险致因
标线	不清晰，难以辨识	被车辆磨损、标线耐磨性差、养护不及时
	湿滑	降雨或路面潮湿、标线未设置排水开口、潮湿状态下标线摩擦系数不足
	夜间不清晰	标线不含玻璃微珠或含量不足、表层磨耗严重
标志牌	夜间视认性差	反光膜不合格、发光膜老化
	板面变形、板面破坏	高车或大件运输车辆与标志牌发生擦碰
	标志牌倒伏	车辆与标志牌发生碰撞、杆件发生锈蚀腐化、被台风吹倒
防撞护栏	断裂	车辆撞击、路基变形
	大变形	车辆撞击、路面塌陷
	夜间视认性差	无诱导标志或老化
隔离栏	变形、移位	与机动车或非机动车碰撞或刮擦
	行人或非机动车穿越	隔离栏有开口、行人或非机动车绕行太长、隔离栏高度不够
	褪色	紫外线长期作用、养护不及时
	锈蚀、断裂	雨水、氧化
窨井盖	缺失	偷盗、养护事故
	移位	井盖松动，车辆碾压引起弹跳
	破损	强度不足，老化
给水管	破裂	强度不足，大荷载作用
	渗水	老化导致接口密封性不好、水压太大
排水管	渗水	车辆碾压导致水管破裂、低温导致冻裂
	路面雨水口无法进水	排水管堵塞、排水坡度不足
燃气管	爆炸	施工开挖破坏、老化导致煤气泄漏
电力	漏电	电力管线渗水、道路施工误挖

二、桥梁运行风险与风险源

城市桥梁运营阶段的主要风险源包括自然灾害、意外事故、结构退化、人为破坏等。很多在规划、设计、施工阶段埋下的风险隐患将最终在运营阶段呈现，进而造成损失。

下面将对城市桥梁在运营阶段较为常见的风险进行归纳介绍。

（一）自然灾害

城市桥梁在运营期间会遇到各种自然灾害，如雷暴、大雾、雨雪等，这些自然灾害会给桥梁运营带来很大风险，影响车辆行车安全和行车舒适性，甚至引发交通事故，给桥梁结构带来损伤。

我国是世界上多地震国家之一，大约平均每三年发生两次7.0级以上地震，而每两次7.0级以上地震就有一次酿成重灾。地震灾害不仅会导致大量地面构筑物及各种设施的破坏和倒塌，而且次生灾害中因交通及其他设施的毁坏造成的间接经济损失也巨大。就某一确定的桥梁工程而言，与其他风险源相比，虽然地震风险发生的概率水平可能会低一些，但往往会对桥梁结构安全产生重大影响，造成严重后果。

桥梁在风作用下会发生驰振、颤振、涡振、抖振、涡激共振及斜拉索的风雨振。若设计不当，施工期间及成桥后主梁和桥塔均可能发生上述不利现象。风对桥梁结构在施工和运营阶段的影响可以从结构稳定失效、风振疲劳、风振舒适性和行车安全性风险等方面来理解。结构稳定失效包括风致动力和风致静力稳定问题，如颤振、驰振、横向屈曲、静力扭转等，稳定性问题一旦发生，将对结构造成毁灭性的损失；风振疲劳是风对结构长期往复作用引起的结构破坏现象；风振舒适性是由风引起结构和临时施工设备的振动，使人感觉不适或不安全，导致设备的损坏和人员伤亡事故；行车安全性风险主要考虑在强风条件下车辆通过桥梁的安全性问题，避免出现翻车、侧移等不安全问题。

我国把南海与西北太平洋的热带气旋按其底层中心附近最大平均风力（风速）大小划分为6个等级，其中，中心附近风力达12级或以上的统称为台风。与一般大风相比，台风风力更强，而且还会伴随短时强对流天气，造成桥梁在发生风致振动的同时，还会产生与强降雨、冲刷、碰撞等相关的风险事故。

当桥面积雪深度达5～10 cm时，路面湿滑，容易出现交通事故，车辆行驶

速度明显降低；积雪深度达10～20 cm时，行驶困难；积雪深度达20 cm以上时，一般不能行驶。雪被碾压或外界条件使雪融化覆盖在路面上，从外观颜色可分为白色冰路面、灰色冰路面和黑色冰路面三种。此类路面在零下气温时与车轮间的附着系数在0.08～0.20，车辆操作性、制动性与驱动性明显降低，其中黑色冰路面为最薄，对桥梁运营的影响也最大。

雾天能见度较低，视野变窄，容易造成追尾事故，由于不同路段大雾的严重程度可能有所不同，驾驶员很难根据各路段不同的能见度及时调整自己的速度和车间距。大雾天路面湿滑，车辆与路面的摩擦系数减小，导致制动距离延长、行驶打滑、制动跑偏等现象发生，若采取措施不当，容易引发交通事故。

（二）意外事故

城市桥梁运营阶段可能发生各种意外事故，其中有相当比例是与车船相关的事故。

1.交通事故

车辆交通事故是城市桥梁最常见且广泛存在的事故类型，往往会造成巨大的人员伤亡和经济损失。对于城市桥梁，车辆撞击风险主要指车辆撞击护栏、桥塔、拉索或吊杆等构件。一般而言，意外原因造成车辆失控而引起交通事故的概率在全线处处相同，因此，进入考虑范围的桥段长度越短，此段发生交通事故的次数越少。一般桥塔顺桥向尺寸占全桥比例较小，因此在桥塔附近发生意外而导致车辆失控的事故较少，对桥梁结构的影响较小。对于城市缆索承重桥梁，索结构所占全桥比例越大，在缆索区域发生交通事故的次数越多。总体来说，桥面车辆发生普通交通事故一般只会撞击桥梁护栏，造成附属设施的损坏并对桥梁的正常运营造成影响，但对桥梁主体结构不会有太大影响。但是若车辆撞击桥塔、缆索等关键结构，对桥梁结构将产生非常严重的影响，需要对此类风险进行考虑。日常应加强桥梁车辆通行监督和管理，尽量避免车辆"带病"上桥。若桥梁上发生交通事故，待道路畅通后，须迅速检查桥梁受损构件的损伤程度，及时维修。

2.火灾

桥上火灾事故主要由交通事故引起，其中油罐车的交通事故引发的火灾程度一般较为严重，会对桥梁结构造成较大的损伤，甚至可能导致人员伤亡。引起火灾的原因很多，如车辆碰撞、易燃品泄漏、线路短路致车体燃烧等。车辆火灾的严重性主要取决于车辆本身的大小及装载物品的燃烧性能与数量、火灾空间大小、通风条件等。车辆在桥梁上起火燃烧与其他起火燃烧最大的不同之处在于火灾空间与通风条件，而在火源、可燃物特性、火灾荷载密度等方面差别很小。当车辆在桥梁上发生火灾时，一般可认为火灾空间无限大，为燃料控制型火灾。桥梁处于室外环境，个别车辆发生火灾后燃烧产生的热量易散发，其他未着火车辆内的人员受热烟气毒害、窒息而伤亡的可能性很小，因此可认为火灾仅限于最初发生火灾的个别车辆。针对桥梁火灾风险，应当日常加强易燃品、危险品车辆的管理，记录该类车辆的通行情况。当发生桥面火灾时，应立即联系消防、医疗部门迅速对事故现场进行处理；立即疏散周围车辆，开通抢险通道，并对桥面交通进行管制；控制火情后，应组织人员对结构进行安全评估、修缮，并对损坏构件进行更换。

3.路面坠物

桥梁还可能发生路面坠物，主要分为两种：一种是桥梁结构自身附属构件坠落；另一种是行驶车辆大型货物坠落。一般桥梁自身结构附属构件坠落的可能性较低，路面货物坠落的情况多发。大型货物坠落清理势必会造成较长时间的通行延误，同时大型货物冲击可能造成严重的桥面板损伤，甚至发生脆性冲剪破坏，极大地影响桥梁结构安全。除路面坠物外，还存在桥上物体坠落桥下，造成撞击、人员伤亡等情况。

滴水冰锥是桥梁坠物中比较常见的形式之一。桥梁滴水冰锥的形成一般发生在冬季，多数出现于桥梁泄水管出口、伸缩缝下坡端头、装配式板梁湿接缝深水处及与其他设施、标牌的固定螺栓处。滴水冰锥锥尖锋利，一旦坠落极易造成行人受伤、车辆损坏。

4.桥梁侧倾、侧滑、倾覆事故

随着经济的快速发展，货物运输逐渐向大型化、重型化发展，早年建设的部分桥梁已进入超龄超载服役状态。货物运输车辆在数量和重量层面均已超过原先规定的设计容许范围。部分货运车辆超载会对城市桥梁造成更大的运营负荷。早年，城市桥梁对货运车辆的荷载限制相对较为宽松，慢车道的重车排队导致桥梁结构无力支撑较大的偏心荷载，从而出现立交桥侧倾、侧滑、倾覆事故。这类事故一旦发生会造成严重的结构安全事故，导致运维时间与管养费用的显著增加。

除了一次性的结构失效事故外，车辆的严重超载增大了桥梁各构件的应力水平和变化幅度，使桥梁产生疲劳损伤，加剧了裂缝扩展，加速了桥梁的性能退化。在超载车辆的长期作用下，桥梁内部的塑性损伤不断累积。后期运营过程中，桥梁的服役性能已显著降低，桥梁结构抗力和安全储备不断下降，桥梁安全风险不断增加。针对车辆超载风险，目前的管理手段主要是布设称重系统，对通过桥梁的车辆进行超载治理。

桥梁的整体侧倾、侧滑、倾覆是城市立交桥的主要风险之一。由于受到地形、地物、占地面积和城市景观等各项因素的约束和影响，城市桥梁中，特宽桥、弯梁桥、斜梁桥、独柱墩梁桥及多格式箱梁桥等特殊受力结构尤为常见。在城市桥梁运营阶段，由于结构受力特性的影响，内外支座反力存在差异，严重时甚至导致部分支座脱空，从而产生立交桥倾覆的风险。早年，设计认知局限和桥面严重超载造成诸多桥梁侧倾、侧滑、倾覆事故，因此，这类桥梁在运营阶段需要进行相应的加固和监测。

（三）结构退化

城市桥梁在运营阶段还会面临诸多与自身性能相关的风险。例如对于软土地基和采煤塌陷等区域，由于地基不均匀沉降和地质的变化，导致附近城市桥梁的基础发生差异化的位移。城市桥梁大多属于超静定结构，基础位移将使上部结构存在附加应力，甚至引发结构损伤，从而导致更大位移。此时，桥梁结构的安全可靠性降低。当基础不均匀沉降导致结构进入承载能力极限状态后，将会导致桥梁结构的整体性破坏，缩短桥梁使用寿命，形成极大的风险。

结构在长期使用过程中，因自然环境的复杂侵蚀作用，还会发生材料老化、结构损伤，这种累积损伤必然造成结构性能的显著退化，结构的抗力也将随服役期的增长而衰减。此外，当结构管养不当时，容易使桥梁构件产生外观损伤。其中，明显的缆索结构锈蚀、疲劳断裂、混凝土结构锈蚀、保护层脱落及钢结构涂装劣化等会给公众带来心理上的不利影响，若科普不及时，将影响公众对桥梁结构安全性的正确认知，产生不良的社会舆论。

第二节　道路运行风险防控

一、路基失稳风险防控

（一）路基沉降防控措施

1.加强路基沉降预测

控制好路基的沉降问题是在软土地基修建道路最关键的问题，因此把各因素充分考虑在内，充分分析之后再进行施工尤为重要。前期的分析工作比较烦琐，需要把各种不确定的因素排除，尤其是地基条件的分析。通过加大勘测的力度和范围，全面了解地基条件，掌握各项指标及其潜在的变化情况后才能施工。这些预测工作能够有效地保证工程的进行，节省人力和财力。

2.做好路基施工准备工作

在正式开展路基工程施工之前，必须全面完成各项准备工作。例如将路基底层的垃圾和杂物清理干净，确保路基表面干净整洁，然后安排施工机械设备、施工材料入场；重视机械设备调试工作，确保设备综合性能良好；注重施工材料试验检测，提高施工材料综合性能；加强施工人员管理培训，严格按要求施工，并把握质量控制要点，促进路基工程建设效果提升。

3.优化路基施工方案

设计人员要深入施工现场，详细掌握路基工程建设基本情况，然后制订科学合理的施工方案。要注重提高施工方案的科学性与合理性，对施工材料、机械设备和人员进行恰当安排。对比不同方案的技术性与经济性，选择最优施工方案，从而更好地指导路基工程施工，确保工程质量，让整个道路工程建设取得更好的效果。

4.把握路基施工技术要点

路基施工过程中，应该把握技术要点。例如注重原材料质量检测与验收，保证原材料质量合格；加强填料含水量控制，做好试验研究工作，确保在最佳含水量状态下开展碾压施工；采用分层填筑和碾压方式，每层厚度以20～30 cm为

宜，一层碾压完成且质量合格后，才能进入下一层碾压施工；注重碾压质量控制，选用大吨位压路机开展碾压施工，有利于确保路基压实度和施工效果。

5.加强施工现场管理

重视路基施工现场管理，合理安排施工人员开展各项活动；注重路基施工现场巡视和检查，详细掌握路基工程建设基本情况，确保路基压实度和施工效果；要保证施工现场秩序良好，填料质量合格，在最佳含水量状态下开展碾压施工，最终实现有效提升路基工程质量的目的。

6.重视工程质量监测

在整个路基工程施工过程中，应加强质量监测与控制，详细掌握路基工程建设基本情况；要布置严密的质量监测网络，加强路基施工过程监测，做好数据收集和记录工作，全面掌握路基沉降和工程质量状况；对可能发生的沉降，施工单位应及时采取预防和控制措施，有效保证施工效果，提高路基稳定性与可靠性。

（二）路基边坡失稳防治措施

1.坡面防护

（1）砌石护坡

干砌石护坡主要用于坡度缓于1∶1.25的土质路堤或路堑边坡，该防护形式能够将雨水或地面水流的冲刷破坏降至最低，同时投资成本低，且能适应边坡的较大变形。其缺点是当防护边坡受到水流冲击过程时，流水冲刷会带走边坡表面的细小颗粒，易导致边坡出现较大的沉陷。相应地浆砌石护坡弥补了该不足之处，它可有效封闭各种软质岩层和散碎挖方，防止地面雨水对坡面的冲刷，因此被广泛用于路基边坡防护。

（2）植物护坡

草皮、植被对路基边坡有一定的保护作用，在坡面种植树草是路基边坡防护中极为常见而又有效的一种措施。植被的根系在地下反复交错、紧密连接，在强降雨天气或边坡受地表径流冲刷时，能稳固边坡土壤，起到保护边坡的作用，同时具备审美功能，能够在一定程度上美化沿路风景。

（3）喷射混凝土护坡

喷射混凝土护坡多用于坡面为碎裂结构的硬质岩石或层状结构不连续地层的石质边坡，并且坡边岩石容易破碎坠落的路段。素喷混凝土对边坡进行防护的方式封闭性较好、避水、抗风化,对于易风化的岩质边坡及卵石地层边坡防护效果极佳;而对于整体性较差的岩质边坡,一般采用锚杆、锚筋束或锚索防护。

（4）主动、被动防护网防护

主动防护网通过钢丝格栅均匀传递来充分发挥整个系统的防护能力,从而使系统能承受较大的荷载并降低单根锚杆的锚固力要求,因此能较好地保护坡面植被,适用于本身渗水较严重、对泄水要求较高的岩质边坡。

被动防护网的钢柱和钢丝绳网连接组合构成一个整体,对所防护的区域形成面防护,从而阻止崩塌岩石土体下坠,起到边坡防护作用。与刚性拦截和砌浆挡墙相比,被动防护网不仅缩短了工期,还节约了投资成本。

2.坡体稳定

（1）支挡工程

支挡结构包括挡土墙、抗滑桩,预应力锚索等支撑和锚固结构,是用来支撑、加固填土或山坡体,防止其坍滑并保持其稳定的一种建筑物结构,它可在一定程度上防止雨水的冲刷,也可拦挡落石和整治滑坡等,其广泛应用于隧道洞口、桥梁两端路基边坡的稳定。

（2）排水工程

边坡排水主要包括坡表排水和坡内排水,其目的是将边坡表面水流截流排泄,并把滑坡体内的地下水引出坡体,有效减少滑坡体内因长期水力作用而失稳的现象。排水一般分为地面排水和地下排水。地面排水是拦截和引导地面水,以防止地面水冲刷或渗透边坡岩体。地面排水方式包括排水沟、截水沟、急流槽等;地下排水方式主要包括盲沟、渗沟、渗井、仰斜式排水孔等。

（三）路基空洞防控策略与措施

1.路基空洞防控策略

（1）提高路基施工质量

严格按照我国路基施工规范规定,选择符合要求的路基填筑料,对每层填土密实度进行抽检,合格后才能允许施工单位进行下一层填土。处理湿软地基时,应该首先探明地基承载力,然后采取合理的软基处理方案和施工工艺。路基应尽可能预留足够的沉降期,使路基土体达到自然稳定,避免或减小因不均匀沉降造成的道路病害的发生。在填挖交界处施工,应压实均匀、紧密,填挖交界处2 m

范围内的挖方地基表面上的土应挖成台阶，翻松，并检查其含水量是否与填土含水量相近，同时采用适宜的压实机具，将其压实到规定的压实度。

（2）对市区道路溶洞、旧沟进行调查

采用探地雷达检测等手段对全市范围的溶洞、使用超过10年的旧沟进行系统调查和安全评估，并建立相应的信息系统。对评估有安全隐患的溶洞和旧沟进行灌浆或开挖填充处理。

（3）强化地下管线施工质量管理

加强地下管线工程施工质量的管理工作，回填压实度等指标应严格按照相关标准和规范执行，减少地下管线施工回填不实引起的路面塌陷事故。

（4）开展地下穿越工程安全影响评价及监测

在有地铁或隧道横穿、侧穿、邻近城市道路施工时，必须开展地下穿越工程安全影响评价及监测。从工程设计方案、实施方案等多角度论证其对穿越道路的扰动影响，并从相关设计和施工指标上进行严格控制，保证对道路的扰动在安全范围内。在施工阶段，应按相关规定进行监测，预防和减少施工扰动导致的路基空洞与路面塌陷事故。

2.路基空洞的处理方法

（1）道路塌陷常采用泡沫混凝土灌浆法

在空洞体范围内，人工成孔或机械成孔露出地下空洞，自孔中向空洞体内灌填具有适当坍落度的泡沫混凝土或轻质材料，一方面，通过其重量压实底部松散的坍落土；另一方面，充填满地下空洞。

采空区应根据采空区的形成时间、埋深、采空厚度、采矿方法、顶板岩性及其力学性质、水文地质、工程地质条件等选择治理方案。治理方案主要有开挖回填、充填、注浆、板跨、减轻堆载等措施。

泡沫混凝土用于处理溶洞、采空区前，要评估岩溶地貌或采空区的发育特征，分析泡沫混凝土回填的可行性，并对泡沫混凝土回填的地基进行承载力测试，以确保设计路堤的稳定性与使用安全。

对于路基范围之内的溶洞，还须进一步判明溶洞的发育阶段。当有已停止发育的溶洞、采空区位于路基两侧时，应通过判定岩溶、采空区对路基的影响，评价其影响范围，溶洞、空洞坍塌扩散的影响范围之内的路堤填筑宜采用泡沫混凝土。

（2）岩溶路段路基空洞处理方法

应结合工程条件分析判别岩溶对路基工程的危害程度，选择合适的处理方法。岩溶区域地表水宜采用渗沟、排水沟将水截留至路基外。对于路堤下方发育干溶洞，当体积不大、埋深较浅时，宜采用泡沫混凝土充填密实；当洞体庞大或深度较深时，宜在稳定性评价基础上，采用钢筋混凝土板块跨越，同时上部宜采用泡沫混凝土填筑。对于有顶板但顶板强度不足的干溶洞，可适当加固顶板，提高强度后，上部采用轻质泡沫混凝土路堤。当岩溶区域地基的强度和稳定性不能满足工程要求时，常根据岩溶具体情况、工程要求、施工条件，按照安全性与经济性原则选择适当的地基处理方法。总体来说，岩溶病害的处理方法主要有挖填、夯实、灌浆、控制抽排水强度、填石加混凝土等。

（四）地下工程施工作业引起的路基失稳防控

1.施工阶段预防措施建议

在湿陷性黄土区域建设市政道路，应对土路基础进行换填处理，增加路基厚度，减少水对土基的影响。

提高各类管线检查井的防水处理。检查井是地下管线不可或缺的组成部分，一般来说，市政雨污水重力流管道及自来水、热力等带压输水管道的检查井防水设计标准高，而煤气、通信、电力、路灯等不带水管线的检查井防水设计标准低，应提高其防水设计标准。

通信、电力等不带水管线单独敷设时，应避免采用直埋方式，宜采取加套管、在检查井内设沉淀池等防水措施。

推广应用综合管廊。加强各类地下管线在规划设计阶段的管理，尽量建设综合管廊，将没有安全隐患可以共同埋设的管线设计在综合管廊内。比如强电（高压电、长途光缆及各种动力电缆）、弱电（各种通信、网线、有线电视）、压力管线（自来水、热力）、重力管线（雨污水管线）等管线设施集中于综合管廊内，进行统一管理，既能避免管理无序、重复开挖、互相破坏，又可集中管理，避免因防水等级设计的差距引起的水泄漏。

绿化带外侧的侧平石设计标准要提高，加厚水泥混凝土基础和背灰，以阻止水侵入地基，减少道路塌陷。

2.建立健全地下管线检测、隐患排查治理制度

对雨污水管道运行状况进行评估，一路一档，将发现的设施隐患问题整理存档，提出改造计划建议，暂时不能改造的，列入重点监控路段，为下一步设施维护提供基础性资料。

供热、供水等输水管线产权单位也应组建管道检测机构，使用地下管道防腐层探测检漏仪、电子听漏仪器、漏水相关仪等仪器对所辖管道设施进行全面检测、排查，及时发现渗水等隐患，并及时处理。

电力、通信等非输水管道产权单位应定期检查井内积水情况，发现积水，及时抽除。

加强地面空洞的探测。对城市地下空洞开展检测工作的同时，使用地质雷达（又名探地雷达）对路面疑似空洞进行探测，对探地雷达系统检测出的异常点进行钻探或开挖论证，对空洞进行加密注实处理。

3.制定应急处置措施

强化市政设施巡视管理，建立以数字化城乡管理指挥中心为平台，市政公共设施管理处设施巡视员与数字化城乡管理指挥中心信息采集员共同巡视的办法，通过培训，掌握辨别道路空洞隐患的专业知识，把及时发现、报告道路塌陷隐患作为日常的一项重要工作，建立道路塌陷排查治理常态化工作机制。

强化应急抢险保障管理，建立健全应急保障队伍，完善应急预案。以数字化城乡管理指挥中心为信息平台，建立市政、自来水、天然气、热力等各类地下管线产权单位联动机制，保证有险情出现时，第一时间启动应急预案，及时处置。

二、路面功能失效风险防控

（一）预防性养护理念及意义

大规模的道路建设在我国持续了几十年，随着已建道路运营多年，一些早期修筑的道路相继进入养护维修阶段。面对日益严峻的道路养护形势，传统的矫正型养护很难满足当下的养护需求，寻找新的途径以保持路网完好、改善路面状况、降低养护成本并延长道路寿命，已经成为道路养护研究工作者面临的重要课题，预防性养护的理念正是在此前提下产生的。

预防性养护是一种新型养护理念，相对传统的修补性养护而言，预防性养护

是在市政道路工程出现病害之前对其进行主动养护的一种措施，即城市道路养护部门在道路建成并投入使用之后，采取有效的防范措施，有计划地对道路进行养护，从而维持道路工程的承载能力，避免路面在长期使用过程中出现各种病害，保证路面行车的安全性与舒适度，确保市政道路工程的质量。

预防性养护能否达到预期效果关键要解决三个方面的问题：其一，是判断目标路段是否适宜采取预防性养护；其二，是对可进行预防性养护的路段做养护时机判断，其三，是对该路段实施何种预防性养护策略做出抉择。要解决这三个问题，首先需要掌握道路状况，这就涉及路面性能指标选取及指标预测的问题。在解决预防性养护的时机及策略选取问题时采用全生命周期分析法，综合考虑道路全生命过程中的全部费用。在确定了各方案的全生命周期费用后，通过计算不同预防性养护时机及方案组合下的费用差别，最终确定合理的预防性养护时机及策略。

预防性养护在城市道路管理中的意义如下：

1.有利于降低市政道路工程的养护成本

在市政道路管理工作中，全生命成本主要由建设时的费用及对道路维修时投入的费用两个部分构成。若养护部门在实际工作中采取的是预防性养护，那么养护部门可在投入最低养护成本的基础上确保道路工程的质量，使其在使用过程中处于良好的运行状态。预防性养护工作，有利于市政道路工程的正常运行，避免其出现各种病害，影响道路工程的质量。相对传统的修补性养护工作而言，预防性养护成本要明显低很多。

2.有利于促进交通事业的健康发展

随着城市经济的快速发展，人们的生活质量逐渐提高，对出行环境的要求也越来越高，传统的道路养护观念已经不能满足城市交通运输的需要。当道路受到严重损坏时，再采取措施进行修补的养护方式已经不能适应目前城市道路交通的需求。城市道路交通具有车流量大、人均道路面积小的特点，如果在路面破坏以后才进行维修，此时道路结构已经被损坏，需要花费高额成本对基层进行处理，维修的时间也会比较长，会对城市交通产生不利的影响。相关部门在对道路进行维修的过程中，由于路况较差，车辆行驶的速度本身就很慢，再加上维修占用部分道路，堵车现象更加严重，这在一定程度上增加了城市交通压力，导致城市越来越拥挤。然而，预防性养护的施工比较方便快捷，对道路交通影响不大，它在

道路通行质量明显下降之前就采取有效的措施进行养护，有利于短期内恢复道路的通行能力，为车辆通行提供更加安全、舒适、耐用的环境。因此，相关部门必须转变养护理念，在道路良好或者损坏初期就采取预防性养护措施进行修复，保证道路的安全使用。

3.有利于改善目前市政道路养护工作管养分开的局面

当前市政道路养护单位转变为企业，利润最大化是企业进行生产经营活动的最终目标，企业更加注重经济效益。养护企业为了追求更大的利润，往往忽视刚被损坏的道路，为了降低养护费用支出，只去修复那些损害程度大、不得不修的道路，导致政府投入道路养护的费用没有得到充分利用。因此，采取预防性养护，可在一定程度上改善这种局面，在道路损坏的初期对道路进行必要养护，不仅能保证道路的安全使用，而且能够延长道路的使用寿命，相对地降低道路养护成本，实现社会效益和经济效益双赢的局面。

（二）沥青混凝土路面养护技术

1.裂缝修补类技术

道路在使用过程中，路面会因行车荷载及环境因素的作用而逐渐损坏，造成道路服务水平的逐步下降。裂缝是路面损坏最初和最为常见的一种破损形式。裂缝处置就是对路面最初的损坏进行修复，是预防性养护中最普遍的施工工艺。

灌缝材料应具有良好的黏结力，以便和裂缝内部两边的沥青材料相融合；要在低温状态下具有优良的延伸性和弹性，不致发生断裂；应具备持久的抗老化、抗疲劳能力，有良好的高低温稳定性，以适应复杂的自然环境和大交通量的需求。灌缝材料的种类主要有乳化沥青、SBR改性乳化沥青、密封胶、SBS改性热沥青和热沥青。

开槽灌缝必需的施工步骤：开槽；裂缝清理和干燥；灌缝前预热；材料准备和浇灌；加遮盖材料。

裂缝处置方案的选择：对于裂缝宽度在8 mm以上的选用密封胶开槽灌缝；缝宽在5～8 mm范围的无分支单条纵、横裂缝，采用改性热沥青开槽灌缝；缝宽小于5 mm的单条纵、横裂缝或有少量分支的裂缝采用改性乳化沥青灌缝。

在高温季节，全部或大部分可愈合的轻微裂缝可不加处理。在高温季节，不能愈合的轻微裂缝可采用下列方法处置：将有裂缝的路段清扫干净并均匀喷洒少量沥青（在低温潮湿季节宜喷洒乳化沥青），再匀撒一层2～5 mm厚的干燥洁净的石屑或粗砂，最后用轻型压路机将矿料碾压。沿裂缝涂刷少量稠度较低的沥青。

影响沥青材料灌缝质量的因素主要是开槽宽度、开槽深度、槽壁清洁度、槽壁干燥度、施工气温、灌缝材料等。此外，密封胶灌缝应高于路表面2～3 mm；封层边缘整齐，灌缝充分饱满；密封胶经行车碾压后不得发生脱落变形，保持足够的弹性；密封胶禁止在路面潮湿或温度低于4℃的环境下施工，否则会降低密封胶的黏合力，易造成脱落，影响施工质量；灌缝应充分饱满、表面平整、无颗粒状胶粒；灌缝胶经碾压后不得发生脱落变形，保持足够的弹性。

2.同步碎石封层技术

同步碎石封层加强了沥青与集料之间的黏附性，缩短了黏结剂与集料撒布之间的间隔，增加了集料颗粒与黏结剂的裹覆面积，提高了机械作业效率，降低了施工成本，延长了路面使用寿命，增强了路面防滑性能，恢复了路面平整度。同步碎石封层技术工序简单、施工速度快，可即时限速开放交通，性价比明显优于其他方法，大大降低了道路的维修养护成本。

（1）改性沥青黏结料选用原则

①根据不同的气候条件选择。气候条件不同的地区选用改性剂有很大的不同，不同的改性剂在改性效果上也有很大的差别。我国南方夏季炎热地区，对高温稳定性要求较高，SBS、PE、EVA等的改性效果较好；低温寒冷地区，对抗裂性能的要求较高，SBS、SBR的改性效果较好；内陆地区，夏季炎热、冬季寒冷，对高低温要求都很高，SBS是首选对象。

②根据不同的荷载条件选择。不同的道路所承受的车辆荷载不同，旅游道路等主要供轻型车行驶的道路，产生车辙的可能性较小，主要考虑行车舒适度和气候因素，对抗裂性能的要求是重点，可选择SBS、SBR等；而以载重车辆为主的高速公路、一级公路，尤其是重车比例大、超载车多的干线道路，主要是考虑抵抗车辙、拥包等永久性变形，可考虑采用SBS、PE、EVA等改性剂。

（2）石料选用原则

①岩性（酸碱度）：应优先选用中性偏碱的石料，如玄武岩；亦可使用中性石料；对强碱性石料应慎重选用；一般不考虑使用酸性石料。

②石料的物理性能：要求是经过反击破碎所得到的碎石，必须经水洗风干或

拌和楼烘干；针片状碎石严格限制在15%以下，压碎值以不大于14%为宜。

（3）同步碎石封层施工

①施工准备工作：路面病害处理：清扫原路面，保证原路面无杂物，并用风机或空气压缩机进行除尘，保证原路面干净、干燥。

②沥青洒布车洒铺：沥青洒布车进入施工现场后使用大循环加热20 min，当改性沥青温度达到180 ~ 190℃、导热油升温到220℃时开沥青阀，利用沥青的温度充分加热喷头，10 min后当泵口温度停止上升后便可开始喷洒。为了保证喷洒的效果，可在喷洒前进行试喷，观察其效果，当扇面形成时便可洒布。为了减少加热时间可放掉少许喷头内的凉沥青。喷洒前5 min应充分循环沥青，使喷头与罐内沥青温度一致，以保证喷洒质量。在施工停顿时，应根据沥青温度进行小循环，保证改性沥青达到180 ~ 190℃。当沥青喷洒完毕后，应关闭沥青出油阀，将管道内的沥青用压缩空气吹回沥青罐内，管道吹扫后关闭回油阀，对喷头进行吹扫，以保证不残留沥青，避免下次施工长时间加热喷头延误时间。

③沥青洒铺量的要求：沥青洒铺量应根据撒铺石料粒径大小和原路面情况及交通荷载状况具体分析，一般沥青洒铺量以0.8 ~ 1.5 kg/m²为宜。若原路面有大面积泛油现象，油量以减少0.1 ~ 0.2 kg/m²为宜；若原路面严重贫油或龟裂老化严重，油量以增加0.1 ~ 0.2 kg/m²为宜。交通荷载量偏大路段以减少0.1 ~ 0.15 kg/m²为宜；交通荷载量偏小路段以增加0.1 ~ 0.15 kg/m²为宜。施工温度偏低时以增加0.1 kg/m²为宜。

④石料撒布车撒布：石料撒布量一般为8 ~ 16 m/km，并根据石料粒径、沥青洒布量、温度、交通量及荷载情况进行调整；石料必须均匀撒布，以在沥青薄膜上单摆一层为宜。

⑤碾压：初压，8 ~ 10 t钢轮压路机快速碾压一遍，以便保证石料与沥青的第一次碾压黏附不超过石料撒布后30 s；中压，用16 ~ 20 t胶轮揉压两遍；终压，用20 ~ 26 t胶轮揉压两遍。

3.雾封层

此类封层是将雾状的乳化沥青或专门的再生剂喷洒在老化的沥青路面上（专用的再生剂要求渗入路面6 cm左右）。其目的是更新和还原表面已氧化的沥青膏体。雾封层和还原剂封层具有一些共同的特点：施工后需要较长时间才能开放交通；必须严格掌握单位面积的喷洒量，过多的喷洒量会在路表面形成一层薄膜而使路面丧失摩擦阻力。

4.OGFC开级配磨耗层

OGFC开级配磨耗层是一种孔隙率高达15% ~ 25%的非常大的"开式"结构，由较为均一的集料粒径骨架构成，细粒料极少，并添加改性黏结剂或纤维，以保证黏结料不会从集料上脱落，层厚在16 ~ 30 mm，要求下覆层具有防水作用。其典型特征是：减少车辆行驶中的水雾，并能迅速排干，这样可以排除路面积水，降低湿路滑胎危险，还可以防止车辙出现。多孔隙路面类似于OGFC，在欧洲应用比较普遍，主要区别就是更粗糙、间断级配、孔隙率更大。

5.开普封层

该方法最早在南非开普敦应用。实际上是在新近铺设的石屑封层上再铺一层稀浆或微表处，防止石屑脱落，提供永久的磨耗层，并消散反射裂缝。预防性养护正进一步向冷态施工方向发展，为了解决黏结剂与集料更好裹覆的问题，提出了将细砂在乳化沥青喷洒前先行混合的概念。目前，该工艺已经在裂缝压力喷补中得到了很好的应用。为了解决石屑封层存在的缺陷，有的国家采用覆盖封层或三明治封层技术。

6.改性沥青薄层罩面

薄层罩面是在原有路面上加铺一层厚度不超过5 cm的热沥青混合料。薄层罩面可以有效防止品质正在下降的路面继续恶化，改善其平整度，恢复其抗滑阻力，矫正路面轮廓，对路面也有一定的补强作用，但在多数情况下费用效益较其他预防性养护方法差。薄层罩面在施工中最大的困难是由于层面较薄、容易冷却又不宜使用振动压路机，不易达到较高的密实度。

7.就地热再生技术

就地热再生技术是使用热再生技术加热旧路面、回收旧料，加入再生剂进行搅拌，随即使用新热拌沥青的摊铺方法就地摊铺、碾压，进而完成新的面层，恢复路面使用性能的工艺。就地热再生工艺具有旧料利用率高、节约、环保、开放交通迅速、一次性完成罩面的优点，当道路密集度高、流量大时，具有特别重要的意义。

就地热再生技术施工工序如下：调试拌和机→依照生产配合比生产出混合料→喷洒再生剂后进行原路面翻松→摊铺、碾压。从技术层面看，沥青路面现场热再生优点在于易于施工、连续施工、旧料利用率高、可一次性完成重新罩面；

从经济层面看，如果对等面积的旧沥青混凝土层分别进行现场热再生、铣刨与摊铺，其费用与对等面积的新料使用传统工艺相比具有一定的优势。

三、面向运行风险防控的城市道路管理

（一）道路运营阶段风险防控

1.正常运营阶段的管理

保证各种功能系统及设备子系统按要求正常运行，确保交通顺畅，满足乘行人员舒适及道路周边环境保护等要求。

加强道路智能化管理及保养，通过改善道路运营管理条件，减少事故隐患，防止发生道路内的安全事故。

通过对道路结构的监测与评估，实施日常的维护与保养，使其处于健康状态。

2.事故工况时的管理

确认事故，及时启动相应的应急处理程序，控制事故的发展。

组织道路内乘行人员疏散及消防人员救援，尽可能保障乘行人员生命财产和工程安全，将损失降至最低程度。

（二）道路管理风险防控

1.组建完善、合理的运营管理架构

一个完善合理的道路运营管理体系对确保道路安全运营并取得较好的社会效益及经济效益是十分重要的。目前，国内外很多道路管理部门只负责道路的日常运营管理，而将技术要求较高的机电设备维护检修等工作通过签订服务合约，委托给相关的专业维修服务公司。这就要求管理单位必须总体把关，专业公司要派专人常驻现场，对所有设备故障或损坏都应及时处理与维护。

2.明确道路交通安全系统的职责

在道路对路网的完善、社会的发展起到巨大的推动作用的同时，也暴露了不少安全问题，须对道路内有可能出现的突发事件制订各种应急预案，这些应急预案对道路内发生突发事件时救援人员的工作位置、岗位职责、救援车辆行驶线路、车辆的疏散线路、各类救援人员的配合、事后清场等诸多方面进行了详细而

明确的规定。另外，为提高对道路内突发事件的响应速度，尚须对相关部门协调配合制定切实可行的规范和制度，形成一个卓有成效的道路突发事件管理系统。应急救援服务中心应配备专用无线对讲系统、专用内线电话、道路内紧急电话系统、市网电话及每天24 h值班的巡逻车和救援车等。

平时，要求应急救援队伍加强各种应急预案的演练和勤务训练，不断对应急预案进行充实和完善，以求达到最佳实战效果。通过这些措施，可有效预防道路事故的发生和扩展。一旦发现火灾，应立即启动火灾报警系统及消防灭火控制流程，组织消防救援。

3.构建道路安全运营指标体系

通过对影响道路运营的安全因素的调研，构建道路安全运营指标体系，从管理体制（包括规章制度、宣传教育、安全应急预案）、道路结构健康度（结构裂缝、渗漏水、结构材质劣化、结构变形、移动和沉降）、机电设备系统（通风、照明、供电、监控、通信、广播及中央计算机控制系统）等方面来构建道路运营安全评价指标体系，并完善相应的定性和定量的评价表，以提高科学管理水平。

随着我国高速公路、城市道路中特大超长、多系统复杂道路工程建设的快速发展，为了完善和提升路网交通能力，改善交通状况，相应地运营管理维护工作也必须及时跟上。只有实行科学管理，构建、完善建设养护一体化的数字化平台，以可视化、数字化的手段对工程勘察、设计、施工、监测与养护数据进行系统的管理与评估，才能及时、快速、简便而又规范地指导道路管理和养护，确保道路安全运营，有效维护道路在设计使用年限内的结构安全。

第三节　桥梁运行风险防控

城市桥梁运营阶段的风险源主要包括设计施工缺陷、自然灾害、人为破坏及养护问题等。针对各类风险，需要基于以下五个方面进行风险管理：

基于检测，考察结构静力、动力安全性及耐久性。例如通过荷载试验检测结构性状；通过耐久性检测实现耐久性风险的灾前预警与修复；通过无人机检测、热成像技术等识别结构病害。

基于避免，防止个别"灰犀牛"和"黑天鹅"事件。例如通过车辆动态称

重，提醒超载情况，引导超载车辆绕行；严格限制危化品车辆通行范围，必须审批备案后才予通过。

基于结构优化，降低事故概率，将事故后果最小化。例如通过安装阻尼器，减小拉索风雨激振、涡激共振的风险；通过修建人工岛，保护桥墩免受船舶撞击；通过设置防落梁装置，以小构件破坏保护主梁完整性。

基于监测，全天候监测桥梁状态，发现隐患后及时预警和处置。例如建立桥梁风险预警系统，实现灾前预警、灾中记录、灾后评估。

基于管控，提高风险应对速度，降低风险影响。例如提前制订应急预案，保证风险事态发生后可以迅速采取有效措施；设置减灾装置，防止"金丝猴"事件（指可能性大、后果小的事件，如桥梁结构车辆拥堵）升级为"灰犀牛"事件（指可能性大、后果大的事件，如钢筋混凝土结构桥梁由耐久性劣化导致的结构性能减退问题）；维护加固与分流疏导并行，降低风险事件的影响。

需要注意的是，不同规模的城市桥梁，风险管理的侧重点也是不同的。对于中、小跨径的城市桥梁，由于结构体量小、流量不大，应主要关注结构的日常养护与管理；对于大跨径城市桥梁，需要结合其结构、功能、交通等特点，进行全面的风险评估和个性化的风险管理对策制定。下面对四种较为常用的风险管控方法进行简要介绍。

一、基于风险矩阵的分级防控

采用风险矩阵进行风险评估，即对识别到的风险事态分别研究确定其风险概率和风险损失水平，在风险矩阵中确定其风险等级水平，并根据风险等级水平确定风险管理和控制的总体对策。风险评估矩阵见表5-2及基本风险对策见表5-3。

风险事态的概率和损失接受准则是确定风险水平的基础。风险概率和损失的等级划分应根据评估项目的特点研究确定。

表5-2　风险评估矩阵

概率	后果				
	1	2	3	4	5
1	可忽略	可忽略	可接受	可接受	合理控制
2	可忽略	可忽略	可接受	合理控制	严格控制
3	可接受	可接受	合理控制	严格控制	不可接受
4	可接受	合理控制	严格控制	不可接受	不可接受
5	合理控制	严格控制	不可接受	不可接受	不可接受

表5-3　各种等级风险事态的基本对策

等级	基本对策
不可接受	无论降低风险成本有多大，都应至少把该风险降低到 ALARP 区间
严格控制	应确定降低风险措施，只要降低风险的成本与所取得的风险较低效益相比是合理的，就应执行风险降低措施
合理控制	除常规施工运营管理外，应对此风险事态引起高度重视，必要时可采取措施降低风险等级
可接受	整个施工运营期间都应对这一风险进行管理，但无须立刻采取专门的措施降风险
可忽略	无须进一步考虑这一风险

二、基于结构性能分析的防控

基于结构性能的设计与评估方法在桥梁抗震领域应用较为广泛，其基本目标是预测不同水平地震激励下具有一定概率统计置信度的结构抗震性能，从而让业主能够更容易地理解结构物面临的地震经济风险。同样地，由其他原因，如自然灾害、意外事故、结构退化、人为破坏等导致的桥梁风险也可以基于结构性能分析进行防控。

一般来说，桥梁在设计阶段会进行正常运营情况下的结构分析，因此，在进行用于风险防控的结构性能分析时，应着重分析主要风险事态影响下主要构件本身的损失概率和程度及其对结构整体安全程度的影响。

依据分析得到的具体场景下结构损伤程度并结合风险场景出现的概率，一方面，可评估出风险事态对结构安全、人员安全、管理费用、运营时间等方面的综合影响，给出本风险事态的总体评价；另一方面，可在风险场景发生时给出科学性的管理准则、事后检修排查时须重点关注的区域及平时预防性的养护措施。此外，分析研究中得到的不可接受等级对应的结构破坏情况还可作为设计优化的参考。

桥梁构件易损性和结构强健性分析是比较常用的基于结构性能分析的风险防控研究模式，二者的定义目前仍在广泛讨论中，可大致理解为：桥梁构件易损性研究的目的是预测结构在不同风险事态影响下发生各级损伤的可能性；结构强健性分析则进一步深入研究构件损伤对结构整体安全的影响，从而更加准确地判定损伤程度。

在进行桥梁构件易损性和结构强健性分析时，须对不同构件的易损性、结构的强健性分别进行研究，首先，要确定风险事态发生时，可能发生损伤的主要构件；其次，要明确造成构件损伤的风险场景及造成的影响；最后，通过模拟、试验等分析手段对结构性能进行全面分析，量化损伤概率及损伤程度，并据此得出有针对性的管养和风险防控对策。

三、基于监测的实时预警和防控

由于建设速度过快、设计规范不完善、经济快速发展下交通量激增、受气候环境影响显著等原因，存在既有桥梁在服役早期就出现了结构损伤和功能退化问题。在这种现实情况下，及时监测桥梁结构的健康状况，尽早发现早期损伤，不仅可以保证结构安全、延长使用寿命，还能降低后续的养护维修费用。

在此背景下，桥梁健康监测系统应运而生，其基于结构损伤识别相关理论，集智能传感器单元、数据无线（有线）采集和实时处理单元、远程通信单元、数据管理与健康诊断分析于一体，对桥梁结构进行数据收集和性能评估。通过对结构进行24 h健康监测，可以客观地了解桥梁的工作现状、正确地评估桥梁的承载能力，为桥梁的安全运营提供指导，同时实时监测可以帮助管理人员及时发现风险事态并采取相应的应急处置措施，实现对桥梁结构风险的实时预警和防控。

四、城市桥梁网络的风险防控

城市桥梁是城市交通的关键节点，在城市基础设施中占据重要的位置。随着交通基础设施建设的不断推进，不断编织扩展的路网连通了各地，城市桥梁依附于路网，也形成了四通八达的桥梁网络，便利了公众的生活和出行。

我国的市政工程管理部门管辖着市区的大量桥梁，这些桥梁在型式、材料、修建时间等方面的情况各不相同。同时，随着经济迅速发展，桥梁荷载日益增加，导致桥梁出现了不同形式和程度的病害，影响了行车和行人安全，也对地区经济发展造成了不利影响。因此，有必要在关键桥梁结构风险评估与防控的基础上，开展城市桥梁网络的风险识别、评估与防控。基于桥梁网络运行数据采集与分析，建立一套功能完备的城市桥梁管理系统，系统地考虑一个地区所有桥梁面对的风险事态，提出风险源识别与监测、风险评估和管控的措施、方法等，形成指导性文件，有效保障城市安全发展。

从目前的实践看，对城市特殊桥梁进行有针对性的管理优化仍有必要，而对于一般城市桥梁，可在特定条件下采取一些管理措施，在大部分时间中，可采用风险接受或风险转移方法来降低业主的风险。总体来看，设计原因、施工原因、维护原因、材料原因等都可归咎为桥梁结构及其相关系统，可以通过系统内部优化得到控制；对于管理原因，则需要多部门协调一致实现多方面的系统和谐管理，如桥面交通管理、桥梁结构设施维护管理、桥梁限载管理、桥梁紧急事故的社会舆论管理等；而对于外部原因和其他原因引发的事故，往往只能由结构被动适应，控制的难度相对较大。

第六章 道路桥梁工程项目管理

第一节 道路桥梁工程项目管理概述

一、道路桥梁工程与工程项目管理

（一）道路桥梁工程内容

道路桥梁工程包括施工过程中所进行的勘测、设计、工程实施、养护管理等一系列工作。道路桥梁工程具体涵盖路基工程、路面工程、桥梁工程、涵洞工程、挡防工程、交通安全工程、绿化工程等。道路桥梁工程构造物涵盖路基、路面、桥梁、涵洞及隧道，包括排水系统、安全防护设施、绿化和交通监控设施，以及施工、养护与监控使用的房屋、车间和其他服务性设施。

道路桥梁工程是在多变的自然和社会环境中进行的，其建设周期长、投资金额大，在技术水平方面也有很高的要求，是内部结构繁复、外部联系面广泛的一类建设施工项目。道路桥梁工程实施一般包含规划、勘察设计、施工、养护四个过程。这四个过程按道路桥梁工程实施进展可以划分为事前、事中及事后三个阶段：事前阶段有规划、勘察、设计等工作，着重把握决策和设计；事中阶段侧重施工工作；事后阶段侧重养护工作。这三个阶段的主要任务不同且各具特色，应当要求不同的主体来把握不同阶段的具体工作。从整个项目的宏观层面来说，这三个阶段之间有一定的关联性，无论哪一个因素发生变化，都可能会使其他因素随之产生变化，并且可能会对项目的目标实现效果造成一定影响。所以，在项目实施期间，各个阶段的协同配合是需要着重把握的内容。

（二）工程项目管理概述

1.项目

项目指的是，因为资源的限制，以特定组织形式，在特定的时间范围内，秉承着特定的目标，由多个利益主体以各种复杂并有一定关联性的活动形式，在具体的时间要求、预算要求和资源要求中，以满足相应的质量、性能和数量要求为基础而有序落实的一次性任务，可理解为为实现一致性目标的所有活动的总称。美国项目管理学认为，项目是为提供某项独特产品或服务所做的一次性努力。英国项目管理学认为，项目是为了在规定的时间、费用和性能参数下满足特定目标而由一个人或组织所进行的具有规定的开始日期和结束日期、相互协调的独特的活动集合。对于项目的定义，永远都离不开以下五个因素，即质量、时间、范围、成本及资源。

2.项目管理

项目管理就是因特定的资源条件限制，基于有效的方式、科学的观点和理论，按照项目特点和规律对项目展开的整体实施与管理工作。在这一概念中，项目涵盖由项目决策开始直到项目结束的整个过程中的所有工作，具体有项目的协调组织、规划、实施、控制、评价等，通过对这些方面的工作进行有效把控，可以有效保证项目的顺利落实，并最终实现项目建设的目标。这类系统的管理方式将项目当作核心对象，并将临时的灵活性组织当作媒介，从而提高项目的规划、控制和实施效率，实现项目目标的有效协调和优化的效果，同时对项目实施的整个过程展开全面的动态管理工作。这种涉及项目整个周期的管理不仅有很强的规律性，还较为经济，能够让项目的组织、规划、控制效率都得到明显提升，并且可以在特定的时间范围内，保证项目的顺利实施，实现既定的目标，符合既定的时间与成本要求。

项目管理需要存在相应的灵活性和适应性，在项目推进的全过程中，为了保证项目的最终实施效果符合既定要求，并使项目在落实期间保持良好的运行状态，需要对项目的相关资源进行优化配置，有效调整项目关键节点的决策方向，但这些调整都需要保持在可接受的范围内，调整所用到的相应策略和手段通常都体现在项目策划、评估及核心环节的控制层面，其最大目标就是可以实现既定效果。

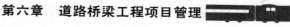

3.工程项目管理特征

工程项目管理是项目管理的一种，其管理的对象是工程项目，是指用系统工程的理论、观点和方法，对工程项目进行有效的规划、决策、组织、协调、控制等系统性的、科学的管理活动，按工程项目既定的质量、工期、投资额、限定的资源和环境条件圆满地实现工程项目建设目标。

通常来讲，工程项目管理有以下四个特征：

（1）创新性

在项目设计、施工和投入生产的环节，应当进行有效创新，通过先进工艺和施工手段的应用来实现，这是人们对路桥要求的提高及市场竞争的日趋激烈而导致企业亟须壮大造成的，所以，极具创新力、高水平、研究型的项目数量明显增多。

（2）复杂性

现代工程项目的参与方更多、建设规模更大，投资体量得到进一步提升，其中还出现了很多国际性的合作项目，合同条款更为烦琐，对专业技术水平也有了更高的要求。

（3）不确定性

现代工程项目在建设期间面临着多方面因素的影响，除了外部政治、经济、自然环境的干预，项目自身也存在很多的不确定性，使得项目在建设期间的管理和控制工作面临诸多困难。

（4）严格性

因为市场竞争相当激烈，为提高工程的整体质量，现代工程项目常采用多方面合作的方式，各投资方对项目规划的准确性有了更高的要求，对项目建设费用、工期、质量方面的要求也更加严格。

二、道路桥梁工程项目管理内容

（一）道路桥梁工程项目管理的概念

道路桥梁工程项目管理可以视作道路桥梁工程实施全过程所有阶段管理工作的整合，以深入交流设计、实施、协调管理、运行、评价等方面的具体意见为基础，使项目的各个参与主体达成一致性意见，从而保证项目整体收益水平的提升。道路桥梁工程项目管理除了从运营的角度对路桥项目进行规划，还从项目实施的层面寻求建设期和运营期的平衡点。另外，道路桥梁工程项目管理还加强了道路桥梁工程各个时期的有效关联，所以，可以保证有效控制项目损失的同时，在一定程度上提升项目绩效。

（二）路桥工程项目管理的过程

路桥工程项目管理是指路桥建设企业运用系统工程的概念、理论和方法，通过计划、组织、控制、协调、信息反馈等手段对施工项目进行全过程的全面管理。其管理主体是项目经理部，客体是路桥工程项目。一般路桥工程项目管理的程序分为以下五个阶段：

1.投标与签订合同阶段

本阶段的主要工作如下：收集招标信息，做出是否投标争取承包该项目的决策；确定投标后收集资料，分析招标、投标形势；编制项目管理规划大纲；编制既能盈利又有竞争力的投标书；如果中标则与招标人进行谈判，依法签订平等互利的工程施工承包合同。

2.施工准备阶段

工程施工承包合同签订后，即进入施工准备阶段。主要工作如下：选定项目经理、成立项目经理部、配备管理人员；企业法定代表人与项目经理签订"项目经理目标责任书"；编制项目管理实施规划；进行施工现场准备，包括技术、物资、人员、场地、施工组织等；提交开工申请报告，待批开工。

3.施工阶段

施工期间按"项目管理实施规划"进行管理。主要工作如下：按承包合同要求组织施工；对施工活动进行动态控制，保证质量、进度、成本、安全等目标的实现；加强施工现场管理、保护环境，实行文明施工；严格履行施工合同，协调各方关系，做好工程变更、延期、索赔、调价等工作；做好施工原始记录。

4.竣工验收及结算阶段

本阶段的主要工作如下：自行组织初验，如发现问题应及时修竣；接受业主组织的交工验收；整理、移交竣工文件，进行工程款结算工作，编制竣工总结报告；办理工程移交手续；企业对项目管理工作进行考评；项目经理部解体。

5.缺陷责任期及保修期

在竣工验收中，按施工承包合同规定的责任期，根据"工程质量保修书"的

约定进行项目维护、保修、回访及必要的技术咨询、观察等活动，保证项目的正常使用。

（三）道路桥梁工程项目管理的管理模式

道路桥梁工程项目管理的实施主体是项目经理部，由项目经理及其组建的项目经理部对整个项目实施管理。其管理目标和任务是，在确保施工承包合同规定工期和质量要求的前提下，降低成本。质量、工期、成本三者之间相互制约，项目的管理就在于求得上述三大目标的和谐统一，因此施工项目管理的任务是合理组织项目的施工过程，充分利用人力、物力等施工资源，有效使用时间和空间，保证施工的综合协调，按期、保质并以较低的工程成本完成项目施工任务。一般项目经理部需要协调内外部关系以保证项目的顺利进行。在外部关系中，项目经理部需要协调总分包关系，与劳务作业层的关系，公共关系（建设单位、设计单位、监理单位、质量监督站等），与政府主管部门、行业管理部门的关系等；在内部关系的管理和协调中，项目经理部需要制定相应的管理制度，应用科学的管理技术和方法进行项目人员管理和项目要素管理。项目经理部需要制定项目管理人员岗位责任制度，计划、统计与进度管理制度，技术、质量、安全管理制度，材料与机械设备管理制度，成本核算制度，现场管理制度，分包及劳务管理制度，分配与奖励制度，例会及施工日志制度，组织协调制度，信息管理制度等。

项目经理部通常采用目标管理的方法对项目及其要素进行管理。目标管理以被管理活动的目标为中心，将经营活动和管理活动的任务转换成具体的目标，运用现代管理技术和行为科学，借助人们的事业心、能力、自信等实施自我控制，促进目标实现，完成经济活动的任务。施工项目目标管理程序如下：

第一，确定项目组织的任务及各层次、各部门的分工，提出完成施工任务的要求和工作效率的要求。

第二，把项目的任务转换成具体的目标，包括成果性目标（质量、进度、安全等）和效率性目标（成本、劳动生产率等）。

第三，落实目标。具体落实目标的责任主体及相应的责、权、利，进行检查与监督的责任人及手段，实现目标的保证条件等。

第四，协调和控制目标的执行过程。如有偏差，应及时分析和调整。

第五，把目标的执行结果与原计划目标进行对比，评价目标管理的好坏。

第二节　道路桥梁工程项目进度管理

一、项目进度管理概述

（一）项目进度管理的概念及特点

1.项目进度管理的概念

项目进度管理主要是根据本项目的总体控制目标，进行进度计划的编制和控制，其主要流程为，开工阶段编制施工总进度计划，并根据工程进度的分解，在执行进度计划时，查看实际执行是否与进度计划一致，找出偏差，从综合质量、安全、费用等方面制定相应的措施来解决现场问题，保证后续进度计划的实施。根据实际情况重新编制进度计划，根据最新调整的进度计划来进行资源配置、材料采购、投资计划的制订等。进度管理核心理念是能够保证实施工期在合同工期及其他予以认可的工期范围内，完成施工进度控制管理。通过采用进度管控手段来高效完成工程建设目标。

在进度计划编制完成后，需要项目组织机构各司其职，保证现场实施按计划运转。在实施过程中，多方面外因干扰往往导致进度产生偏差，因此需要对进度滞后情况进行统计、调查、研究，制定措施并实施，同时根据优化后的措施，对进度计划进行优化。这就需要项目组织机构在进度计划实施过程中，通过运用PDCA动态控制理论，不断进行检查、发现问题、制定措施、实施对比、总结改进，保证项目进度管理始终处于受控状态。

工程项目进度控制管理不仅体现在项目的组织管理方面，还体现在现场的其他部门、地质因素、气候因素、施工资源等方面，如设计变更、征地、地质变化、资源匹配等。结合多方面影响因素，通过工程项目进度管理进行宏观动态调控，才能保证进度目标的顺利实现。

2.项目进度管理的特点

道路桥梁工程项目管理具有线路长、建设规模大、一次建设成形、建设过程地质和气候影响较大、技术模型复杂等多种特点，在项目管理中，结合现场实际情况的进度计划编制、过程动态调整均具有其特殊性。项目进度管理普遍具有以下特点：

（1）进度管理机构组建

工程建设进度管理是多人员综合管理的结果，在项目建设前，项目管理单位应根据本工程的特点建立项目组织机构，划分现场工区，设立项目网格化管理，明确各管理人员的进度管理目标和责任。此为进度计划实施的基础条件。

（2）进度管理的动态变化

道路桥梁工程建设周期较长，在编制初始总进度计划后，受项目内外部因素、地质及环境因素影响，往往在实施过程中不断变化，偏离原进度计划设定值，导致进度计划与实施目标存在较大偏差。因此在项目实施过程中，应根据现场实际影响因素对进度计划的干扰进行动态调整，不断更新，与现场实际施工情况和管理目标相对应，才能够将进度管理贴切地运用到现场中，保证进度管理目标的实现。

（3）进度管理的系统性

在项目开工阶段首先根据已下发的施工图纸编制项目总进度计划，作为本项目进度管控的纲领性文件。在实施过程中按照项目划分对各单位工程、分部工程进行进度计划编制，并在年、季、月、旬、周定期编制进度计划。各类进度计划相互联系，互为补充，如实施过程中细化的进度计划发生改变，则相应地整个系统的进度计划均应根据情况来调整，同时牵连技术管理、物资管理、投资管理等。由此可见，进度计划管理是具有系统管理性的。

（4）进度计划的实时性

在项目进度计划管理过程中，每个阶段均有不同的项目管理重心，各阶段的施工内容和进度管理任务不同，因此施工进度计划编排应考虑现场各类外界因素和条件的变化。在进度计划实施过程中应根据现场变化来进行动态调整，保证计划与实际内容的匹配和实时性。

（5）进度管理的风险性

工程建设的特点是具有隐蔽性，建设完成后不能够重来，因此在建设管理中具有较大的风险性。在施工进度管理中，针对所遭遇的各类不利因素，借鉴同类工程进度管理的经验和成果，结合现场实际情况对进度计划做出优化，可以消除进度滞后所带来的连锁风险效应，从而实现进度管理目标。

（二）项目进度管理的目标及程序

1.项目进度管理的目标

在确定项目进度管理目标时，必须全面细致地分析与道路桥梁工程进度有关的各种有利因素和不利因素，只有这样，才能制定出一个科学、合理的进度管理目标。确定道路桥梁工程项目进度管理目标的主要依据：工程总进度目标对施工工期的要求；工期定额、类似工程项目的实际进度；工程难易程度和工程条件的落实情况等。

项目进度管理总目标是确保道路桥梁工程项目总进度计划顺利执行。对项目进度管理总目标进行层层分解，便形成实施进度管理、相互制约的目标体系。

项目进度管理目标是从总的方面对项目建设提出的工期要求，但在施工活动中，是通过对基础的分部分项工程的项目进度管理来保证各单项（位）工程或阶段工程进度管理目标的完成，进而实现道路桥梁工程项目进度管理总目标的。因而需要将总进度目标进行一系列从总体到细部、从高层次到基础层次的层层分解，一直分解到在施工现场可以直接调度控制的分部分项工程或作业过程的施工为止。在分解中，每一层次的进度管理目标都限定了下一级层次的进度管理目标，而较低层次的进度管理目标又是较高一级层次进度管理目标得以实现的保证，于是就形成了一个自上而下层层约束、由下而上级级保证、上下一致的多层次的进度管理目标体系。如可以按单位工程或分包单位分解为交工分目标，按承包的专业或按施工阶段分解为完工分目标，按年、季、月计划期分解为时间目标等。

2.项目进度管理的程序

根据施工合同的要求确定施工进度目标，明确计划开工日期、计划总工期和计划竣工日期，确定项目分期分批的开工和竣工日期。

编制施工进度计划，具体安排实现计划目标的工艺关系、组织关系、搭接关系、起止时间、劳动力计划、材料计划、机械计划及其他保证性计划。分包人负责根据项目施工进度计划编制分包工程施工进度计划。

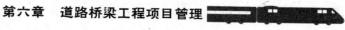

进行计划交底，落实责任，并向监理工程师提出开工申请报告，按监理工程师开工令确定的日期开工。

实施施工进度计划。跟踪检查，对存在的问题分析原因并纠正偏差，必要时对进度计划进行调整。

全部任务完成后，进行进度管理总结并编写进度管理报告。

二、项目进度计划

（一）项目进度计划的编制

1.项目进度计划编制依据

（1）项目的工程承包合同

合同中有关工期的规定，是确定工期值的基本依据；合同规定的工程开工、竣工日期，必须通过进度计划来落实。

（2）项目的施工规划与施工组织设计

这些资料明确了施工力量的部署与施工组织的方法，体现了项目的施工特点，因而成为确定施工过程中各个阶段目标的基础。

（3）设计进度计划

图纸资料是施工的依据，施工进度计划必须与设计进度计划相衔接，必须根据每部分图纸资料的交付日期来安排相应部位的施工时间。

（4）有关现场施工条件的资料

这些资料涉及施工现场的水文、地质、气候、环境，以及交通运输条件、能源供应情况、辅助生产能力等。

（5）材料和设备供货计划

如果已经有了关于材料和设备的某种供货计划，那么项目施工进度计划必须与之相协调。

（6）已建成的同类或相似项目的实际施工进度

这是重要的参考资料，可以为要做的项目提供一定的借鉴。

2.项目进度计划编制步骤

（1）确定编制依据

总进度计划的编制依据为施工合同、设计技术要求和图纸、建设单位下发的行业管理要求。其他分部工程和年季度进度计划的编制依据为总进度计划、现场各实施部位的设计图纸和实际施工具备的条件。

（2）确定工程建设内容

工程建设内容包括项目的地理位置，工程建设范围，主要项目，项目的总工期目标、里程碑目标和各分项目的逻辑关系。

（3）建立项目组织机构

项目组织机构明确了具体分工和关键岗位的进度管理职责，方便在进度计划实施阶段各部门按照岗位责任进行调配，保证进度计划任务的实施。

（4）分解工作任务

根据项目施工的特点对项目结构进行分解（WBS），结合施工特点进行施工作业或工序的逐层分解，并确定紧前工序、紧后工序，找出关键工序和关键线路。当进场关键工序变化时，及时有针对性地对后续工期进行动态调整。

（5）确认工程量

对分解后的工作任务进行工程量统计，按照名称、类型进行分解，以便根据分解统计工程量进行后续的工作持续时间确认。

（6）估算工作时间

对工序工作时间的估算是进度计划编制的基础，在进行作业工作时间的估算时，应综合考虑该部位的人力、设备的投入，以及作业的程序要求，保证工作时间的准确性。

（7）编制进度计划网络图

在工作时间确定后，利用P6软件、双代号网络图、甘特图进行进度计划编制，将分解后的工作名称、工作时间、相互关系在进度计划图表中展示出来。

（8）制定进度保证措施

在进度计划编制后，应从项目组织、技术管理、施工资源、特殊季节等方面制定保证措施，确保在项目实施过程中，组织管理、人员设备等方面满足要求，能够按照进度计划实施。

3.项目进度计划编制方法

一般而言，项目进度计划主要包括项目进度、细节说明、进度管理计划、资源需求更新等内容，至少包括每项工作的计划开始时间和期望完成时间，它可以以提要的形式（主进度）或详细描述的形式提供，其表达方式有表格和图形两种

方式。其中，图形表达方式因为具有直观易懂的优点而被广泛采用。

常见的编制方法如下：

（1）横道图

横道图既称甘特图，又称条线图。横道图是工程施工中的常用叫法，主要用于项目计划和项目进度的安排。

横道图是一个二维平面图，主要由两大部分组成，横维表示进度或活动时间，纵维表示工作内容，横道线显示了每项工作的开始时间和结束时间，横道线的长度表示了该项工作的持续时间。它的时间维决定着项目计划的粗略程度，根据各项计划的需要，可以以小时、天、周、月等作为度量项目进度的时间单位。如果一个项目需要一年以上的时间才能完成，则选择甘特图更有助于实际的项目管理。

采用横道图表示施工进度计划，可明确地表示出各项工作的划分、工作的开始时间和完成时间、工作的持续时间、工作之间的相互搭接关系，以及整个工程项目的开工时间、完工时间和总工期，并综合反映了各分部分项工程相互间的关系。

（2）垂直图

垂直图以纵坐标表示施工日期，以横坐标表示里程或工程位置，而各分部分项工程的施工进度则相应地以不同的斜线表示。工程量在图表上方相应地表示，施工组织平面示意图在图表下方相应地表示，资源平衡可在图表右侧以曲线表示。垂直图适用于线性工程。

垂直图的优点是克服了横道图的不足之处，工程项目的关系、施工速度一目了然，例如机械土方、板涵及挡土墙的施工，在垂直图中可找出任意一天各施工队的地点及完成的工程量。

（3）网络图

网络图也叫流程图，是表示整个计划各道工序的先后顺序、相互逻辑关系和所需时间的网状矢线图。

与横道图、垂直图比较，网络图主要具有以下三个优点：

①能够明确表达各项工作之间的逻辑关系，即各项工作之间的先后顺序关系。网络图能充分反映各项工作之间的相互制约、相互依赖关系，这对分析各项工作之间的相互影响及处理它们之间的协作关系具有非常重要的意义。

②可以区分关键工作和非关键工作，并能反映各项工作的机动时间，因而，可以更好地运用和调配人、材料、机械等各种物资，明确工程进度控制中的工作重点。

③通过网络计划时间参数的计算，可以找出关键线路和关键工作、明确各项工作的机动时间。利用工作的机动时间，既可以支援关键工作，也可以用来优化网络计划，降低单位时间资源需求量。

（二）项目进度计划的检查

在道路桥梁工程项目施工进度计划的实施过程中，各种因素的影响导致原始计划的安排常常会被打乱而出现进度偏差。因此，在进度计划执行一段时间后，必须对执行情况进行动态检查，并分析进度偏差产生的原因，以便为施工进度计划的调整提供必要的信息。

1.项目进度计划检查的内容

工作量的完成情况。

工作时间的执行情况。

资源使用及其与进度的互配情况。

上次检查提出问题的处理情况。

2.项目进度计划检查的方式

（1）定期地、经常地收集由承包单位提交的有关进度报表资料

项目施工进度报表资料不仅是对工程项目实施进度控制的依据，同时也是核对工程进度的依据。在一般情况下，进度报表格式由监理单位提供给施工承包单位，施工承包单位按时填写完后提交给监理工程师核查。报表的内容根据施工对象及承包方式的不同而有所区别，但一般应包括工作的开始时间、完成时间、持续时间、逻辑关系、实物工程量和工作量及工作时差的利用情况等。承包单位若能准确地填报进度报表，监理工程师便能从中了解到建设工程的实际进展情况。

（2）由驻地监理人员现场跟踪检查道路桥梁工程的实际进展情况

为了避免施工承包单位超报已完工程量，驻地监理人员有必要进行现场实地检查和监督。至于每隔多长时间检查一次，应视建设工程的类型、规模、监理范围及施工现场的条件等多方面的因素而定。可以每月或每半月检查一次，也可每旬或每周检查一次。当在某一施工阶段出现不利情况时，需要每天检查。

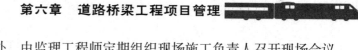

除上述两种方式外，由监理工程师定期组织现场施工负责人召开现场会议，也是获得工程项目实际进展情况的一种方式。通过面对面地交谈，监理工程师可以了解到施工过程中的潜在问题，以便及时采取相应的措施加以预防。

（三）项目进度计划的调整

项目进度计划的调整应依据进度计划检查结果，在进度计划执行发生偏离的时候，通过对工程量、起止时间、工作关系、资源提供和必要的目标进行调整，或局部改变施工顺序，重新确认作业过程相互协作方式等工作关系，充分利用施工的时间和空间进行合理的交叉衔接，并编制调整后的施工进度计划，以保证施工总目标的实现。

1.项目进度计划调整的内容及步骤

项目进度计划调整的内容主要包括以下六个方面：一是调整网络计划图中关键线路的长度；二是调整非关键工作时差；三是增减工作项目；四是调整逻辑关系；五是重新估算某些工作的持续时间；六是对资源的投入做相应的调整。

2.分析进度偏差的影响

在道路桥梁工程项目实施过程中，当通过实际进度与计划进度的比较，发现有进度偏差时，需要分析该偏差对后续工作及总工期的影响，从而采取相应的调整措施对原进度计划进行调整，以确保工期目标的顺利实现。进度偏差的大小及其所处的位置不同，对后续工作和总工期的影响程度是不同的，分析时需要利用网络计划中工作总时差和自由时差的概念进行判断。分析步骤如下：

分析进度偏差的工作是否为关键工作。在项目的施工过程中，若出现偏差的工作为关键工作，则无论偏差大小，都对后续工作及总工期产生影响，必须采取相应的调整措施；若出现偏差的工作不是关键工作，需要根据偏差值与总时差和自由时差的大小关系，确定对后续工作和总工期的影响程度。

分析进度偏差是否大于总时差。在项目施工过程中，若工作的进度偏差大于该工作的总时差，说明此偏差必将影响后续工作和总工期，必须采取相应的调整措施；若工作的进度偏差小于或等于该工作的总时差，说明此偏差对总工期无影响，但它对后续工作的影响程度，需要根据进度偏差与自由时差的比较情况来确定。

在项目管理中需要分析进度偏差是否大于自由时差。在项目施工过程中，若工作的进度偏差大于该工作的自由时差，说明此偏差对后续工作产生影响，如何调整应根据后续工作允许影响的程度而定；若工作的进度偏差小于或等于该工作的自由时差，则说明此偏差对后续工作无影响，因此，原进度计划可以不做调整。经过如此分析，进度控制人员可以确认应该调整产生进度偏差的工作和调整偏差值的大小，以便确定采取措施，获得新的符合实际进度情况和计划目标的进度计划。

三、项目进度控制

（一）项目进度控制的概念及目标

1.项目进度控制的概念

项目进度控制是指在工程建设过程中，通过将总进度计划进行分解细化，跟踪项目的实施情况，通过与进度计划的对比，找出滞后项目，从而对进度滞后的原因及对工程建设目标的影响进行分析，采取相应的措施来应对分析结果，并对进度计划进行更新调整，再次进行检查、统计、原因分析与制定措施，实时掌握进度变化状态，保证进度计划的顺利实现。在后续的进度管理中不断总结改进，直至项目进度目标达到预期效果。

2.项目进度控制的目标

工程项目进度控制的最终目标是能够保障项目按照既定的工期顺利地完成。在整个工程项目的实施过程中，以签订的合同为依据，严格要求项目的工作技术人员和管理人员遵守合约及相应的法律法规，按照整个工程的项目部工作人员制订好的项目进度计划方案来执行。当工程项目的实际施工进度和项目的计划制订的进度出现一定的偏差时，项目的进度计划则需要进行相应的调整与更改，并且需要调整人员、物资、机器设备等的相应安排，从而保证整个项目的管理有序地进行，最终能够实现整个项目的进度目标。

道路桥梁工程项目的进度管理目标是保证人员、物资、机器设备的合理调配，以及保障工程可以在规定的计划方案内完成。如果出现紧急的意外情况，可以迅速地启动应急的方案，从而保障工程可以有条不紊地进行；如果项目实际的施工进度与预期制定的施工进度出现了偏差，则需要根据偏差及时地调整进度计划，而且制定相应的控制措施，在可以调配的资源固定的情况下，采取先进的管

理方法，运用先进的工程项目管理理念和措施来实现最终的工程项目进度管理的目标。

（二）项目进度控制的原则及具体方法

1.项目进度控制的原则

（1）整体性原则

工程建设的项目部依据他们之间相互关联的要素，制定了施工项目的进度计划系统。为了保障施工的整体进度，整个项目的不同职能部门及项目的工作人员都背负有不同的进度控制的责任，以便紧密联系、分工合作，从而形成一个整体的项目控制系统。在道路桥梁工程项目施工的整个进度体系控制过程中，必须处理好各职能部门之间及各人员之间的关系，以明确项目的进度控制责任，相互联系、分工协作。

（2）信息化原则

在整个工程施工项目的计划实施过程中，整个项目的计划信息会从上至下传递到相关的工作人员那里，从而使得整个项目制订的项目施工计划得以完成。整个项目进度进程的信息则由相关的工作人员收集整理，从下往上进行反馈，相关工作人员对整个流程的信息进行分析之后做出相应的调整，使得调整后的进度计划仍然符合预先制定的工期目标。工程项目进度计划控制的过程就是整个项目施工过程中信息反馈及信息传递的过程，在项目开工之前做好项目技术交底，下发进度目标，使得各个环节能够严格按照目标进行，相应地任务信息要具体化，并且都要做到书面传达。当项目施工人员向上级反馈相应的信息时，项目进度计划完成情况的相应信息要进行相应的量化，这样做是为了更加方便项目管理层对反馈信息进行分析和处理，最终依据相应的信息做出正确的调整方案。

（3）适用性原则

当工程项目施工的进度计划出现了一定的偏差时，其调整措施是根据以往的类似的经验来制定的，而不同的路桥建设项目往往存在着一定的差异。因而，在道路桥梁工程建设项目上，需要根据工程项目的实际建设情况来做出适合本项目科学合理的对策，而且在整个工程项目的建设过程中把这种计划措施彻底地贯彻。

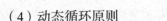

（4）动态循环原则

工程建设项目进度计划与控制措施制定实施之后并不是完全不变的，而是根据施工项目环境的变化而变化。项目建设施工的实际进度会逐渐偏离项目的基准计划，此时要不断地调整项目计划的控制措施，并且根据调整后的进度计划继续执行。而项目的进度计划调整之后可能会出现新的阻碍项目进行的干扰因素，那么此时就需要对项目计划进行新的修改和调整。项目的进度计划与控制是一项不断进行循环的工作，从最初项目进度与计划的编制，到项目进度与计划的实施，再到对实际进度与制订的计划进度进行对比分析来调整进度计划，从而形成一种封闭式的循环系统，在整个项目的生命周期中进行不断的循环再循环，一直到实现整个项目的工期目标。

2.项目进度控制的具体方法

工程项目进度控制的方法实际上包含了进度计划的策划、控制、纠偏的过程。在制订进度计划后，依据进度计划配备现场管理人员，制订材料采购计划、设备进场计划，编制技术方案，准备充足的资金来保证进度计划的顺利实施。在施工过程中，通过技术人员的现场检查及统计来验证实施进度与计划的偏差，在进度计划出现偏差后，协调业主、设计方、供货商及相邻单位从各方面进行综合解决，保证进度目标的顺利实现。

（1）组织措施

在进度计划落实中，项目组织机构各部门、各层级配置进度目标控制的人员，明确各岗位任务和职责分工，对进度计划进行检查、统计、分析、纠偏，实现进度目标管理。

（2）技术措施

根据施工内容编制施工方案，保证各工序顺利实施。在进度计划施行过程中，遇到影响施工进度的变化条件时，采取技术优化措施来减小其对进度的不利影响，同时结合施工部位的空间关系优化技术方案，多点多面同步开展作业，保证施工进度。

（3）施工资源措施

在进度计划实施过程中，资源保证是重点，要保证各部位的施工强度能够满足进度计划的要求。同时在产生进度偏差后，能够及时从资源配置方面应对，提高单位时间的施工强度，保证进度完成量符合进度管理要求。

（4）经济措施

资金是进度计划实施的保障。在施工过程中及时采购施工材料，支付施工队伍资金是保证项目施工能够持续按照进度计划开展的基础，同时对于里程碑关键点，设置进度奖惩措施，督促施工队伍从技术、资源等方面采取措施，按期完成施工内容。项目进度控制是保证现场实施阶段能够按照预定的计划实施，在过程中检查、分析、纠偏，再按此进行循环，最终实现进度目标。

第三节　道路桥梁工程项目质量管理

一、项目质量管理概述

（一）项目质量管理的定义及原则

1.项目质量管理

（1）质量的定义

关于质量的定义：一组固有特性满足要求的程度。该定义可理解为：质量包含产品质量、生产产品过程和工序质量、质量管理过程的质量。一组固有属性是质量的外在表现形式，它是产品本身天然具有的、不变的特性，它的衡量标准是满足客户要求的程度。质量要求指的就是客户的主观或客观的期望。

道路桥梁工程施工中的产品就是工程本身。道路桥梁工程项目的质量就是工程项目建设的整个过程所形成的路桥产品的质量，即路桥产品满足业主要求的程度。再具体一点讲，在隧道施工项目中，要实现工程设计文件的要求，隧道贯通的质量标准要符合规定，比如3 km特长隧道的贯通误差在纵向为100 mm、横向为50 mm。在桩基施工中，既要满足建设单位的工期要求，又要满足桩基施工质量要求，桩基的完整性要通过仪器检验是否为断桩。其中，隧道贯通误差、桩基施工中混凝土结构是否断桩等指标都是质量的具体体现。

（2）质量管理的定义

质量管理就是围绕质量所做的指导和控制工作。与质量有关的工作包括制定质量目标、编制质量管理制度、制定质量保证措施等。因此，质量管理就是通过质量策划、质量制度、质量保证措施实现质量目标的全过程。

①质量策划。质量策划的目的就是要保证项目施工的质量满足设计文件、施工技术标准和施工规范的要求，同时使建设单位满意，在这个过程中还要充分协调施工进度、施工成本等其他因素。

②质量制度。质量管理制度是工程项目质量管理日常工作运行的依据。它决定了项目部质量管理机构的运行，以及质量管理人员进行质量管理的操作流程等。要开发适应企业现状的质量管理各项制度，如现场质量"三检"制度、质量定期会议制度、技术交底制度、质量管理奖罚制度等。

③质量保证措施。质量保证措施是工程项目质量的具体保证手段和方法。它在工程项目施工的全过程都有体现，为实现工程的质量保驾护航。要制定工程施工项目质量保证措施，包括施工人员保证措施、施工管理保证措施、施工技术保证措施、施工材料保证措施等。

（3）项目质量管理的定义

项目质量管理是指为了实现工程项目质量目标所进行的各项工作，这些具体工作包括质量计划、质量实施、质量监督、质量维护，通过协调项目各方人员实现项目建设质量目标的全过程，也就是实现工程项目质量管理目标的全过程。工程项目在建设过程中要完成所设定的质量管理目标，要协调好项目参建各方人员。

质量计划阶段主要任务是为了实现业主的要求，按照工程项目的实际情况，根据工程施工企业自身的技术生产条件，编制施工质量计划，制定相应的质量保证措施。

质量实施阶段的主要任务是将人、机、料、法、环、测六要素合理整合和组织运用到施工中，同时要满足建设单位的要求、行业标准的规定、设计文件的要求等。

质量监督的任务是对已完成的工程项目的质量情况进行监督检查和考评。质量维护的任务是根据监督检查和考评的结果，进行整改和落实，对处理的结果还要进行再次复检直到满足业主要求、行业标准等为止。

2.项目质量管理的原则

以顾客为关注焦点。道路桥梁工程的实施，必然存在的两个主体是业主、施工方。施工方的最终目标是以满足业主方的各个目标为前提，也就是说，工程的整个建设过程都是以业主方为关注焦点，通过不断地优化实施，确保业主方的相关利益得以实现。

领导作用。凡事都要有牵头者、领导者，在道路桥梁工程施工中更是这样。领导者可以指引大家更快、更好地实现质量目标、进度目标、成本目标。而项目经理作为施工单位的领导者，其重要性更是不言而喻，领导作用在质量管理中有着举足轻重的作用。

全员积极参与。质量管理的重任除领导作用外，其余建设人员也都必须参与，要形成全员参与的局面，如质检员、工区主任、技术员、施工人员等，这些都是质量管理中必不可少的直接参与人员，质量目标的最终实现，也是建立在全员参与的基础上的。

过程方法。有领导者、有全员参与后，对质量管理而言，还不够，就如同影响质量的因素一样，人、机、料、法、环、测一个也不能少。选用合理的方法是实现管理目标的前提条件，采用过程方法，可以更快、更准确、更高效地实现质量目标。

管理系统方法。过程方法选择最终导致系统方法的形成，在系统方法成形后，就可以将过程方法进行分析、处理、纠偏，可以将质量管理中的问题及管理方法形成一个系统，然后在管理中将系统集中化，进行集中管理，提高效率。

循证决策。质量管理问题层出，而采用正确的方法处理质量管理中的问题，是一个不断循环的过程，采用合适的处理方法对发生的纠偏及时进行调整，也是一个不断循环的过程。

关系管理。质量管理中问题与方法、经验与水平、投资方与施工方等都是既对立又统一的关系，在质量管理过程中需要不断地协调，以达到最终互惠互利。

（二）项目质量管理的相关理论

项目质量管理的几种理论如下：零缺陷质量管理理论、全面质量管理理论、PDCA循环法管理理论、质量保证体系管理理论、主动控制理论与被动控制理论等。这些理论从建立到推广使用，已经在道路桥梁工程建设领域取得了良好的实践成果。以下要针对全面质量管理理论、PDCA循环法管理理论、质量保证体系管理理论和主动控制理论这四种理论展开详细介绍。

1.全面质量管理理论

全面质量管理理论的英文全称为Total Quality Control，简称TQC理论。TQC理论是以企业或项目全员参与为基础的质量管理形式，是质量管理理念和实践的综合体现。TQC理论是以全员参与、全要素控制及全面质量控制为基础，以质量目标为载体，不断提升项目质量目标、不断提升业主满意度，最终实现公司的可持续发展。TQC理论的三大核心特征分别是全面质量管理、全过程质量管理和全员参与质量管理。

全面质量管理是指从决策阶段到运营阶段工序繁多、步骤复杂，涉及的管理单位多，这就要求政府单位、业主单位、设计单位、监理单位、施工单位等所有参与单位都要参与项目的质量管理，将影响质量的概率降到最低。

全过程质量管理是指质量管理要从工程开始抓，循序渐进，不断探索和发现质量的形成规律，并利用质量管理办法进行过程控制。

全员参与质量管理是指工程项目由项目经理确立质量总目标、质量方针及质量保证措施，再将质量目标逐级分解，建立工作任务分工表和管理职能分工表，组织全员参与，保证参与成员的作用最大化，以实现全员参与质量管理。

2. PDCA循环法管理理论

PDCA循环法的英文全称为plan、do、check、action。这是质量管理的基本方法，在质量管理实施过程中，把工作分为计划、执行、检查和纠正处理四个阶段。

计划（plan），制订计划阶段。将项目进行分解，包括确定质量目标和制订目标实现计划。

执行（do），实施计划阶段。将质量的目标值通过一系列措施转换为质量的实际值。

检查（check），检查计划阶段。对过程及结果进行检查，包括自检、专检和交接检。检查一方面是检查计划的执行过程，主要是看实施条件是否变化、计划执行是否顺利；另一方面是检查执行结果，主要是看结果是否实现，是否产生偏差。

纠正处理（action），纠偏计划阶段。该过程是对执行结果的一种反馈，分析结果产生偏差的原因，采用有针对性的纠偏措施，提高目标值和实际值的实现概率，降低偏差影响。

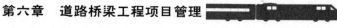

3.质量保证体系管理理论

质量保证体系简称QAS体系。质量保证体系是指施工单位以提高工程质量为目标，在确保工程质量的前提下，运用系统方法，结合项目自身机构，把项目各职能部门、各工序的质量管理活动组织起来，将项目立项、项目设计、项目实施、项目交验及项目运营整个过程中影响工程质量的因素全部控制起来，形成的一个有明确目标的有机整体。

4.主动控制理论

主动控制是在目标启动前预先分析各种质量因素可能导致目标偏离的概率和产生严重后果的程度的基础上，采用有针对性的预防措施，以此来减少或者纠正目标偏离，使之按照既定的目标行进。它是事前控制机制，是前馈控制机制，更是一种面对未来的控制机制。主动控制必须是在目标启动前或实施过程中提前预判后采取措施，以此来调整目标实现的可能性，或者降低目标偏离所产生的后果的严重程度，起到防患于未然的作用；还可以用于指导计划工程的实施；也可以解决在质量管理过程中存在的负面问题，最大限度地纠正或者避免偏差造成的被动局面，降低质量事故发生的概率，确保目标实现。

（三）项目质量管理的影响因素及问题特征

1.项目质量管理的影响因素

（1）施工人员因素

在工程项目施工中，要顺利实现整个项目的质量管理目标，必须坚持以人为基础的管理思想。如今国家在对工程施工行业进行管理的过程中，要求施工企业具有相关专业的资质才能承揽相应的工程项目，即对具备什么等级的资质承揽什么级别的工程项目，都有明确的规定，而企业资质的获取首先要有人员的要求，如注册一级建造师、注册安全工程师、注册测绘工程师等专业人才的数量要求。在施工质量管理中，实行市场人员准入制度、注册管理制度、特种作业人员管理制度等都是基于对人员的管理。

（2）施工材料因素

施工原材料是工程结构实体的重要组成部分，是工程施工的基础，它的质量直接关系到工程项目施工完工后结构实体的质量。道路桥梁工程施工中的原材料约占工程价款的80%，所使用材料包括钢筋、水泥、砂石、沥青及防水卷材等。

这些原材料都有各自的质量要求，如钢筋的极限弯拉强度、屈服强度、公称直径及冷拉弯曲直径等，石子的直径、含水量和含泥量等，沥青的针入度、软硬度、延展性及可塑性等。只有符合质量要求的原材料才能进场使用。要确保工程中每一个结构物符合设计要求的质量水平，符合国家验收规范中的质量要求，必须首先要保证所用施工材料的质量。

（3）施工机械设备因素

机械是指工程施工过程中用到的机械设备及组成工程实体的工程设备。而道路桥梁工程施工中所说的机械设备大多指的是工程施工过程中要使用到的工程机械，很少的工程设备是道路桥梁工程实体的一部分。在施工中，工程机械的使用不仅关系到工程项目的施工技术水平，更关系到工程施工质量的好坏。道路桥梁工程施工中的机械设备包括混凝土施工中的振捣棒、平衡振动梁、搅拌机，钢筋加工中的钢筋弯曲机、钢筋调直机，路基施工中的各种挖掘机、渣土车、压路机等。这些机械设备是工程施工的必备条件。在混凝土施工中，振捣棒的振动效果决定了混凝土施工是否密实，混凝土表面是否有蜂窝麻面。在路基施工中，压路机的压实效果决定了路基的压实度是否满足要求，同时也决定了路基施工的施工进度。

（4）施工方法因素

施工方法因素又称为技术因素，包括工程施工技术、工程试验技术、工程检验技术和工艺。在道路桥梁工程施工中，工程技术水平在很大程度上决定了工程的质量。工程技术水平的高低显示了一个企业的实力。在满足工程安全及使用功能的前提下，工程技术水平体现了质量管理水平的高低。在国家推行的几项新技术中，如井盖基础施工技术、防水混凝土技术、挂篮施工技术等，在预防质量通病方面起到了很大的作用。再如隧道施工技术有很多，包括明挖开挖技术、暗挖开挖技术和盾构开挖技术等，它们各有各的特点，在保证施工质量方面各有各的优势，要根据不同的施工现场环境选择不同的施工技术和方法。同时，采用先进的试验检验方法也可以提高工程的质量。先进的工程试验技术和工程检验方法能够有效地提升工程施工前原材料质量检验的效率、施工中工程质量检验项目的质量水平及施工后各项质量检验指标的准确度，总体提升了工程项目质量管理水平。

（5）施工环境因素

影响项目施工的环境因素，包括客观自然环境、外界的社会环境、施工作业

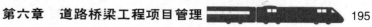

环境等。复杂的客观自然环境影响施工质量，不利的地质环境影响基础的稳定性和安全性。天然砂土的自然承载力达到150 MPa，可以在上面直接施工垫层，作为箱涵的基础进行施工，但地质情况如果变成粉质黏土，那么情况就复杂了，因为粉质黏土的承载力很低，所以需要1.5 m以下换填天然砂土，施工中要分层压实，达到基础标高，才能进行下一步施工，继续检验地基承载力是否合格，如果不合格，那么要换填厚度30 cm的3∶7灰土，这样才能继续施工垫层。地下水位较高的地质环境中，如果要进行基坑开挖，那么首先要进行降水，再进行施工开挖，施工过程中要放坡开挖，并做好防水设施，防止降雨对工程的影响，不然基坑开挖过程中很容易造成边坡坍塌，影响施工作业安全。

2.项目质量管理问题的特征

（1）综合性

问题的产生可能不止一个因素，而是多种因素相互作用的结果。人、材、机、环境、工艺等多个方面可能涉及质量的因素非常多，每个因素都可能产生隐患。例如气候变化、勘察设计水平、施工设备条件、工艺方法等。

（2）特殊性

工程项目与工业产品最大区别在于每个项目都是特殊的独立存在。因此不同于制造业的质量管理，道路桥梁工程必须考虑到每个项目的特殊之处，从环境、地质到材料、人员等方面，每个项目都有自己的特点。

（3）严重性

道路桥梁工程一旦出现问题，往往会造成很严重的后果，这不仅是经济上的损失，还会对人员安全造成极大威胁。同时在维修的过程中，往往会出现严重的交通拥堵情况。

（4）多发性

路桥发生质量问题的概率较大，比如，很多人观察到身边的公路经常处于维修状态，这在三四线城市感受尤为明显。

（5）隐蔽性

路桥质量问题相对很难预测，一般都是在问题出现之后再采取补救措施。比如，公路由多层结构构成，但人们只看到表面的一层结构，主体结构都隐藏在路面之下，另外，打孔等检测措施会对路面造成微小的破坏。

（四）项目质量管理的基本方法

在深入了解质量管理的相关概念、理论和影响因素后，要仔细分析项目质量管理的基本方法，包括直方图法、因果分析图法、排列图法、工序能力分析法和控制图法等科学分析方法。

（1）直方图法

在工程施工项目中，质量检查人员要对质量数据进行定期采集，以了解工程项目的质量状况。在道路桥梁工程施工中，质量检测人员要定期采集路基压实度的质量数据，绘制直方图，对质量数据进行分析，看质量是否在可控范围内。绘制直方图时，将质量检测数据划分为若干组距相同的组，以质量数据为横坐标，以质量指标为纵坐标。通过直方图能够看出压实度的质量是否在控制范围内，以及异常数据的变动情况。通过计算数据平均值和方差，可以了解异常质量数据的稳定性。这种质量数据直方图法不仅直观反映数据的情况，而且图形容易得到，缺点就是数据采集量大、采集复杂。

（2）因果分析图法

在工程项目中，要分析质量问题产生的原因，才能为质量问题找到合适的解决方法。在这一过程中，因果分析图就会起到很大的作用。因果分析图也称为鱼骨图，它能够由大到小、由表面深入内部，追究质量问题的本质原因。其主要分为如下三类：

①结果分析型。这类型以为什么发生质量问题为出发点，层层分析各种质量问题的影响因素。它的图形绘制方法如下：首先，确定质量问题的主要原因；其次，分析质量问题的次要原因；再次，继续进行原因分析，直至找到质量问题的根本原因所在；最后，将这些质量问题的原因绘制成图。

②工序分类型。按照工序流程将影响项目质量的工序作为平行的质量影响主要因素。然后，继续分析影响每一道工序质量的主要原因。这类分析方法简单，但是容易出现在不同工序中，相同的影响因素反映不出各个影响因素间的关系。

③原因罗列型。这种方法就是让质量问题分析人员采用头脑风暴法自由发挥想象，将质量问题都罗列出来，然后整理出这些原因的相应关系，绘制成图。这种方法的特点是能够比较全面地反映质量问题的原因，但是工作量太大。

（3）排列图法

排列图又称帕累托图，是用来找出项目质量问题主要因素的常用统计方法。它由两个纵坐标和一个横坐标，以及一些直方柱和一条累计频率曲线组成。绘图方法：横坐标为项目质量的影响因素，按影响大小从左到右依次排列，直方柱的高度表示各个影响因素的质量频数；将各个因素的百分比累计起来，就得到累计百分比，将累计百分比绘制于相应位置，以折线顺次连接，就得到累计频率曲线。

（4）工序能力分析法

工程项目施工中，工序是基本的施工单元，每一道工序的优劣，决定了整个工程项目的质量水平。工序能力分析图是研究质量特性简明图表。它能够将质量特征点绘制在图上，并且能够研究质量随时间的变化情况。它的特点就是能够简明地看出质量不合格情况，判断不合格率，分析工序能力状况。

（5）控制图法

通过控制图可以判断工程质量数据是偶然发生还是经常发生，进而判断质量问题的偶然性和必然性。可以说，它能够监控质量变化情况。一般质量控制图上有三条线，上面一条为上控制线，下面一条为下控制线，中间一条为中心线。如果质量控制数据落在上控制线和下控制线之间说明工序质量是可控的，否则，说明质量控制出了问题，必须查找问题原因。

二、项目质量事故分析与处理

（一）项目质量事故的成因分析

1.项目质量事故的定义

根据我国质量管理体系标准的规定，凡工程产品未满足某个规定的要求，就称为质量不合格；而未满足与预期或规定用途有关的要求，则称为质量缺陷；凡是工程质量不合格，必须进行返修、加固或报废处理，由此造成直接经济损失低于规定限额的称为质量问题；项目参建单位违反工程质量有关法律法规和工程建设标准，使工程产生结构安全、重要使用功能等方面的质量缺陷，必须进行返修、加固或报废处理，由此造成直接经济损失在规定限额以上的称为工程项目质量事故。

2.项目质量事故的成因

在工程的施工和使用过程中往往会出现各种不同程度的质量问题，甚至质量事故。影响工程项目质量的因素众多而且复杂多变，因此造成工程项目质量事故的原因也很多，归纳起来，在工程建设的全过程中，基本的质量事故成因有以下七个方面：

（1）违背基本建设程序

基本建设程序是工程项目建设过程及其客观规律的反映，不按基本建设程序开展工程项目的建设活动，往往是导致工程质量事故发生的重要原因。如未做详细的工程地质勘察就开工、边设计边施工、未经竣工验收就交付使用等违背基本建设程序的现象，就会造成各种各样的工程质量隐患甚至质量事故。

（2）违反相关法律法规

在建设法律法规体系中，明确规定了工程项目参与各方主体的行为要求及工程建设的程序和内容。违反法律法规，如无证设计或施工、越级设计或施工、不按招投标法的规定进行公平竞标、非法承发包等行为，都是可能导致工程质量事故的主要原因。

（3）工程勘察或设计的原因

①在工程项目勘察阶段，未认真进行地质勘察，不能提供详细准确的地质资料或地质勘察时，钻孔的深度、间距、范围不符合规定要求，使得地质勘察报告不能全面反映实际的地基情况等，均会导致采用错误的基础方案，造成地基不均匀沉降，使上部结构或墙体开裂、破坏，甚至引发建筑物倒塌等质量事故。

②在工程项目设计阶段，采用了不正确的结构方案、荷载取值过小与实际受力情况不符，或变形缝未适当设置、悬挑结构设计错误等，也都是引发质量事故的隐患。

（4）工程施工和管理的原因

许多工程质量事故，往往是由施工方法不当和管理不到位造成的。

①不按图施工或未经设计单位同意擅自修改设计；对不均匀地基未进行加固处理或处理不当，造成地基失稳；不熟悉图纸，盲目施工，致使结构破坏。

②不按有关的施工规范和操作规程施工，任意留设施工缝，造成薄弱部位；不按规定强度拆除模板致使构件不成形；砖砌体包心砌筑、上下通缝、游丁走缝、不横平竖直、灰浆不均匀饱满等导致砖墙破坏或倒塌。

③施工管理紊乱、施工方案考虑不周、施工顺序错误、技术组织措施不当、技术交底不清、违章作业、疏于质量检查和验收工作等，导致产生质量问题或质量事故。

（5）工程材料和设备的原因

①工程材料方面。如钢筋物理力学性能不符合标准会导致结构产生裂缝，水泥受潮、过期、结块、稳定性不良，混凝土配合比不准，外加剂性能和掺量不符合要求时，均会影响混凝土的强度和工作性，导致结构强度不足、裂缝、渗漏等质量事故。

②工程设备方面。如配电设备的质量缺陷或电梯设备质量不合格，均会造成质量事故或危及人身安全。

（6）自然环境的原因

工程项目建设周期长、露天作业多，受自然环境影响大，因此外界空气温、湿度的变化，日照的长短，雷电、洪水、大风和暴雨等灾害天气都可能造成重大的质量事故，施工中应予以特别重视，并采取有效预防措施。

（7）建筑结构使用不当

对交付的建筑物使用不当，如不经校核、验算，就在原有建筑物的表面任意开、打洞削弱承重结构的截面，以及任意拆除承重结构构件等，也会造成质量事故。

3.项目质量事故成因的分析方法

工程项目出现质量事故，可能是勘察设计、管理、材料设备等方面原因造成的，要了解具体成因，必须对质量事故的特征表现及其在建设过程中所处的实际情况进行分析，主要的步骤和方法如下：

（1）调查现场

对工程项目的质量事故现场进行细致的调查研究，观察记录全部实际状况，充分了解导致质量事故发生的现象和特征。

（2）收集整理相关资料

将工程项目施工过程中所使用的设计图纸、采取的施工方法与工艺、采用的材料与设备情况，以及施工期间的环境条件等相关资料信息进行收集整理后，分析工程在施工或使用过程中所处的环境及面临的各种条件和情况。

（3）分析工程质量事故的成因

根据对工程质量事故的现象及特征的综合分析、比较和判断，结合具体情况和相关资料，确定诱发质量事故的真正原因。

（二）项目质量事故的处理

1.项目质量事故的预防

（1）组织工程地质勘察和设计

精心组织工程地质勘察和设计，严把勘察设计质量关，尽量避免因地质、水文条件或结构、构造设计等问题导致质量事故的发生。

（2）制订工程质量事故综合治理规划

在开工前，施工单位应认真分析施工过程中经常出现的质量问题，明确重点防治内容，根据难易程度制订专门的工程质量事故综合治理规划。治理规划的编制要做到目标明确、责任落实、内容具体、措施恰当。

（3）提高施工作业人员的专业素质

为减少因施工作业造成的质量问题，应注意提高施工作业人员的专业素质，改善施工工艺、规范施工操作。在容易出现质量问题的部位，设置质量控制点，以保证整个施工过程的每一个环节都处于严格的质量控制状态。

（4）严格控制原材料、设备、构配件的质量

对工程建设的原材料、构配件等要严格查验产品说明书、合格证及技术说明书等，并在检测合格后才能投入使用，新产品应具有技术鉴定书、实验资料及用户报告等。

（5）建立质量奖罚机制

通过建立质量奖罚机制，充分调动全体施工人员的工作积极性，增强质量意识，从制度上建立质量效果与经济收入挂钩的联动机制。

2.项目质量事故的处理依据

（1）质量事故的实况资料

质量事故的实况资料是指质量事故发生后，在对质量事故现场进行了周密的调查、研究后对实际情况所做的详尽说明。包括质量事故发生的时间、地点，质量事故状况的描述及质量事故发展变化的情况，有关质量事故的观测记录、事故现场状态的照片或录像，以及事故调查组获得的第一手资料等。

（2）有关合同和合同文件

为确定在施工过程中参建各方是否按合同有关条款实施其活动，以确定质量事故责任单位，如设计委托合同、设备与器材购销合同、工程施工承包合同、监理合同及分包合同等都是质量事故处理的重要依据。

（3）有关的技术文件和档案资料

有关的技术文件和档案资料是指有关的工程勘察设计文件，与施工有关的技术文件、施工方案、施工记录、建筑材料设备的质量证明材料，以及质量事故发生后对事故状况的试验记录或报告等。

3.项目质量事故的处理程序、要求及方法

（1）工程项目质量事故的处理程序

①事故调查与原因分析。工程质量事故发生后，工程项目施工负责人应按法定的时间和程序，及时向企业报告事故的状况，做好现场的保护，积极组织配合企业技术部门和政府主管部门及工程质量监督部门的事故调查。事故调查应力求及时、客观、全面，以便为事故的分析与处理提供正确的依据。然后根据调查所得的数据、资料进行仔细的分析，找出引发质量事故的主要原因。质量事故的调查与分析结果是形成事故调查报告，其主要内容包括：事故发生的单位名称、工程名称、部位、时间、地点；事故概况和初步估计的直接损失；事故发生原因的初步分析；事故发生后所采取的控制措施；相关的各种资料。

②事故处理方案的制订与实施。质量事故处理的方案应依据事故的性质、原因、程度来制订，要做到安全可靠、技术可行、便于施工、经济合理，且满足建筑功能和使用要求。在制订工程质量事故的处理方案后，要严格按处理方案的质量要求进行施工，处理现场要有相关质量监督人员参加，如政府的质量监督部门、监理单位或建设单位的相关质量管理人员等。处理方案实施完成后要按有关规定取样检测，检测结果作为质量事故处理报告的附件材料。在事故处理方案的实施过程中，要根据事故的损失大小、情节轻重对责任单位和责任人做出相应的行政处分，甚至追究刑事责任。对事故责任的分析应慎重，短期内难以做出结论的，可提出进一步观测检验意见；对某些问题认识不一致、意见暂时不统一的，应继续调查，以便在掌握充分的资料和数据后进行责任的划分。

③事故处理的鉴定验收。质量事故的处理是否达到预期的目标，工程质量是否依然存在隐患等，都要通过检查鉴定和验收做出确认。对事故处理的质量检查

鉴定，应严格按施工验收规范和相关的质量标准进行。所有的质量事故都需要在事故处理鉴定验收后提出明确的验收结论，并形成事故处理报告。工程质量事故处理报告的内容一般包括：工程质量事故情况、调查情况、原因分析；质量事故处理的依据；质量事故处理的方案和技术措施；实施技术处理施工中的有关问题和资料；对处理结果的检查鉴定和验收；质量事故的处理结论等。

（2）工程项目质量事故的处理要求

①在质量事故调查时，必须对事故原因展开深入认真的调查分析，必要时还应委托有资质的工程质量检测单位进行质量检测鉴定，或邀请专家咨询论证，以明确引发事故的原因。只有明确了事故发生的原因后才能进行有效、稳妥的处理。

②在制订质量事故技术处理方案时，必须严格坚持施工质量标准的要求，做到技术方案科学合理、切实可行。

③在实施质量事故技术处理方案的过程中，必须加强管理，落实各项技术处理措施，做好处理过程的检查、验收和记录，确保发生事故的部位经处理后安全可靠，不留隐患，满足生产和使用要求。

④要加强对工程质量事故处理结果的检查、验收和必要的检测鉴定工作，分析判断获取的数据后，对处理结果是否达到预期目标做出明确的结论。

（3）工程项目质量事故的处理方法

①修补处理。这是常用的一种处理方案，适用于以下情况：在工程项目的某个检验批、分项或分部工程的质量虽未达到规范、标准或设计要求，存在一定的缺陷，但经过修补后可以达到要求的质量标准且不影响使用功能和外观要求时，可以采用表面处理、复位纠偏、封闭保护等修补处理的方法。如对于混凝土结构出现的裂缝，在不影响结构安全和使用功能的前提下，当裂缝宽度不大于0.2 mm时，可采用表面密封法；当裂缝宽度大于0.3 mm时，采用嵌缝密闭法；当裂缝较深时，可采用灌浆修补的方法。质量问题较严重，可能影响结构的安全性和使用功能时，必须进行结构加固补强处理，经处理后可能会造成一些永久性缺陷，如改变结构外形尺寸、影响一些次要的使用功能等。

②返工处理。主要适用于以下情况：在工程质量未达到规定的标准和要求，存在着严重的质量问题，对结构的使用和安全已构成重大影响，且又无法通过修补处理的情况下，针对检验批、分项工程、分部工程甚至整个工程应进行返工处

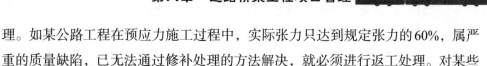

理。如某公路工程在预应力施工过程中，实际张力只达到规定张力的60%，属严重的质量缺陷，已无法通过修补处理的方法解决，就必须进行返工处理。对某些可以采用加固补强等方法进行修补处理的严重质量缺陷，若其处理费用已超过原工程造价，应进行整体拆除，全面返工。

③不做处理。某些工程质量问题虽然不符合规定的要求和标准，构成了质量事故，但属于以下情况的可不做处理：对结构安全和正常使用没有影响或影响不大时，可不做处理；对可经过后续工序进行弥补的质量问题，可不做处理，如混凝土梁表面轻微的麻面现象，可通过后续的抹灰工序进行弥补，就可不做专门处理；经法定检测机构鉴定合格的，可不做处理，如某混凝土检验批试块强度值未达到规范要求，但经法定检测机构的鉴定，该混凝土检验批的实际强度值已达到规范允许值和设计要求时，可不做处理；对经检测未达到要求值，但相差不多，在使用前经再次检测达到了设计强度的，只要严格控制施工荷载也可不做处理；④经检测达不到设计要求，但经原设计单位核算，仍能满足结构安全和使用功能的可不做处理，这种处理方法其实是通过挖掘设计潜力或降低设计安全系数实现的。

参考文献

[1]许泽辉，华正良，韦川平.道路桥梁设计与管理实务 [M].武汉：华中科技大学出版社，2023.

[2]任永杰，郑志龙，王波.交通建设与道路桥梁养护[M].长春：吉林科学技术出版社，2023.

[3]万明，陈德明.道路桥梁工程施工与维修加固[M].北京：中国标准出版社，2023.

[4]骆杨，胡泉辉.道路与桥梁工程施工技术研究[M].北京：中国商务出版社，2023.

[5]李智，王学龙.城市道路桥梁建设与工程项目管理研究[M].长春：吉林科学技术出版社，2023.

[6]李家顺.道路桥梁建设与工程项目管理研究[M].长春：吉林科学技术出版社，2023.

[7]裴承润.道路与桥梁工程技术的创新与发展[M].长春：吉林科学技术出版社，2023.

[8]李顺红，朱庆飞.道路桥梁与隧道施工技术[M].长春：吉林科学技术出版社，2023.

[9]张道杰，葛莹，王传峰.道路桥梁施工管理与质量控制[M].长春：吉林科学技术出版社，2023.

[10]苗冬.道路桥梁工程技术与建设[M].北京：北京工业大学出版社，2023.

[11]陈付.道路桥梁设计与项目管理[M].长沙：湖南大学出版社，2023.

[12]黄景海，金宏波，田青春.道路桥梁施工技术与管理研究[M].长春：吉林科学技术出版社，2023.

[13]孔金好，孙维.道路桥梁工程施工与工程项目管理研究[M].汕头：汕头大学出版社，2023.

[14]董慧玲，吴洪芳.道路桥梁施工与安全管理研究[M].长春：吉林科学技术出版社，2022.

[15]陈传胜.道路桥梁设计与施工管理[M].长春：吉林科学技术出版社，2022.

[16]李世鑫.市政工程与道路桥梁建设[M].沈阳：辽宁科学技术出版社，2022.

[17]金玉秀.道路桥梁建设与隧道工程[M].长春：吉林科学技术出版社，2022.

[18]朱春燕，王辉，赵宝才.道路桥梁工程施工技术研究[M].长春：吉林科学技术出版社，2022.

[19]张君瑞，林智.道路桥梁工程技术研究[M].长春：吉林科学技术出版社，2022.

[20]韩伟奇，于春涛，辛志波.市政道路桥梁与隧道管廊工程施工[M].沈阳：辽宁科学技术出版社，2022.

[21]胡伟辉，马宗利.道路和桥梁检测方法与实践应用研究[M].长春：吉林科学技术出版社，2022.

[22]杨光耀，杨新，郑胜利.公路桥梁施工与维修养护研究[M].长春：吉林科学技术出版社，2022.

[23]刘文君，杨黎.道路桥梁工程管理与给排水规划设计[M].长春：吉林科学技术出版社，2022.

[24]李书芳，李红立.市政道路养护与管理[M].重庆：重庆大学出版社，2022.

[25]王修山.道路与桥梁施工技术[M].2版.北京：机械工业出版社，2022.

[26]肖春，徐伟.城市道路桥梁工程新技术应用[M].长春：吉林大学出版社，2022.

[27]刘斌，苏宝良，李传琳.道路桥梁工程建设与维修养护[M].汕头：汕头大学出版社，2022.

[28]张逸飞.道路桥梁工程材料及施工技术[M].长春：吉林科学技术出版社，2022.

[29] 熊建军，陈永祥.隧道工程建设与路桥设计[M].哈尔滨：黑龙江科学技术出版社，2022.

[30] 刘志浩，樊永强.土木工程与道路桥梁水利建设[M].北京：中国石化出版社，2021.

[31] 黄文理，黄洪发.道路桥梁与城市交通建设研究[M].长春：吉林科学技术出版社，2021.

[32] 刘长卿，李延锋.道路桥梁工程建设与施工管理[M].长春：吉林科学技术出版社，2021.

[33] 钟志光.道路桥梁工程与路基路面施工技术研究[M].长春：吉林科学技术出版社，2021.

[34] 杨寿君.城市道路桥梁建设与工程项目管理[M].长春：吉林科学技术出版社，2021.

[35] 王国福，赵永刚，武晋峰.道路与桥梁工程[M].长春：吉林科学技术出版社，2021.

[36] 刘海涛.道路桥梁工程与维修养护[M].汕头：汕头大学出版社，2021.